「徒手から始まる生き残るための戦闘コンセプト」

システマ・ストライク

SYSTEMA STRIKE

ロシアン武術が教える、非破壊の打撃術

北川貴英
TAKAHIDE KITAGAWA

日貿出版社

はじめに

システマ創始者ミカエル・リャブコが正面に立つ私の身体に木刀をあてがいます。ミカエルがその剣を軽く動かすだけで、私の腰はへなへなと砕け、床へと倒れ込んでしまいました。まるで重く、大きく、そしてとても柔らかな、目に見えない手で圧《お》し潰されたかのような感覚です。

続いてミカエルはスティック（杖）に持ち替えますが、同じ結果。

最後には素手の拳で私の身体に触れますが、やはりゆっくりと崩され、床に這うことになります。ミカエルは言います。

「システマでは剣やナイフ、素手などの技術が別々に存在するわけではありません。どんな武器を持ったとしても、あるいは素手であっても、同じように使いこなし、戦うことができる、そういう能力を養うのです」

本書のメインテーマはシステマの打撃「ストライク」です。

ですがもし、迫る悪漢を破壊力満点のパンチで撃退するような技術を期待されていたとしたら、本書はきっとその期待に応えられないでしょう。人生で降りかかるあらゆるトラブルのなかで、拳で解決できることなどほぼ皆無です。多くは臨機応変な判断や行動、話し合いなどで対処することと思いますし、おそらく皆さんもこれまでの人生でそうしてきたことでしょう。もし暴力事件に巻き込まれたりしても、ストライクはベストな解決手段とは言えません。通常であればその場から退避したり、助けを求めたりといった手段の方が有効なことが多いはず。万が一、戦わなければならないとしたら、手近な棒きれでも拾って振り回した方がずっと有利でしょう。このように、ストライクは人生における問題解決の手段として捉える限り、まったく無力なものなのです。

ミカエルはまた次のようにも言いきっています。

「打撃戦は単なる野郎の遊びです。確かにケンカにもいくらかの技能が必要ですし、技を盗むこともあります。しかしこれは戦闘術ではありません。民衆のスポーツとでも言いましょうか。そこに悪意や攻撃性はないのです」

なにせ、実弾の飛び交う実際の戦場を何度も体験しているのですからミカエルにとって、素手による打撃など「遊び」にすぎません。

ではなぜ、「遊び」であるはずのストライクがシステマのトレーニングに含まれ、重要な学びとなっているのか。それを知るには、発想の切り替えが必要です。

その基準となるのは「刃物」。

システマのマーシャルアーツ的な技術をすべて、ナイフワークの発展版として捉えるのです。剣は長いナイフとすることができますし、その動きはそのままスティックやチェーンといった、他の武器に応用できます。ピストルなどの銃器はナイフの刃をどこまでも伸ばしたもの。そして素手によるストライクは、ナイフ抜きのナイフワークということになります。これらの武器のなかで素手の拳は最も安全な攻撃手段。決して「一撃必殺の武器」ではありません。安全だからこそ、トレーニングにおいても重宝されるのです。

しかし拳を生身の肉体に打ち込まれれば当然、痛みを伴います。悶絶するほどの苦痛に見舞われることもありますし、恐怖心も込み上げることでしょう。しかしナイフや銃器を向けられた際のストレスはその比ではないはずです。また、負荷を感じるのは打たれる側だけではありません。打つ側もまた、他者に拳をぶつけることを恐れ、躊躇《ちゅうちょ》してしまうのです。練習仲間へのストライクを躊躇してしまうなら、より強力な武器を扱うこともできません。ナイフや銃器といった武器を前提とした練習に取り組むための、入り口にすら立てていないと言えるでしょう。打たれる痛みと打つ痛みから、精神の高揚や根性論へと逃げるのではなく、虚心坦懐《きょしんたんかい》に向き合う。それは日常からシステマの世界へと踏み出す入場チケットのようなものです。

そうして一歩先に進んだ先で求められるのは「破壊の否定」です。

ミカエルが言う「野郎の遊び」と「ストライク」の一番の違いは、前者が最終的に「破壊」を目指すのに対し、システマのストライクは「破壊の否定」を求めるということ。システママスターの一人であるヴラディミア・ヴァシリエフもまた、

「あらゆる破壊をもたらすものは、システマにおいては間違いである」

と明言しています。

では、しばしば暴力の象徴とされる「殴る」という行為が、なぜ「破壊の否定」に繋がるのでしょうか。その問いかけは、有史以来争いを繰り返してきた人間の性《さが》に直結します。国家間の戦争から隣人とのささやかな諍いに至るまで、大小無数の争いと無縁ではいられない私たちは、その性とどう折り合いをつけて生きていけば良いのでしょうか。破壊を否定するストライク。その矛盾に向きあっていく作業は、先人たちが悩み抜き、未だ解決できていない試みそのものなのです。

ですから本書を読んで、練習して、動きを身につけるだけでは不十分です。それがなぜ「破壊の否定」に繋がるのか。すべてのエクササイズを通じてその命題に向き合ってみて下さい。その積み重ねが、上辺の動きを真似ただけの「システマっぽいストライク」と、正真正銘の「システマのストライク」を分かつ大きな違いになるのです。

本書が単なる打撃のハウツー本としてではなく、今より少しでも傷つけ合わずに生きていくきっかけとして皆さんに受け入れてもらえれば、著者として嬉しい限りです。

北川貴英

目次

第5章　〝いつ、どこに当てるのか？〟
相手の動きを止めるストライク

第1章

すべてはここから始まる 〝ブリージング〟

「私が最も大切だと考えていることは、まず第一に、呼吸法の実践です」

by ミカエル・リャブコ

「息を吸うのは吐くよりも身体への負担がかかります。ですから息を止める練習は軽く吐いて息を止めることから始め、追って吸って止めたり、吐き切ったり、吸い切ったりして止めたりします。こうした原則が分かれば、自分次第で様々な練習を作ることができるのです」

by ヴラディミア・ヴァシリエフ

システマの核〝ブリージング〟

「健康、ヒーリング、マーシャルアーツ。システマのトレーニングはそれら三つの側面に同時に役立つものでなくてはならない」

システマを世界に広めたヴラディミア・ヴァシリエフはそう語っています。

すべての核となるのは、ブリージング＝呼吸法。

ブリージングがおろそかでは、ストライクはもちろんマーシャルアーツ全般の向上は望めません。

ブリージングによって心身を適切な状態に整えることが、あらゆる技術を用いるための前提条件となるのです。

●ブリージングの方法

ブリージングはとてもシンプル、

鼻から吸って、口からフーッと軽く音を立てながら吐く。

これだけです。

重視すべきことは、タイミングです。呼吸が止まるなどほんの僅かでも身体に緊張が生じるのを感じたら、すぐブリージングを行うのです。また、うまくできたかどうかの判別もとても簡単です。自分がほんの少しでも楽になったかどうか。それが一番の指標なのです。

万が一、ブリージングをして余計に苦しくなったとしたら、吸いすぎや吐きすぎ、もしくは身体の一部を使いすぎてしまっていたりなど、どこかで無理をしてしまっています。その場合はもう少し軽く、楽になるように呼吸を調整していけば良いでしょう。

システマの基礎でありすべてに通じる「ブリージング（呼吸）」。基本は鼻から吸って、口から吐くだけのシンプルなものです。この「ブリージング」をどんな時にも続けることが大事です。

システマでは特定のトレーニングをのぞき、腹部や胸といった身体の一部を用いたり、または所定の時間だけ吸ったり、吐いたりといった、呼吸の細かな方法を指定することはありません。要は力みや不安といったネガティブなものを僅かでも感じたらすぐにブリージングを行うこと。それによって少しでも楽になればうまくブリージングができているということです。

しかし私たちは日常的にしばしば息を詰まらせたり、浅くしたりしてしまっています。こうした時は身体の動きはもちろん、思考や精神状態など、あらゆる面においてパフォーマンスを低下させてしまっているのです。

特にそれが顕著となるのが、ストライクのトレーニングです。

例えばストライクが当たる瞬間、思わず身構えて呼吸が止まってしまうでしょう。またはエクササイズを丹念にやろうとするあまりに息を凝らしてしまい、いつしか浅く不自由な呼吸となってしまっていることもあります。ストライクを打つ時もまた、〝効かせてやろう〟というエゴや、相手への遠慮など様々な感情がこみ上げ、固く強ばった動きを生んでしまいます。それではストライクの効果は落ちてしまうでしょう。

こうした時にまず行うべきことはブリージング。とても簡単なようですが、侮ってはいけません。鼻から吸って、口から吐く。それだけで平常心を保ち、身体から力みを取りのぞき、ストライクをより効果的にすることができるのです。

●ネクストレベルのブリージング

ですが、それはブリージングのほんのさわりにすぎません。

さらなるレベルアップを図るなら、ブリージングの質をさらに高めていく必要があります。そのために必要なのは、呼吸を妨げている筋肉の力みを自覚することです。私たちはこれまでの人生において、筋肉の強ばりを蓄積し、肺や肋骨、横隔膜といった呼吸に必要な部位の動きを拘束してしまっています。しかしそれは少しずつ長い時間をかけて形作られているため、慣れて自覚できなくなってしまっているのです。力みを自覚できなくなってしまっているのは、サイズの合わない服でも、長時間着ているうちに慣れてしまい、何も感じなくなってしまうのに似ています。これから自由になるためにまず必要なのは、自分が拘束されているという自覚。そのためには身体を「感じる」ようにしなくてはいけません。

ここで紹介するエクササイズのポイントは、一切身体に力みを作らないということ。しばしば首や肩が力んでしまいますが、それは「**自分で自分にチョークをかけているようなもの**」とヴラディミア・ヴァシリエフは言います。こうした強ばりを解し、伸びやかに息ができるようになることで、自然により快適で自由な動きができるようになっていくのです。

【ノーテンション・ブリージング】

❶仰向けに寝てリラックスして、息を鼻から吸い、口からフーッと吐きます。この時、全身を観察し、肩や胸、お腹など特定の部位を使ってしまっていないかチェックします。
❷これらの緊張が一切起こらないくらい、小さめのブリージングを行います。息を吸う際には全身に呼吸が行き渡るように、吐く際には全身から出て行くように感じます。身体に力みが生じないよう意識しつつ、少しずつ呼吸を大きくしていきます。これを３～10分ほど続けます。

【ノーテンション・ブリージング２】

全身に呼吸を行き渡らせようとしても、どうしてもやりやすい部位とそうでない部位が出てきます。次のエクササイズは、身体の各部位にまんべんなく、呼吸を行き渡らせることを目的としています。
❶仰向けに寝てリラックスします。腕から吸って、全身に呼吸を行き渡らせます。先ほどのエクササイズと同様、一切力みを作らないように注意して下さい。
❷全身に満ちた呼吸を、両腕から吐いていきます。これを２度ほど、同じように胸、お腹や背中、足など各部位から同じ回数ずつ息を吸い、全身に満たした後に同じ部位から吐いていくようにします。必ずいったん全身に息を満たすのがポイントです。全身を終えたら終了です。また怪我や病気がある場合は、その部位を通じて呼吸をするのも良いでしょう。

ここで気をつけたいのは、呼吸の流れをイメージするのではないということ。筋肉や内臓から血流、リンパ液といった体液に至るまで身体は呼吸に連動して動いています。こうしたこれまで顧みることのなかった僅かな動きに意識を向け、見いだしていくのが自分を感じるという作業です。さらに意識を研ぎ澄ませば、呼吸だけでなく脈動や血液の流れ、体温、重みなど様々な感覚が感じ取れてくるでしょう。こうして微細な感覚を感じ取れるようになってくると、身体の僅かな歪みや力みに気づけるようになっていきます。それは動きの正確さへと繋がり、ストライクのクオリティーを大きく向上させるのです。

姿勢について

呼吸と並んで大切なのが「姿勢」です。力みは背骨を歪め、身体が本来持つ構造的な強度を損ないます。それはそのままストライクの威力や精度の低下を意味します。しかし気をつけておきたいのは、「正しい姿勢」を人為的に作るのではないということです。人体の骨格は本来、とても大きなポテンシャルを秘めています。それを損なうことなく、ただ保つようにする。それが強さと動きやすさを同時に手にする方法なのです。とは言え懐疑的に感じる方も多いかと思います。工夫や鍛錬の末に作り上げた姿勢の方が、ずっと強いように思えても仕方のないことでしょう。そこでここでは、姿勢本来の力を実感するための実験を紹介します。

【姿勢の実験】

❶Aは力を抜いて普通に立ちます。特に姿勢を整えたりする必要はありません。BはAの頭頂部に両手をあてがい、真下へとゆっくりと体重をかけます。するとAは足の裏にズシリと重みを感じるはずです。Bは急激に負荷を加えたり、後方に引いたりしないよう注意して下さい。首を傷める原因になってしまいます。
❷Aはそのまま手足を動かしてみます。楽に動かすことができるはずです。
❸Bはいったん手を放し、Aはほんの少しだけ背骨を曲げます。
❹Bが再び頭頂部から重さをかけると、今度は手足を動かしにくく、立っていることすら困難なこともあるでしょう。

この実験から大きく二つのことが分かります。まず一つ目は、普通に立っているだけの状態が実はとても高性能であるということ。何よりも注目すべきは、加重に耐え得るだけの強度と、動きやすさが両立しているという点です。

強度を保つために動きやすさを犠牲にしたり、あるいは逆に動きやすさのために強度を放棄したりすることはありません。特に意識しなくてもこうした状態を保ち続けているのが、人体の精妙さと言えるでしょう。しかし同時に、最大の弱点もまた見いだすことができます。それは、ほんの僅かな歪みによって、その状態が崩壊してしまうということ。一部の筋肉が縮みすぎて背骨の形をほんの少し歪めてしまうだけで、本来の能力が失われてしまうのです。

そのためシステマでは、どんな状況でも「普通」の状態をキープするようにします。だからこそ、ほんの僅かな歪みを検知し、直ちに筋肉をゆるめて修正するという作業が必要となるのです。その手段はもちろん、ブリージング。力みを感じたらすぐにブリージングをするのは、自分の一番強い状態を保つための手段でもあるのです。

●「姿勢」と「状態」の違い

ここで確かめておきたいのは、本当にキープしたいのは強く動きやすく快適な「状態」であって「姿勢」ではないということです。例えばいくら正しい姿勢であっても、完全に静止したまま一時間キープすることは困難でしょう。きっと窮屈さに音を上げてしまうはずです。それは寝転んでいても同様です。寝たまま指一本動かしてはいけないとしたら、おそらく窮屈な思いをすることでしょう。このように、人間の身体は快適な「状態」を求めて、常に微妙に動き続けています。それを抑え込んで正しい姿勢をキープしたとしても、かえって身体が強ばってしまうばかりか、歪みを感知する感受性が鈍ってしまいかねません。ですから、あくまでも姿勢は快適な状態が保たれているかどうかの目安なのです。

また、天井の低いところや森のなか、もしくはエコノミークラスの座席など、必ずしも正しい姿勢を取れない状況も多々あります。それでもブリージングによって筋肉の強ばりを取り、快適な状態を持続させるようにします。そうして、どんな状態でも快適さを得られるようにするのです。

〝リラックス〟について

「呼吸」「リラックス」「姿勢」「動き続ける」。これらシステマ四原則と言われる四つのポイントは、すべて一つの言葉でまとめることができます。それは「快適」ということ。ですからこれら四原則は頑《かたく》なに遵守するべきものでもありません。快適な状態であれば自《おの》ずと呼吸は深く、筋肉はゆるみ、姿勢の歪みもなく、動きやすい状態になっているはずなのです。

ではこのなかの「リラックス」とはどういう状態を意味するのでしょうか。

本書でもたびたび登場するこの言葉は、「動作を妨げる力みのない状態」と言えます。例えば肘を曲げる際には、肘を伸ばすための筋肉は弛緩していなくてはいけません。もし両方を同時に力ませてしまったら、綱引きのように引っ張りあってしまって、動きのないままエネルギーを消耗するだけの状態となります。大切なのは自由に身体を動かすということ。それを妨げるストッパーなど不要です。しかし、人は様々な感情や癖によってつい余計な力みを生み、自ら動きを拘束してしまうのです。本書でたびたび出てくる「リラックスして下さい」という指示は「動きを妨げているストッパーを外して下さい」という意味です。決してだらだらにゆるめきるという意味ではありません。緊張と弛緩の間にある、最も動きやすい状態を自分の身体のなかに見いだしていくのです。そのトレーニングとして、システマでは主に四つのエクササイズが行われます。

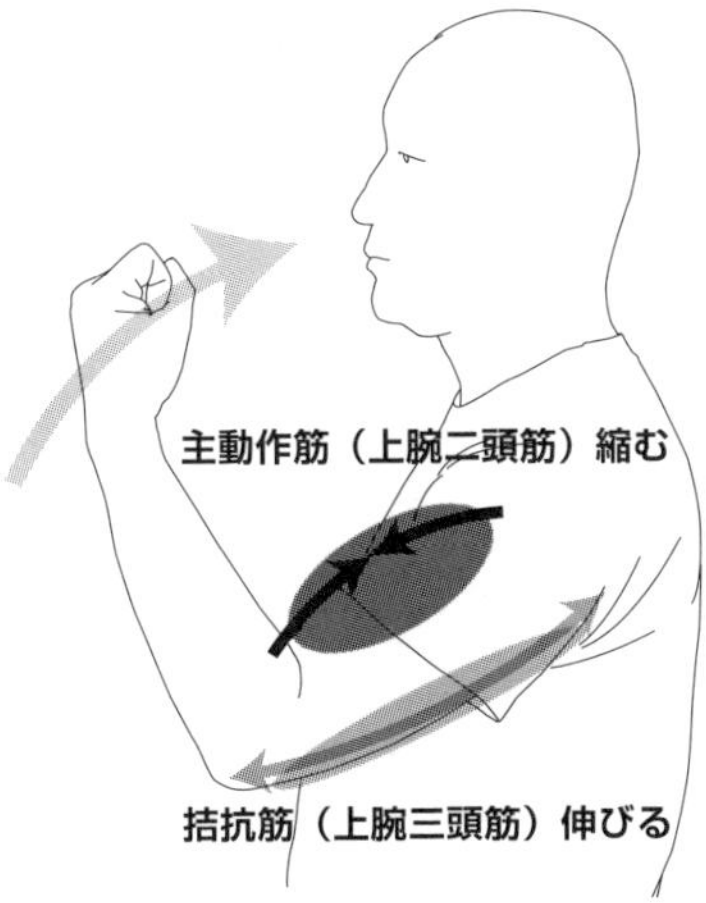

人は筋肉を働かせることで身体を動かしますが、この筋肉は主動作筋と対になる拮抗筋が一つのセットになっています。例えば図のように肘を曲げる際には、上腕二頭筋が主動作筋として働き、裏側の上腕三頭筋が拮抗筋となります。よりスムーズに身体を動かすためには、こうした筋肉をリラックスさせることが大事になります。

システマ必須の四大エクササイズ

「プッシュアップ」「スクワット」「シットアップ」「レッグレイズ」。これらシステマの四大エクササイズについては拙著『システマ入門』(BABジャパン)や『最強のリラックス』(マガジンハウス)、『人はなぜ突然怒りだすのか』(イースト新書)などでも紹介されていますので、ご存知の方も多いことでしょう。これらのエクササイズはストライクを学ぶうえでも不可欠です。ここでは、そうしたエクササイズがいかにストライクに関係しているのかを紹介していきます。

●プッシュアップ

拳を床につけて行う腕立て伏せです。腕や肩、背中など主に上半身全体のリラクゼーションに繋がります。衝撃力をもれなく伝えるしっかりした手首や、柔らかな肩や肘を養うことができます。そのため、システマのトレーニングで最も頻度の高いエクササイズと言えるでしょう。

ポイント

・拳を柔らかく保ち、拳と床が接触する面を広くするようにします。固く握り込むと骨がゴツゴツと床に当たって痛いですし、ストライクを打つ際に拳を力ませ、威力を殺す癖がついてしまいます。

・手首を真っ直ぐに保ちます。手首が曲がっていると、ストライクの威力が逃げてしまうばかりか、手首を傷めるもとになります。

・背骨を真っ直ぐに保ちます。頭から押された時に足まで力が抜けていくようにして下さい。

・上下に動く際は、肘をキッチリ曲げきるようにします。これを中途半端にしてしまうと、肘を固める練習になってしまい、むしろ逆効果になりかねません。

手首は真っ直ぐに、拳は柔らかく握ります。

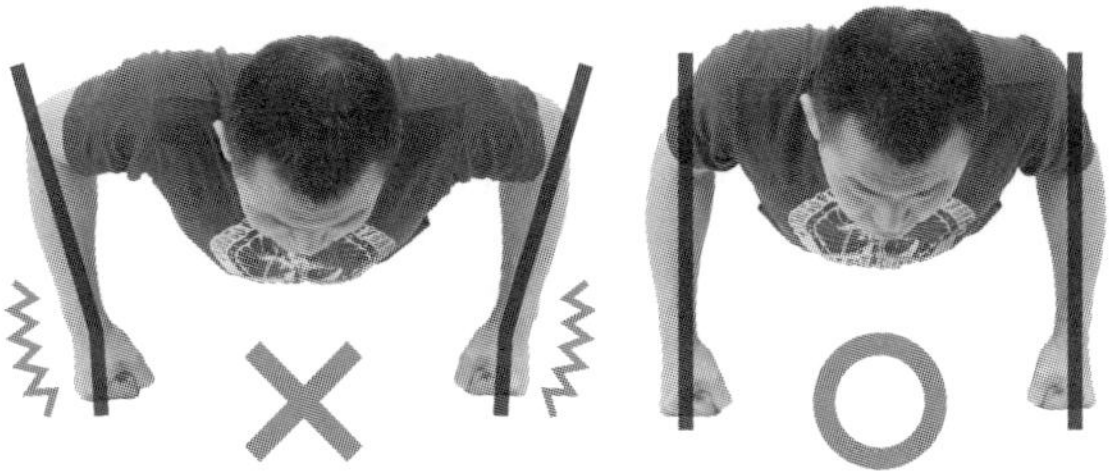

肘はキッチリ曲げきって行います。

背中を反ったり、曲げたりしないように注意して下さい。

【代表的なプッシュアップ】

❶身体に力みが生じないよう注意しつつ、プッシュアップの姿勢になります。
❷息を吐きながら肘を曲げます。この時、身体を下ろすのではなく、自分に向けて地面を引きつけるようにして下さい。微妙な意識の持ち方の違いですが、身体の動きがまるで異なるものになります。なぜ身体を持ち上げるのではなく地面を押し込むのか、もしくは地面を引きつけるのか。その理由については第３章で詳しく解説します。
❸身体を上げる時は息を吸いながら腕を伸ばします。この時も身体を持ち上げるのではなく、地面を押し込むつもりで行います。これを何度か続けたら、呼吸を逆にします。つまり吸いながら下がり、吐きながら上がります。これも同じ回数だけ行うようにしましょう。

ポイントは一連の動きをなるべくゆっくりと、全身の力みや歪みを観察しながら行うこと。たくさん回数をこなすよりも、一回一回をじっくりと行った方が、動きの向上に繋がります。身体から脳へと多くのデータが送られ、新たな神経回路を作る助けとなるためです。

●スクワット

立った状態で足を自然な形に開き、呼吸とともに身体を上下させます。これは下半身全体のリラクゼーションです。ストライクを受けた際、下方向に衝撃を逃がすためには柔らかな下半身が欠かせません。プッシュアップの後など上半身に集まった血液を下半身に導き、バランスを取る目的でも用いられます。

ポイント

・踵を浮かさないようにします。足首や鼠蹊部《そけいぶ》が固く、曲がりにくくなってしまっているとバランスが崩れて踵が浮いてしまいます。
・背骨を曲げないようにします。多少、前屈してしまうのは仕方ありませんが、背骨全体を真っ直ぐに保つようにします。やはり鼠蹊部が固いと、背骨が曲がってしまいますので、やや斜め上を見るように行うのも良いでしょう。
・足の裏全体に均等に体重がかかるようにします。つま先や踵に重心が偏っていたら、姿勢やバランスが崩れているサインです。
・足腰の柔らかさは居着きのないスムーズな動きを生むうえでも重要です。股関節、膝関節、足首と、下半身の関節すべてを快適に曲げ伸ばしできるようにしていきましょう。

【代表的なスクワット】

❶リラックスして立ちます。
❷息を吐きながら腰を落とします。プッシュアップと同様、身体を下ろすのではなく、足の裏で地面を引きつけるようにして下さい。
❸背骨を曲げず鼠蹊部から動いてしっかり腰を落とします。
❹息を吸いながら立ち上がります。やはり地面を押し込むようなつもりで行います。

何回か続けたら呼吸を反対にして同様に行います。なるべくゆっくり、均一なスピードで行うと効果的です。

踵が浮かないように注意して下さい。

「身体の声」に姿勢を学ぶ

システマではエクササイズの際に、手足の角度を細かく指定することはありません。それは自分の身体が発する情報を元に微調整することを大切にするからです。ですから鏡などを使って姿勢のチェックをするのもあまりお薦めできません。身体が発する声よりも、外見的な姿勢を優先する習慣が身についてしまうためです。

システマのマスターたちも、身体との対話の重要性を繰り返し教えています。しかし、ただ「身体の声を聞きなさい」と言われるだけでは、あまりピンと来ない人もいることでしょう。そうした人の助けとして、ミカエル・リャブコは次のようなエクササイズを提示しています。

【身体の声を聞くエクササイズ】

❶拳と拳を限界まで離した姿勢で何度かプッシュアップを行います。
❷拳と拳を接近させた姿勢で何度かプッシュアップを行います。
あえて不自然な姿勢を取ると、負荷が増大するのが分かるでしょう。
❸続いては、狭すぎでも離れすぎでもない、ちょうど良い拳の幅を見つけ出します。それが自分にとっての自然な拳の幅となります。

❶

❷

❸

拳の角度についても同様です。
❶限界まで拳を内旋させた姿勢でプッシュアップを行います。
❷同様に限界まで外旋させた姿勢でプッシュアップを行います。
❸内旋と外旋の間にあるちょうど良い角度を探します。

プッシュアップを楽にこなそうと身体を探る作業が、身体の声を聞く練習そのものとなります。ですから一般的な筋肉トレーニングとよく似ていますが、中身はまったく異なります。筋肉トレーニングでは特定の部位に負荷を集中させるようにしますが、システマのエクササイズでは負荷を全身に散らし、できるだけ疲れない身体の使い方を探っていくようにするのです。

❶ ❷ ❸

スクワットについても同じように行うことができます。足の角度や幅などを自分の身体に聞くことで、適切な形を求めるようにしていきましょう。

とは言え、楽な状態を探すのと手を抜くのとは違います。可動域を最大限に使って関節を曲げ伸ばししつつ、試行錯誤するようにして下さい。

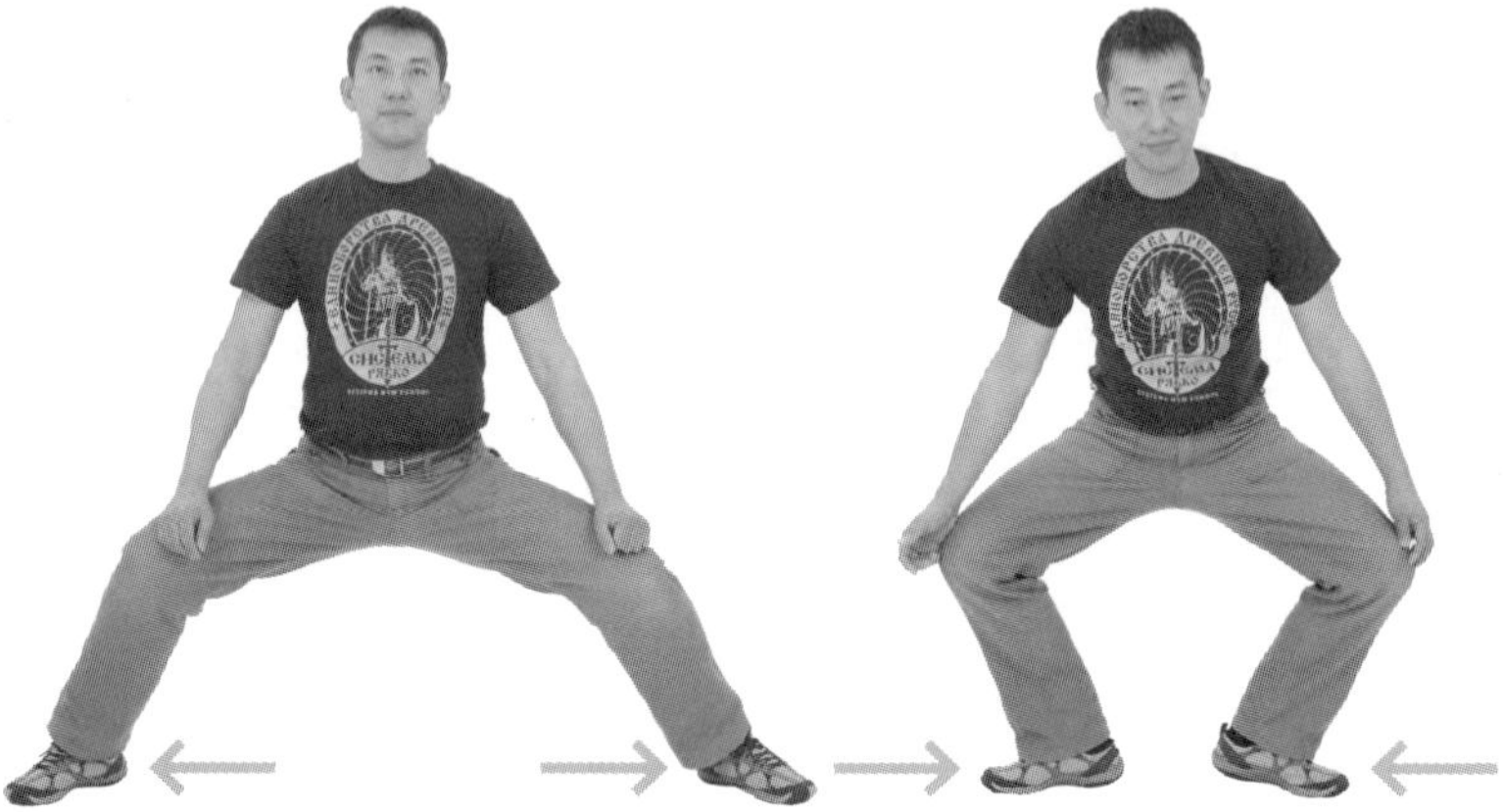

●シットアップ

仰向けになって上半身を起こすエクササイズです。いわゆる腹筋運動に似ていますが、上半身のリラクゼーションとして用いられます。この時、腹直筋《ふくちょくきん》を力ませ、背骨を曲げてしまわないように注意して下さい。背骨は立っている時となるべく同じ状態を保つのが理想です。これは腹部に衝撃を受けつつも、上半身のリラックスを保つための練習となります。ストライクを受ける際、腹直筋の収縮による背骨の曲がりがあると受けるダメージを倍増してしまうのです。

ポイント
- ・背骨をなるべく真っ直ぐ保ちます。
- ・手足もなるべくリラックスさせます。

人によっては寝たまま上半身を起こすことができないことがあります。シットアップは個人差が大きいエクササイズですので、たとえできなくても気にする必要はありません。たくさんブリージングをし、その人なりのベストを尽くすことが大切です。また、プッシュアップやスクワットに比べると、シットアップは一回あたりのストロークが長くなるため、動作の途中で呼吸が止まりやすくなります。なかなか起き上がれない場合は、一番動きにくいところからさらに呼吸を長く伸ばすようにすると、うまくいく場合があります。

【代表的なシットアップ】

❶力を抜いて仰向けに寝ます。
❷息を吐きながら、上半身を起こします。
❸息を吸いながら、上半身を倒します。
何回か行ったら、やはり呼吸を逆にして同じように行います。

●レッグレイズ

仰向けになって、足を持ち上げていくエクササイズです。頭の上の床につま先をつけるようにしますが、届かなくても問題ありません。できる範囲で行うようにして下さい。背骨や内臓レベルのリラクゼーションに適していますので、身体の固さを自覚している人はこまめに行うと良いでしょう。ストライクの衝撃がスムーズに身体から抜けていく、柔らかな体幹を作るのにも適しています。

ポイント

- 腹直筋で足を持ち上げるのではなく、足を頭上に向けて伸ばしていくようにします。
- 四大エクササイズのなかで最も移動距離が長くなるエクササイズなので、途中でブリージングが途切れてしまいがちです。呼吸のペースを調整し、動作の始まりから終わりまで均一な呼吸を持続させるようにしましょう。
- 足を上げると内臓が圧迫されて苦しくなる場合がありますが、これは体内の強ばりによるものです。ブリージングを使ってお腹のなかを柔らかくしていくようにしましょう。
- 慣れてきたら背骨の一つ一つをコントロールするつもりで、ゆっくりと均一なスピードで行うようにしましょう。自由に動く背骨は、姿勢に歪みのない、理に適ったストライクの土台となります。

【代表的なレッグレイズ】

❶力を抜いて仰向けに寝ます。
❷息を吐きながら、頭上に足を伸ばしていきます。頭上の床に足をついたままブリージングを行えば、背骨全体に働きかけるストレッチになります。
❸息を吸いながら、足を戻します。何回か続けたら、やはり呼吸を逆にして同様に行います。
❹もし❷の姿勢をキープするのが難しければ、腰に手を当てて身体を支えても良いでしょう。

パワーではなく〃動き〃を養う

改めて強調しておきたいのは、システマで行われるあらゆるエクササイズは、筋肉の増強を目的としたものではないということ。なぜなら大切なのは「身体が適切に動くかどうか」だからです。筋力は身体を動かす多種多様な要素のうちの一つにすぎません。対複数や刃物を相手にするような状況では、持てる力のすべてを発揮できるようにしたいもの。そうしたなかで筋力だけに頼ってしまうのは、得策とは言えないのです。

第2章からはいよいよストライクの練習に入っていきます。

いずれの章も、冒頭で土台となるエクササイズを紹介し、続いてそれを補強する形で様々なエクササイズを取り上げていきます。エクササイズを一つずつバラバラに覚えるよりも、こうした繋がりを知っておいた方が全体像が見やすくなり、意味を理解しやすくなるためです。ぜひシステマのクラスに飛び込んだつもりで、読み進めていって下さい。

また本書では通例にあわせて、打撃全般を「ストライク」と呼びます。ただ拳による打撃には「パンチ」、足での打撃に「キック」という名称を用いることもあります。そのため、拳と足の打撃に関してはそれぞれの二通りの名称が用いられていることをご了承下さい。

マスターズ・ヴォイス

「プッシュアップとパンチ」

by ヴラディミア・ヴァシリエフ

数年前、私がモスクワのミカエル・リャブコの元を訪れた際、彼は壁に対してゆっくりと行うプッシュアップを披露してくれました。隣に立っていた私は、それがどんなものだったか、今でもはっきりと覚えています。壁は彼の拳のもとできしみ、耳鳴りのような音を立て、部屋を覆い尽くすほどの巨大な獣のように感じられたのです。

システマのプッシュアップは、単なる肩や胸のエクササイズではありません。戦いとストライクの準備として、すべてを含むメソッドなのです。ミカエルがそれを行う時はただ身体を上下に動かすだけでなく、拳が接している面を繊細に感じ取り、全身を支えられるようにうまく体重を使っていました。押して離れる力はスムーズで強く、そしてしっかりと彼の腕を通って足へと伝わり、上へと戻っていくのです。

拳でのプッシュアップは、とても良いパンチの練習です。正しく行えば私たちは、体内に緊張を作ることなくストライクする方法を学ぶことができます。身体をリラックスさせたまま、必要最低限の筋肉だけを用いるプッシュアップを学ぶことで、ストライクでも同じことができるようになるのです。つまり、身体を力ませることなく、パンチを放つことができるのです。

筋肉における緊張のコントロールは私たちに力と精度を与え、距離を正しく把握させます。あえて届かせる必要はなくなり、パンチは短く、強く、正確になります。力みのないパンチは、無理や疲れによる副作用がないため、トレーニングや戦いの後の回復にかかる時間が最低限で済むのです。

何年も前、システマを経験する以前に私は空手を学んでいましたが、明らかな弱点に気づきました。打撃を打った瞬間に身体が固定され、硬直したまま身動きが取れなくなってしまうのです。これは実戦においてしばしば、脆い体勢となってしまいます。ちょうどその瞬間に打撃を打たれたら、いとも簡単に負傷してしまうでしょう。緊張した身体には敏感さと敏捷さがないため、素早くスムーズに反応して避けたり、反撃したりすることができないのです。

どのようにプッシュアップを練習するべきかは次の通り（左囲み参照）です。

マスター・ヴラディミアが語る

プッシュアップのポイント

●拳の上に身体を乗せ、プッシュアップの姿勢を取る。

●拳の表面を、できるだけ無理なく多く床に触れるようにする。

●動作範囲の全体に渡って、開始時と同じ拳の場所で床を感じながら、プッシュアップを行う。

●その間、身体に生じる力みを探す。床に対しての敏感さが拳の表面から失われたら、力みが現れたということが分かる。その場合、プッシュアップを続け、ブリージングと動きでリラックスするようにする。

●必要と感じるだけ繰り返す。

またミカエルは、このようなプッシュアップによる緊張のコントロールは、健康にとてつもない恩恵があると説明していました。過度の負荷を頭部へと向かわせてしまうことなく、全身に均等に分散させるのです。私たちはストライクの際、過度の負荷が頭部に伝わってしまうことがどれだけ危険かを知っています。このことをプッシュアップによってマスターすれば、パンチを打つ際に起こる頭部への負荷もコントロールできるのです。

（トロント本部WEB site「Training Tips」より）

ヴラディミア・ヴァシリエフ
Vladimir Vasiliev

ミカエル・リャブコの高弟で旧ソ連時代は特殊部隊のメンバーとして約10年間軍務に就き、後に特殊部隊の教官を勤める。ソ連崩壊後にカナダ・トロントに移住、1993年にロシア国外初のシステマのスクールを開校、以来、世界各国で指導を行っている。

http://www.russianmartialart.com/

第2章

サバイブのための第一歩 〝ストライクの受け方〟

「システマではまず最初にストライクの受け方を学び、自分自身の経験による、自身の身体の目覚めを通して、自らの内部で実際に何が起こっているかを知ることになります」

by ミカエル・リャブコ

「ストライクを自分に打ってもらわなくてはなりません。打ってもらうことで、身体で知識として色々な異なったストライクを覚えるのです。楽しいものではないかもしれません。しかしこれがストライクからの恐怖を取り除く唯一の方法です」

by コンスタンチン・コマロフ

システマの必須エクササイズ"ストライクの受け方"

「どんなに優れた技術を持っていようと、すべての攻撃を防げるわけではない」

システマの技術はそうした前提に成り立っています。どれだけ優れたディフェンスのテクニックを持っていても、攻撃を受ける可能性はゼロにはなりません。例えば敵味方が入り乱れる混戦状態では、指一本触れさせないことなど不可能でしょう。もしくは人並みはずれて高い攻撃力を誇ったとしても、ほんの僅かなダメージで倒れてしまうようでは意味がありません。だからこそ重視されるのが、受けるダメージを少しでも減らし、そこから回復するスキル。それを学ぶのが本章で紹介する「ストライクを受けるトレーニング」です。拳で身体を打つので、一見すると打撃への耐久力を高めるための練習に見えるかもしれません。しかし意図するところは異なります。パンチだけでなく、刃物から精神的なショックまで含めて、心身に及ぶあらゆるダメージを軽減する方法を学ぶためのトレーニングなのです。ですから、筋肉を固めて打撃を弾き返すようなことはしません。なぜならこうした方法はナイフなど武器に対しては逆効果になってしまうためです。その代わりに求められるのは、リラックスです。拳が当たる瞬間の衝撃、痛み、恐怖心。これらに直面しつつも身体と心のリラックスをキープする。そのスキルこそが、システマが目指す「サバイブ」を実現するうえで不可欠なのです。

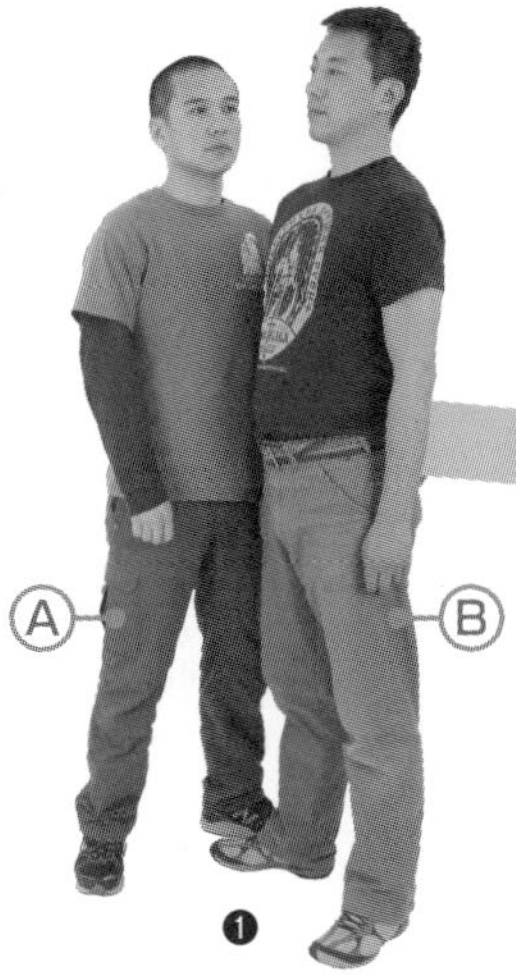

❶

❷

❸

【ストライクを受けるエクササイズ】

❶Aは B の横に立ちます。初心者がこの練習に取り組む場合は、インストラクターなど適切に力加減ができる人と組むようにしましょう。
❷Aは何度か B の身体をマッサージするように軽く拳を当てます。同時に B は自分の身体に意識を向け、何らかの違和感や緊張が芽生えるのを感じたら、すぐにブリージングを行って解消します。
❸Aは B が拳に慣れてきたら、少し重めに拳を打ち込みます。
❹B は打たれる瞬間に口からフッと鋭く息を吐いて衝撃を逃がします。
❺B はブリージングやバーストブリージング（※後述）を用いて、身体に残るダメージを回復します。A はその様子を観察し、必要であれば回復のサポートをします。

❹

❺

●ストライクの分析

まず紹介するのは、最もスタンダードなトレーニングです。これを行うための準備のエクササイズや発展形などは順次紹介していきます。

ストライクは心と身体に大きな影響を及ぼします。その最たるものは「恐怖心」。どれだけトレーニングを積んでも、決して消えるものではありません。では「恐怖心」がどのような影響をもたらしているのか。それについて三つのシーンに分けて考えてみましょう。

打たれる前

「これからストライクを打たれる！」そう予期することで恐怖心が芽生えます。この時すでにストライクを受ける練習は始まっています。まず行うべきことは、恐怖心によって身体にどのような緊張や歪みが生じているのか観察すること。おそらくいたる所に力みや違和感が生まれ、心拍や呼吸なども変化していることでしょう。こうした変化を見つけたらすぐにブリージングをして心身を落ち着けるようにします。こうすることで打たれる瞬間まで身体を柔らかく保ち、ダメージを軽減できるようにしていくのです。

打たれる瞬間

ストライクを打たれた瞬間、フッと息を吐いて衝撃を分散させます。身体を固めてしまうとダメージが蓄積するうえに、動きがフリーズしてしまいます。特に強ばりがちなのが腰や肩。姿勢をなるべく崩さないように心がけますが、身体を固めてしまうのも禁物です。柔らかく、真っ直ぐ立つ。それにより衝撃を分散させるテクニックに関しては第4章で詳しく紹介します。

打たれた後

リラックスしてダメージを打ち消すとはいえ、完全にノーダメージというわけにはいきません。そのため「回復」が必須となります。ストライクによって心身にもたらされた変化を見いだし、元通りの状態を取り戻すようにするのです。この作業はじっくりと時間をかけて、確実に行うようにします。中途半端な回復はダメージを蓄積し、いずれ身体を壊してしまうこともあるでしょう。こうして完全な回復を心がけていくと、少しずつ短い時間で回復できるようになっていきます。

ストライクを受けるための準備

システマのクラスでは、最初から過大なストレスを課すことはありません。むしろ慎重すぎるくらい丹念に、エクササイズを積み重ねていきます。こうした方法は、ストライクを受ける練習において特に重要となります。なぜなら強すぎる負荷は怪我の原因となるばかりか、精神的なトラウマにもなってしまいかねません。それでは練習を継続する妨げとなってしまうこともあるでしょう。大切なのは、確実に乗り越えられる壁を一つ一つ超えていくこと。そうして少しずつ実績と自信を積み重ね、強い負荷に耐えられるようにしていくのです。

●準備のリラクゼーション

ストライクを受ける際、ある程度の力みは避けられません。ですから打たれた部位に生じた力みが全身の硬直を招いてしまわないようにします。ここで紹介するリラクゼーションでは、筋肉をゆるめて衝撃が流れやすくすると同時に、身体の各部位の力みをバラバラにしていきます。こうして打たれた部位から他の部位へと至る緊張の繋がりを、分断していくのです。

【力みを分断する リラクゼーション】

❶仰向けで横たわります。鼻から息を吸いながら、全身を渾身の力で緊張させます。この時、身体をよく観察し、ゆるんでいる筋肉が一つもないようにして下さい。
❷口からフーッと息を吐きつつ、全身をリラックスさせます。この時は、筋肉の弛緩に伴う感覚を味わうようにします。
❸これを２〜３度行ったら、次は腕に移ります。鼻から息を吸いながら、思い切り腕だけを緊張させます。やはり身体をよく観察し、腕だけがキッチリと力み、他の部分はすっかりゆるんだままになっているか確かめるようにしましょう。
同様のことを、胸、お腹、足などでも行います。上半身や下半身など、様々な部位を緊張させることができるでしょう。いずれも特定の部位のみを力ませ、他の部分は完全にゆるんだままでいるようにします。
❹最後にもう一度、呼吸とともに全身を力ませ、ゆるめます。そのまま１分ほど横たわり、リラクゼーションによって生じた身体の変化を味わいます。全身を意識し、この時の感覚を身体に刻み込むようにするのです。リラックス状態を崩さないよう、慎重に起き上がって終了です。

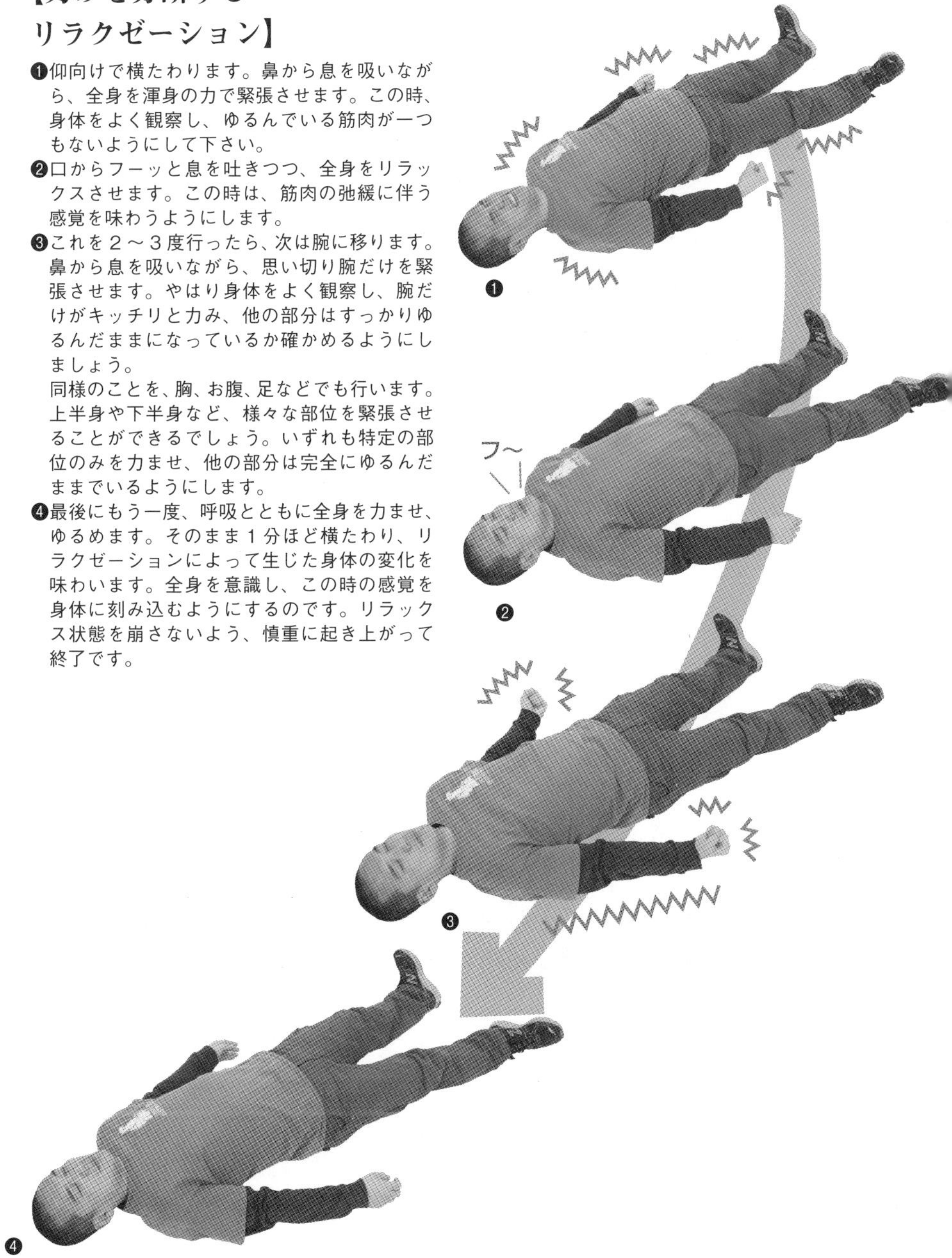

●拳に慣れるマッサージ

身体をリラックスさせたら、少しずつ拳に慣れていきます。この時に有効なのはマッサージです。拳で身体を解してもらうことで、拳に対する恐怖心を和らげていくのです。特に腹部は鳩尾や肝臓など、ダメージを受けやすい部位がたくさんあります。そのため、恐怖心も募りますがリラックスの効果が顕著な部位でもあります。ここで紹介するのは拳を用いた腹部のマッサージ。恐怖心のコントロールと腹部のリラックスを同時に学べるので、とても便利です。特に柔らかなお腹は、健康面にも有益ですのでぜひ取り組んでみて下さい。

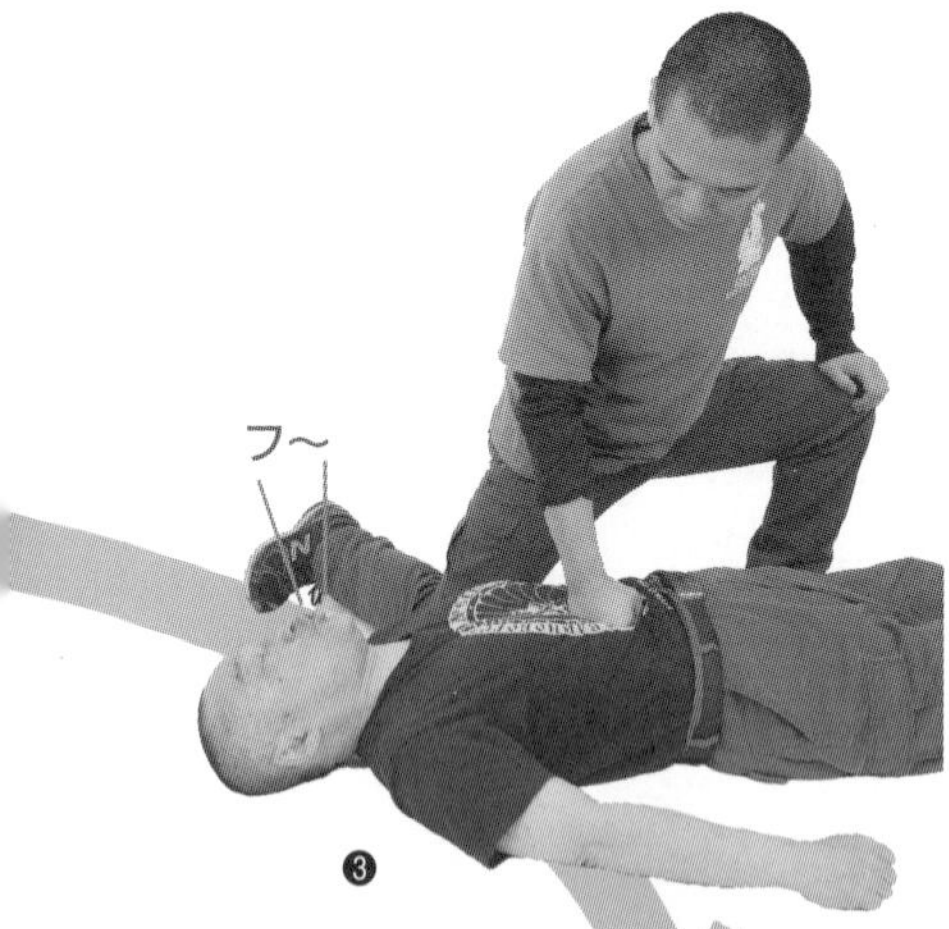

❸

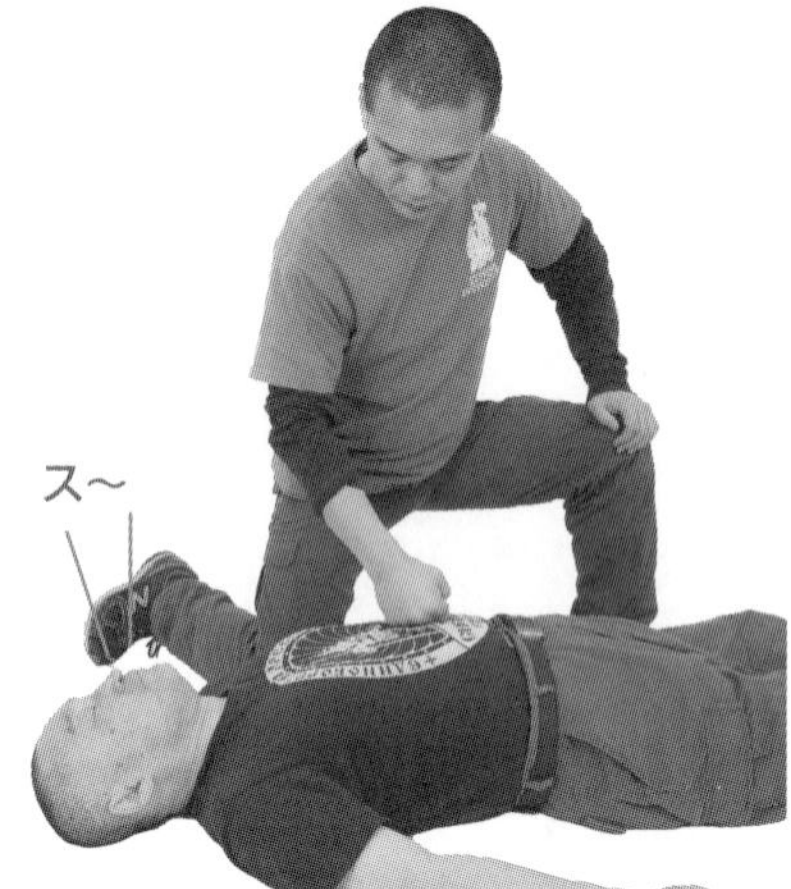

❹

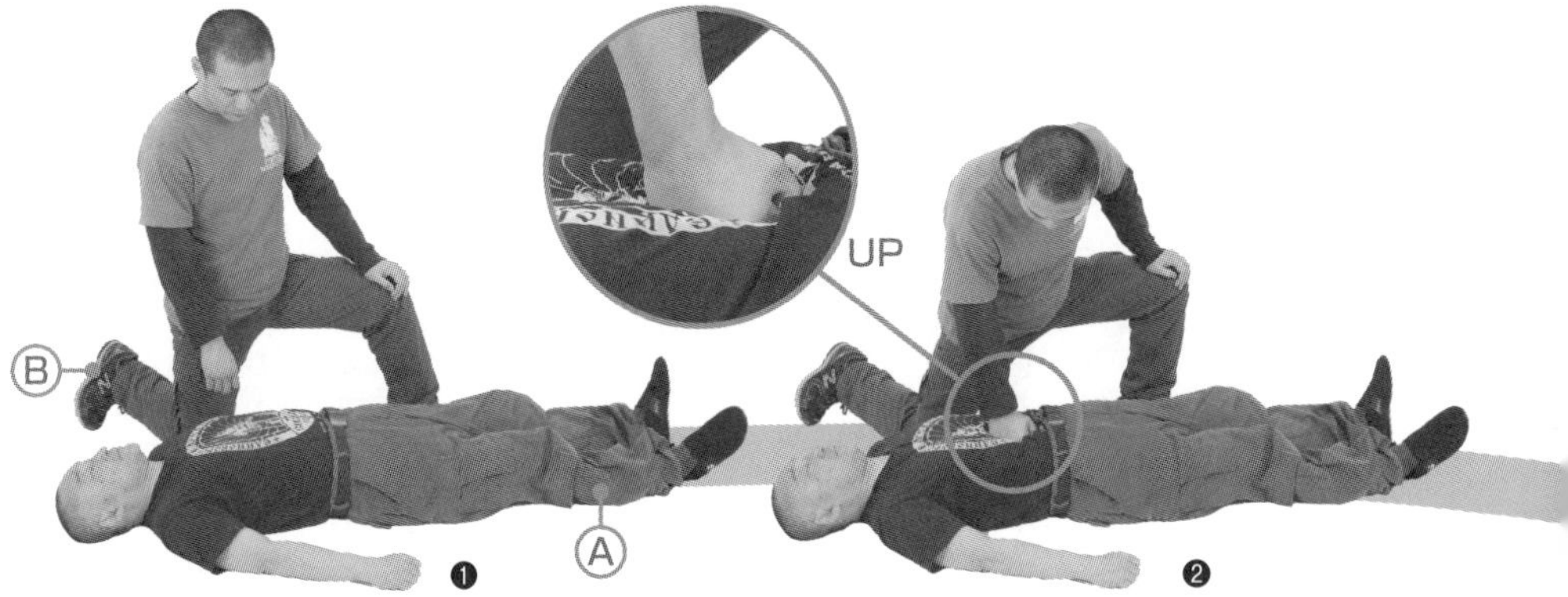

【腹部のマッサージ】

❶Ａは仰向けになって身体の力を抜きます。
❷Ｂは拳をＡのお腹にあてがい、Ａが息を吐くのに合わせてゆっくりと押し込んでいきます。
❸～❹（右頁）Ａが息を吸うのを感じつつ、Ｂはゆっくりと拳を引いていきます。Ｂは拳を当てる部位を変え、同じようにＡの呼吸に合わせて押し込んではゆるめます。これをお腹全体まんべんなく行います。鳩尾や下腹部なども忘れずに行いましょう。

お腹に拳を押し込まれると、Ａは肩や腰にまで緊張が伝わるのが感じられるかもしれません。そうした繋がりを通じて全身をゆるめていけば、お腹だけでなく全身をリラックスさせることができます。
また、Ｂはストライクを打つ練習を兼ねています。大切なのはまず自分のリラックスを心がけること。他者をリラックスさせるには、相手以上にまず自分がリラックスしなくてはいけないのです。押し込む際に息を吐き、拳を引く際に相手と一緒に吸うようにすると行いやすいでしょう。また拳は固く握り込まないようにします。肩と肘はリラックスさせ、手首を真っ直ぐに保つようにして下さい。くれぐれも腕力で押し込んだり、体重をかけてもたれかかったりするのではなく、拳がその重さによって相手の身体に沈み込んでいくようにしましょう。こうしたポイントは拳でストライクを打つ際の注意点と重複します。

一人で行う場合は人差し指と中指をそろえ、お腹に差し込むようにします。疲れが溜まり、気分がスッキリしない時などに行うと、鈍い圧痛のある部位が見つかることがあります。こうした部位を丹念に解していくことで、内臓レベルのリラックスを深めていくこともできるでしょう。

●打撃に慣れるマッサージ

拳の接触に慣れたら、徐々にストライクに近づいていきます。ここで重宝するのはジョイントタッピングと呼ばれるマッサージです。いくらか打撃らしくなりますが、あくまでもマッサージ。ここでは関節をゆるめるものを紹介しますが、関節はデリケートな部位ですので、強く叩きすぎないよう気をつけて下さい。

力みが蓄積すると関節のなかで骨と骨の間が詰まり、軟骨同士がぶつかり合ってしまうことがあります。このマッサージは、筋肉と骨を繋ぐ腱や骨と骨を繋ぐ靭帯を解し、関節の内部全体に関節液と呼ばれる潤滑油を行き渡らせるためのものです。スムーズな関節の動きは当然、力みの軽減にも繋がります。また、打撃をより効果的なものにする柔らかく重い拳を作るトレーニングも兼ねていますので、その点についても注意しながら行ってみると良いでしょう。

ジョイントタッピングについての詳細はＤＶＤ「Combative body」でヴラディミア・ヴァシリエフが自ら解説していますので、ぜひ参考にしてみて下さい。英語版しかありませんが、映像を観るだけでも充分理解できる内容です。

【ジョイントタッピング】

❶指と指の間に僅かにすき間があくくらい、軽めに拳を握ります。
❷手の指を床や膝の上に置き、拳を落とすようにして叩きます。表、裏、横などまんべんなく叩くようにしましょう。
❸手首も同様にあらゆる角度から叩いていきます。拳の握り方や力の抜き方を調整し、より快適な打撃になるよう工夫してみて下さい。
❹肩や胸骨、膝、足首、足なども同様に叩きます。背骨や肩甲骨の周囲など、手の届きにくい部位は、パートナーに叩いてもらうのも良いでしょう。

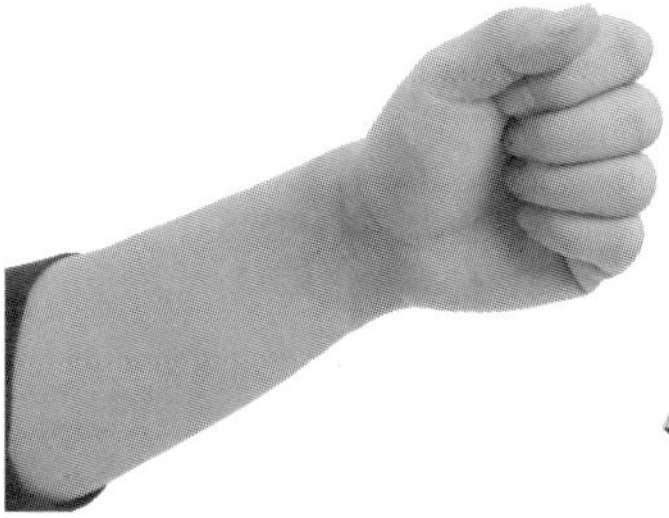
❶

❷

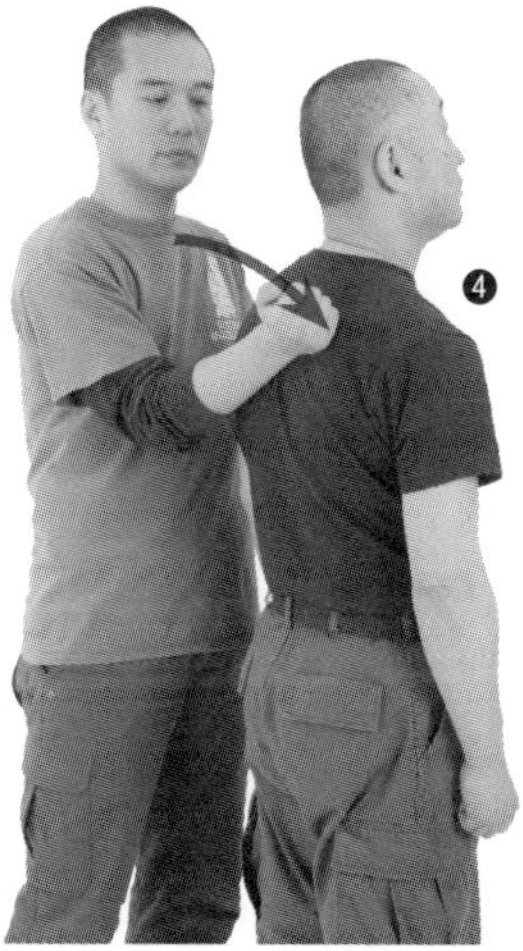
❹

❸

同じことを立って行うこともできます。

大事なのは押されたところだけに内側から張りを持たせることです。身体のなかにも意識しやすい部分と難しい部分があることに気がつくでしょう。呼吸を忘れず、丹念に行って下さい。

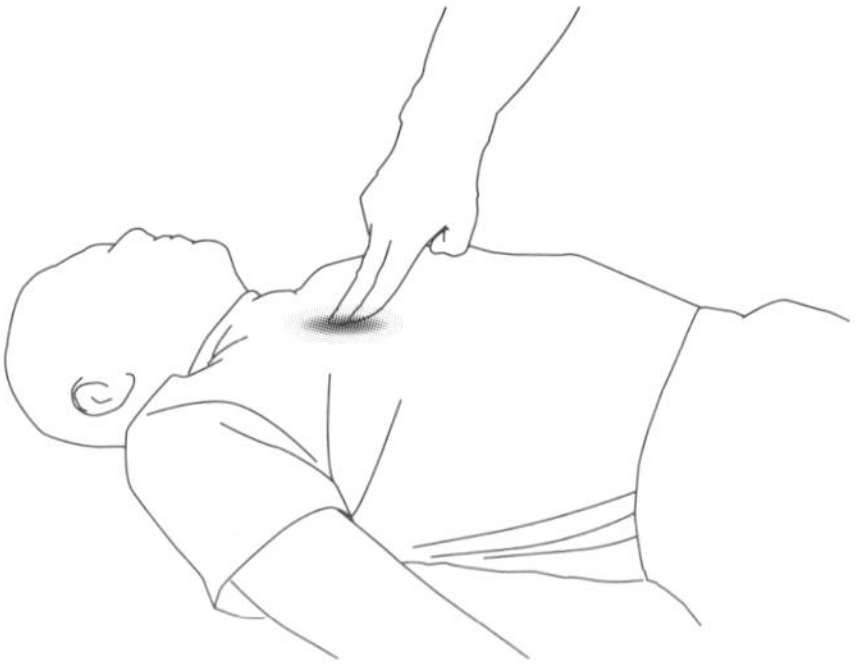

限定的に「張り」を作る

次に紹介するエクササイズは、先ほどのリラクゼーションをもう少し先へ進めたもの。初めのうちは少し難しく感じられるかもしれませんが、丹念に行っていけば少しずつうまくできるようになっていくでしょう。

緊張させる部位はキッチリと力ませ、それ以外は完全にリラックスさせる。これを厳密に行おうとすればするほど、トレーニング効果は上がります。同じことを立って行っても良いでしょう。

プッシュアップで拳に慣れる

次のエクササイズでは拳に重さを乗せていきます。ここで紹介するのは定番中の定番エクササイズ。重い拳が身体とメンタルにどのような変化をもたらすのかを観察し、ブリージングによって整えるようにして下さい。

【張りを作るエクササイズ】

❶Ｂは仰向けになってリラックスします。ＡはＢの胸やお腹、脇腹といった体幹部に軽く触れます。
❷〜❸Ｂは息を吸いながら触れられた部位だけを固くします。内側からの圧力によって張りを作るような感じです。
❹Ａは触れる部位を色々と変え、Ｂは常に触れられた部位にのみ張りを作ります。同時に他の部位に力みが生じてしまっていないか確認して下さい。Ａは体幹部に触れ終えたら、手足や首なども同じように触れていきます。
❺身体の前面が終わったら、Ｂはうつ伏せになり同じことを行います。うつ伏せも終えたら、ＡとＢが交代します。

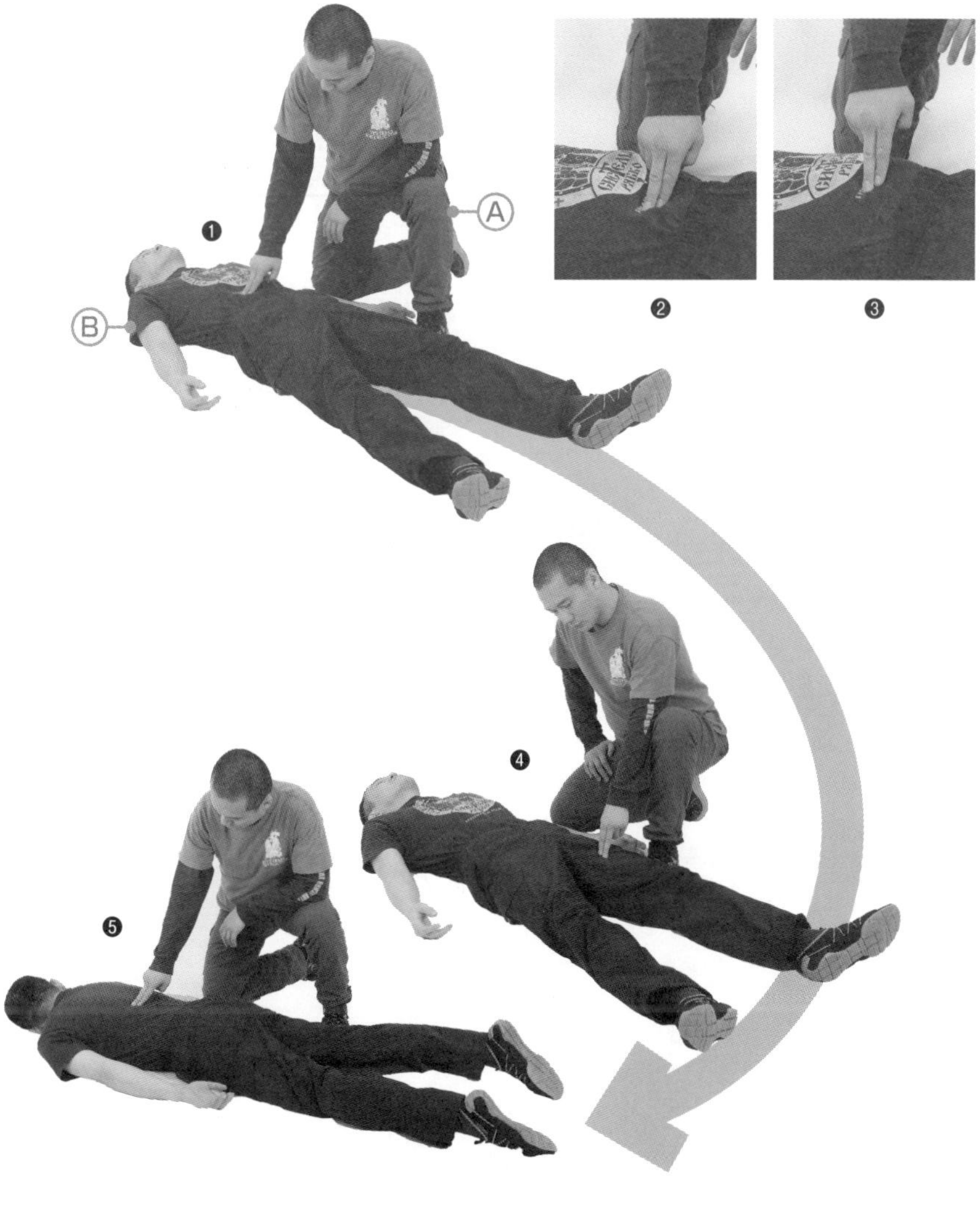

【パートナーの上でのプッシュアップ】

❶Aはうつ伏せに寝て、身体の力を抜きます。BはAの身体に拳を乗せ、プッシュアップの姿勢を取ります。BはAの骨の部分を避け、拳の平らな部分を相手の身体の柔らかな部位に当てるようにします。拳は柔らかく保ち、握り込む必要はありません。相手にフィットさせるようにして下さい。

❷Bは拳を移動させながら、Aを中心にゆっくりと一回りします。Aにプレッシャーをかけつつも苦痛を与えないよう注意し、ブリージングによって自らのリラックスを保つようにします。Aは自分の心身に意識を向け、Bからのプレッシャーによってどのような変化が起こるかを観察します。力みを自覚したらすぐにブリージングを行って解消していくようにしましょう。

❸背面を終えたらAが仰向けになり、前面も同様に行います。

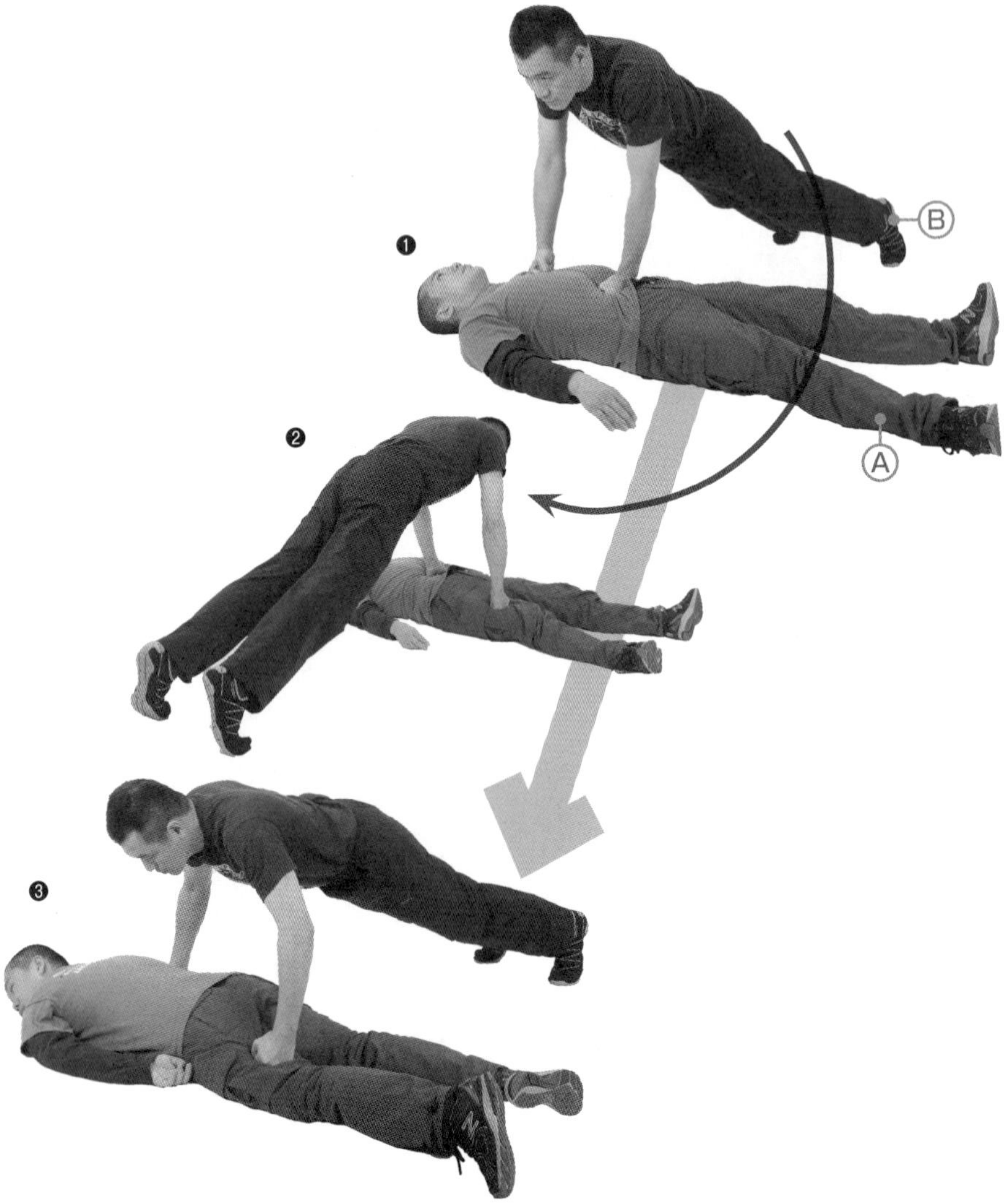

繰り返し行っているうちに拳をどこに置くと、しっかり力を伝えて楽にできるかが分かってきます。また下の人はストライクを受ける力が養われます。

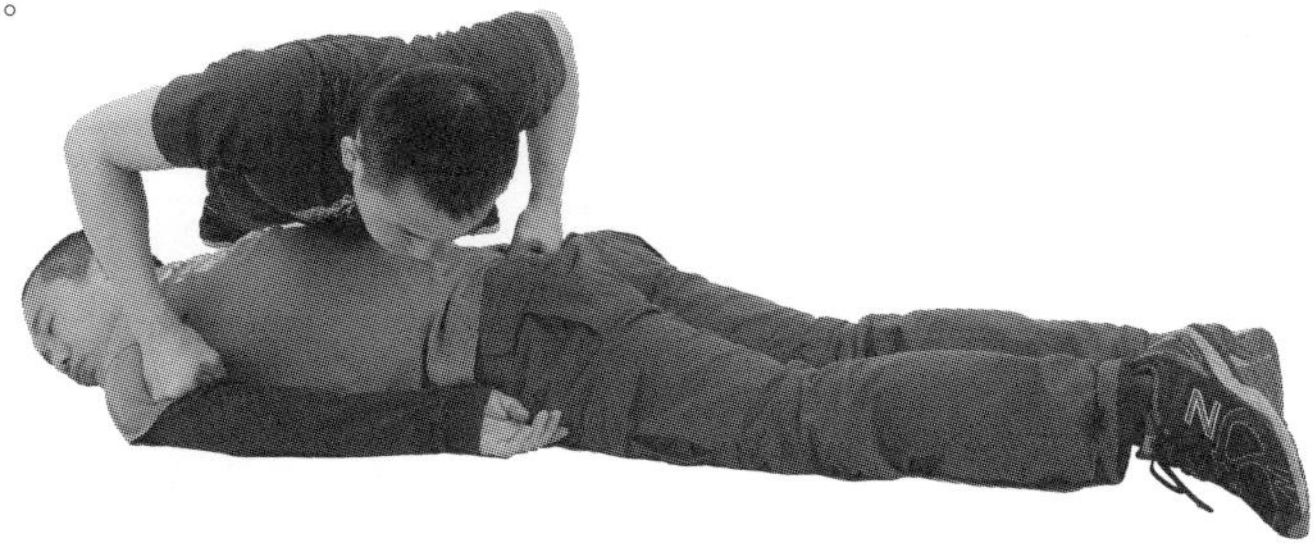

パートナーの上でプッシュアップを行う際は、腰が曲がってしまうと拳に重さが乗らなくなり、両者ともに練習の効果が落ちてしまいます。試しに腰が真っ直ぐな状態と、曲がった状態とでどちらの拳が重く感じられるか比較してみても良いでしょう。ここで行うプッシュアップは、そのままストライクを打つ練習に直結します（※詳しくは第5章の「フィスト・ウォーク」で説明しています）。慣れてきたら拳を移動させる度にプッシュアップを行って下さい。

バージョンアップ版として次の頁で紹介するようなエクササイズもあります。

【拳で倒れ込む】

❶〜❷３人組になり、２人（Ｂ、Ｃ）が仰向けになります。Ａは立った状態から倒れ込み、Ｂ、Ｃそれぞれに一つずつ拳を当てて着地します。

❸Ｂ、Ｃはブリージングでリラックスを保つようにします。

Ａは立ち上がり、また別の部位に倒れ込んでいきます。急所や骨の出ている部分を避け、拳の平らな部位とＢ、Ｃの身体の柔らかで平らな部分をフィットさせるようにします。ここまで来ると、かなり実際のストライクに近いストレスになってきます。

“回復”の習得

ストライクを受けた後に欠かせないのが「回復」です。そもそも回復の仕方が分からなければ、ストライクを練習することができません。せっかくトレーニング会場に足を運んだとしても、ほんの数度打たれただけでギブアップしてしまいかねないでしょう。

ではどうやって自分自身を回復させるのか。

そのスキルを身につけるうえで知っておきたいのが、「バーストブリージング」と「ブレスホールドエクササイズ」です。前者は通常のブリージングでは解消しきれない負荷の解消に用いられるもの。後者は負荷の影響を最低限にする方法を学ぶのに適したエクササイズです。いずれも拙著『システマ入門』（ＢＡＢジャパン）や『最強の呼吸法』、『最強のリラックス』（共にマガジンハウス）等で紹介しましたので、本書では基本的な方法をおさらいしつつ、もう少しマーシャルアーツ的な目的にフォーカスしたエクササイズを紹介したいと思います。

実習するにあたって注意したいのは、心に潜む「プライド」です。プライドは「自分は強いはず」、「もう回復できたはず」という強がりを生み、完全な回復を阻んでしまうのです。

ミカエルが「**完全な回復が大切です。回復のための時間を惜しまないで下さい**」と言う通り、回復のドリルで求められるのは「ダメージを受けないこと」でも「早く回復すること」でもなく「確実に回復すること」です。入念に時間をかけて回復するようにして下さい。

●バーストブリージング

通常のブリージングが「フーッ」と細く長く吐くのに対し、バーストブリージングでは「フッフッフッ」と小刻みなブリージングを繰り返します。これは姿勢を歪めてしまうことなく、よりたくさん呼吸をするため。いわゆる深呼吸と違って肺活量に関係なく長時間続けられることから、レスリングで組み伏された時など継続的に負荷がかかる際にも用いられます。ポイントは、通常のブリージングと同じように、全身に呼吸が行き渡るのを感じながら行うこと。それをおろそかにしてしまうと、呼吸の力が伴わない空回りのバーストブリージングとなってしまいますので注意して下さい。

バーストブリージングはブリージングと同様、鼻から吸って口から吐きます。熟練してくると、吐いた反動で自然に空気が入ってきますが、初めのうちは吸う息と吐く息の両方を意識すると良いでしょう。指標とするのはあくまでも自分の身体です。どうしたらより楽に負荷に耐えられるか、身体を通じて探っていくことで、少しずつペースが早まってきます。バーストブリージングの参考映像としてはヴラディミア・ヴァシリエフのＤＶＤ「システマ式呼吸法」「ブレスフォーインターナルコントロール」（いずれも日本語版、システマジャパン刊）、もしくは筆者による「システマブリージング超入門」（ＢＡＢジャパン）などがあります。

【バーストブリージングのエクササイズ】

バーストブリージングは、何らかの負荷がかかった状態で練習した方が感覚を掴みやすいようです。そのためここではスロープッシュアップを例として用います。

❶プッシュアップの姿勢になります。

❷一定のスピードでゆっくりと身体を下ろしていきます。その際、「フッフッフッフッ！」と小刻みに呼吸をしましょう。初心者であれば10秒かけて下りるくらいのペースから始めてみて下さい。
下りきったらゆっくりと床を押し、下りと同じペースで身体を持ち上げていきます。

❸元の姿勢に戻ったら終了です。ゆっくりと膝をついてしっかり回復します。

同じようにスクワットやシットアップ、レッグレイズなどでトライするのも良いでしょう。慣れてきたら往復にかける時間を延ばしてみて下さい。しっかり自分を回復させることも重要です。チェックポイントを参考に自分の状態を確認してみて下さい。

☑「回復」のチェックポイント

- □ 呼吸
- □ 心拍
- □ 血圧
- □ 筋肉の緊張
- □ 疲労感
- □ 体温
- □ 感情

●ブレスホールド

次に紹介するブレスホールドエクササイズでは、あえて息を止めるという負荷をかけることで、回復の仕方を学んでいきます。息を止めることで、極度のストレスで息が詰まってしまった状態を人工的に再現するのです。また息を止めつつエクササイズを行うと、体内の酸素が消費され身体が強く酸素を求めるようになります。それを用いて呼吸を全身に行き渡らせる効果も狙っています。ただ循環器系への負荷が強いので、血圧が高い方などはかかりつけの医師と相談しつつ、公認インストラクターの元で練習するようにして下さい。

ここでのテーマは「回復」ですので、エクササイズの回数はさして重要ではありません。もし途中で呼吸が限界に達してしまったら、そこで中断して回復に移るようにします。スクワットやシットアップなど、他のエクササイズでも同じように行えますし、歩数をカウントすれば歩きながらでもできます。

このようにブレスホールドエクササイズの原則は、「息を止めながら負荷をかけ、ブリージングによってその影響から回復していく」というもの。これさえ守れば、あらゆるエクササイズがブレスホールドエクササイズになるのです。

【ブレスホールドエクササイズ】

❶プッシュアップの姿勢になります。
❷鼻から息を吸い、口からフッと軽く吐いて止めます。そのままプッシュアップを１回行います。
❸終わったらゆっくりと座り、心拍、脈拍、筋肉の疲労感、体温など、エクササイズによる変化を観察します。ブリージングによってそれらの変化を解消していきます。時間をかけて完全に回復するようにして下さい。
回復したら再び息を止め、２回プッシュアップを行い回復します。続いて３回、４回、というように数を増やしていきます。10回まで行ったら終了です。体力に応じて数を調節して下さい。

【打たれながらのブレスホールド】

❶Ｂは仰向けに寝て身体をリラックスさせ、鼻から息を大きく吸った後に、口から軽く吐いて止めます。
❷Ａは、Ｂを平手で叩きます。ある程度の重みと痛みを与えるつもりで全身まんべんなく叩くようにしましょう。Ｂは叩かれつつも息を止め、身体をリラックスさせ続け、呼吸の限界に達したらブリージングを用いて回復します。
❸ＡはＢが呼吸を再開したらすぐに叩くのを止めます。Ｂはバーストブリージングを用いるのも良いでしょう。たっぷり時間をかけて確実に回復します。少なくとも息を止めていた時間よりも長い時間をかけるようにして下さい。

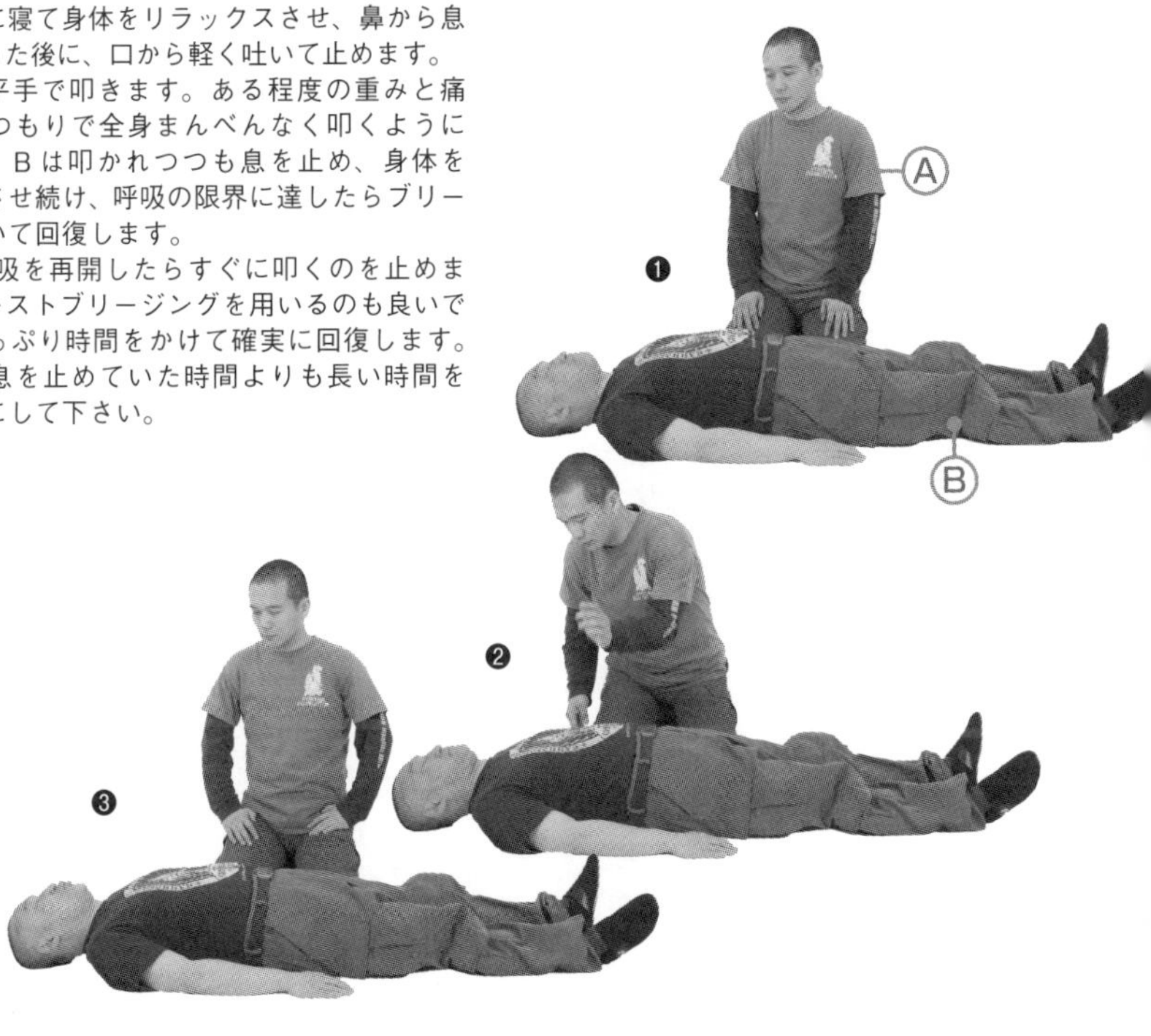

・立った状態で息を止める

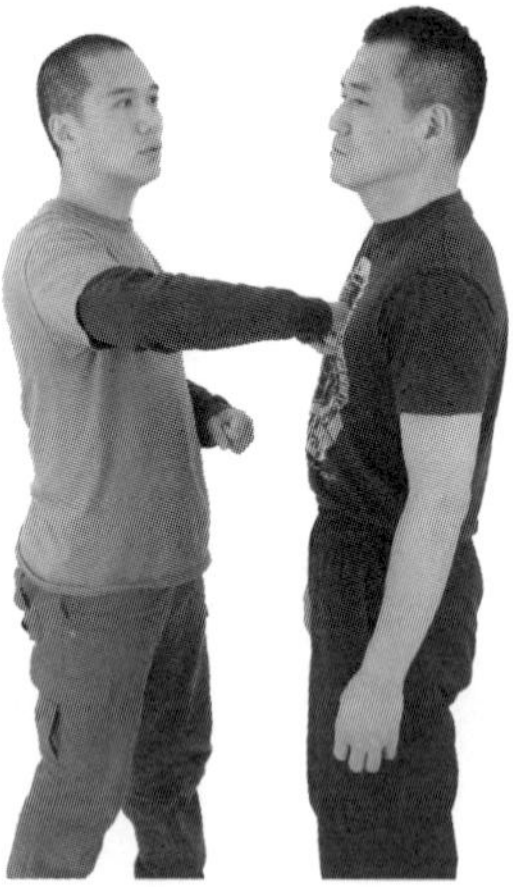

【各種のブレスホールドエクササイズ】

・拳で打つ 拳で全身をマッサージするように打ちます。平手打ちから拳に変わることで精神的な負荷が高まります。

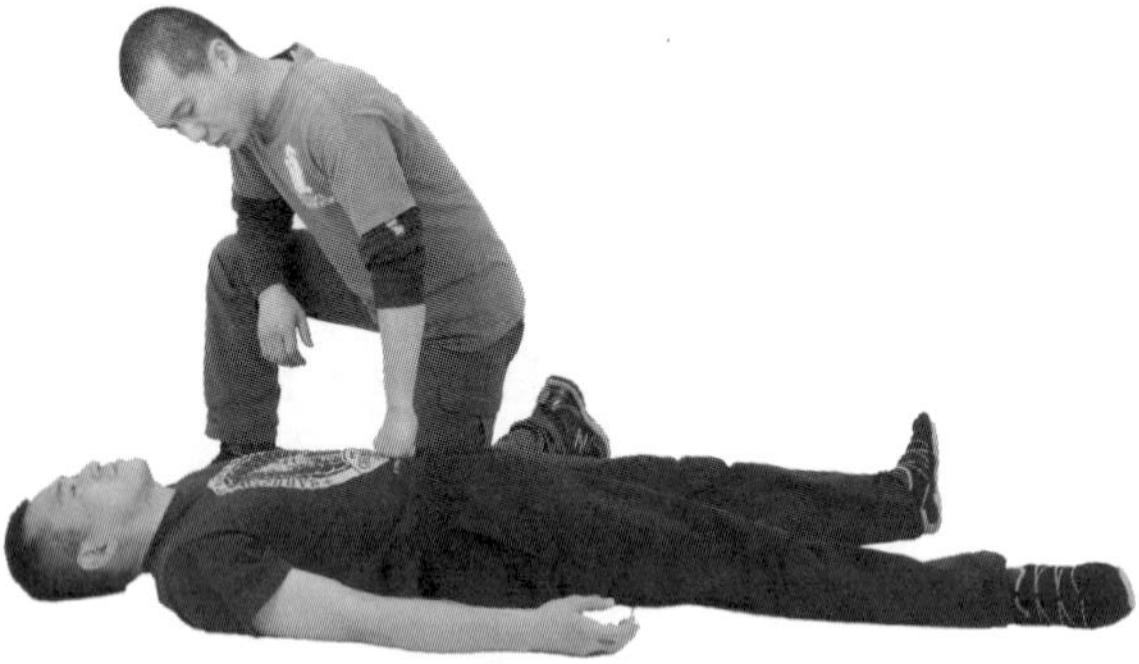

●息の止め方について

息の止め方は「吸いきって止める」「吐ききって止める」「軽く吸って止める」「軽く吐いて止める」の4種類に大別できます。ここで採用している「鼻から大きく吸った後に、軽く吐いて止める」方法は、最も負荷の軽い息の止め方。一度大きく息を吸った後に軽く吐くと、吐く息が自然に止まるところがあるでしょう。そこが吸いすぎでも吐きすぎでもない、バランスの取れた状態となるためです。もちろん他の止め方を試して、違いを確かめてみるのも大切です。

また、ブレスホールドエクササイズには様々なバリエーションがありますので、一部の例を次に列記します。要領はどれも同じですが、少しずつ負荷が異なりますので、各自のレベルに合わせて使うようにしてみて下さい。

・**倒れ込む**　膝立ちの姿勢から、仰向けに寝ている人に倒れ込みます。下にいる人は顔を横に向けて顔面を直撃されないよう気をつけましょう。倒れ込む人は息を吐きつつ身体の力を抜いて倒れるようにします。

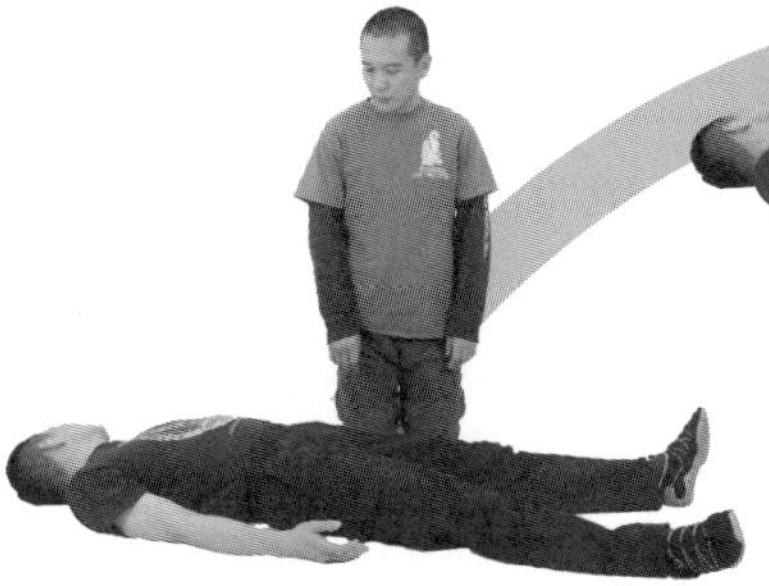

・**踏み越える**　仰向けに寝て息を止めている人を踏み越える。
心身への負荷がさらに高まります。踏む側は身体をリラックスさせ、足の裏全体を相手の身体に乗せるようにしましょう。くれぐれもつま先や踵に体重が偏らないように。余計な負荷を与えるばかりか、骨折などの原因になってしまいます。

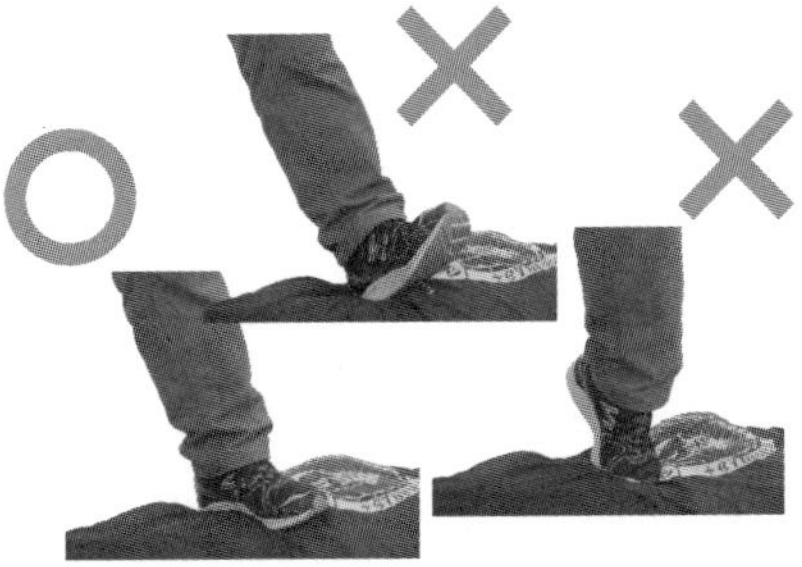

・**多人数で打つ**　これも平手打ちや拳などで行うと良いでしょう。多人数と相対する際の恐怖心をコントロールする練習にもなります。いずれの場合においても、打たれる側は必ず念入りに回復するようにして下さい。

●ダメージと姿勢の関係について

　ストライクを受けた瞬間、つい身体をくの字に曲げてしまいがちです。一見衝撃によって曲がっているように見えますが、自分自身で曲げてしまっている場合がほとんど。恐怖心によって、自ら前面の筋肉を収縮させてしまっているのです。これを最低限に止めるにはストライクを受ける前から念入りにブリージングを行い、心身のリラックスを保つようにします。とは言え、ストライクへの恐怖心が完全になくなるわけではないので多少の崩れは仕方ありません。より大切なのは、姿勢の崩れからいち早く立ち直ること。それにはやはり呼吸が不可欠です。打たれた瞬間にフッと息を吐いたら、すぐに同じだけ鼻から吸うのです。内部に入り込んでしまったダメージを内圧によって外にはじき出すようなイメージです。すると自然に姿勢が整い、速やかな回復が可能となります。もし苦痛のあまり真っ直ぐ立つのが困難であれば、壁にもたれたり仰向けに寝たりして、背骨を伸ばすようにして下さい。あるいはストライクを打った人が姿勢をサポートしても良いでしょう。

　ここでは姿勢の崩れとダメージを最小で済ませるいくつかのコツを紹介します。打たれる瞬間とその前後にブリージングと併せて活用してみて下さい。

くの字になる理由は恐怖心によるものがほとんどです。リラックスと呼吸でできるだけ崩れを防ぎます。

●上下方向への吸収

打たれた瞬間に背骨がくの字に曲がってしまう。それにはもう一つ理由があります。肩と下半身の強ばりによって上下方向に逃げるべき衝撃がブロックされ、打たれた部位に集中してしまうのです。これを防ぐには、打たれた瞬間に肩と足腰をリラックスさせるようにします。

【打たれる瞬間にしゃがむ】

打たれた瞬間に下半身が強ばると、下に流れるはずの衝撃をブロックしてしまいます。

❶〜❷それを防ぐテクニックとして、打たれた瞬間にしゃがむという方法があります。口から息をフッと吐きながら足の力を抜き、腰を落下させるようにしゃがむのです。この時、踵を浮かさないように気をつけます。うまくいくと、打ち込まれた衝撃が地面へと流れていくのが実感できるでしょう。

❶

❷

【打たれる瞬間に肩を解す】

打たれる瞬間、恐怖心によって肩と首がすくみ上がるように強ばると、上方向への衝撃の分散を妨げます。

❶〜❸これを緩和するには、打たれた瞬間に肩を解す方法があります。肩が凝っている人がしばしば肩を回すような動きをしますが、それを両肩で瞬時に行う感じです。

こうしたテクニックは、上下方向に衝撃が分散する感覚を掴むのに便利です。まず何度か試してみて、その感覚を探るようにすると良いでしょう。より詳しい原理やエクササイズについては、第４章の「プッシュ＆ムーブ」で詳しく説明します。

❶

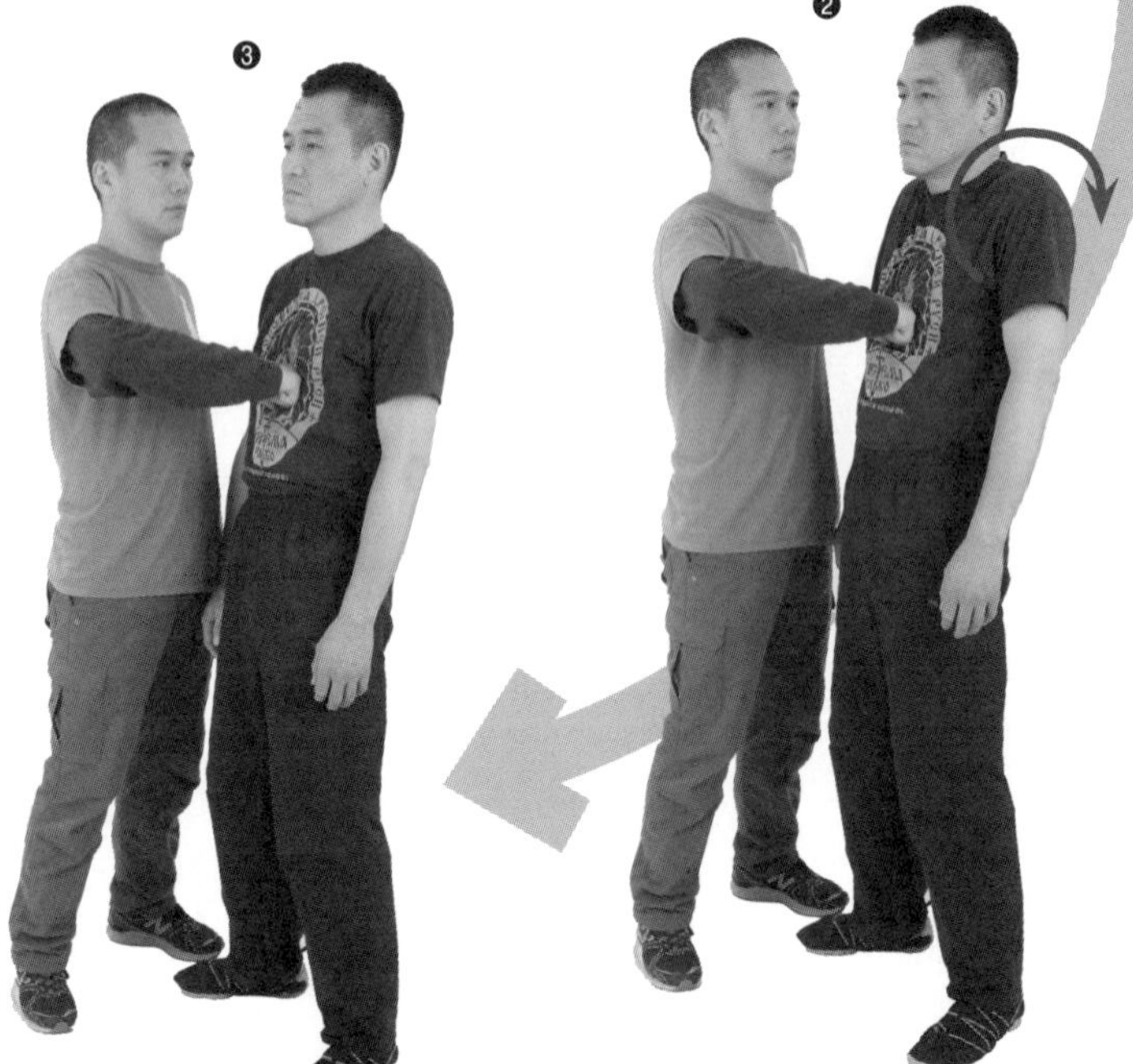

❷

❸

●頭部でストライクを受けるトレーニング

頭部、特に顔でストライクを受ける際に問題となるのが、精神面への影響です。受け方の原則そのものはこれまでと同じくブリージングで力を抜き、衝撃を分散させるようにします。しかし顔への打撃特有の恐怖心は、精神を大きく揺さぶり、身体も強ばらせます。そのため顔を打たれるトレーニングにおいては、より注意深い精神面のケアが必要となります。

●顔面での受け方

拳を受ける際、首だけでなく肩や腰などもすべてゆるめ、全身で受け流します。この時、肩が強ばってしまうと首の動きが封じられ、首を傷めてしまいかねません。また首が力んでアゴが上がってしまうと、首の怪我に繋がる可能性があります。そのため十分にゆるめて、アゴが上がらないように心がけて下さい。精神的なストレスを体験するために、お互いに平手打ちをするエクササイズを行うこともあります。

【平手で顔を打たれる】

❶〜❹ＢはＡの頬を平手で軽く叩きます。Ａは全身を柔らかく保って衝撃を受け流します。ＢはＡの様子を見つつ、無理をさせない範囲で徐々に強くしていきます。

左右交互に10回くらい叩くと良いでしょう。Ａが十分に回復をしてから交代します。

平手打ちをする際の注意点は、うっかり目や耳、鼻などを打ってしまわないように気をつけること。また、掌底と呼ばれる手のひらの手首に近い部分で打つのは避けるようにして下さい。この部分での打撃は衝撃が大きいため、物理的な衝撃に対処する必要も出てきます。そのため精神的なストレスを重点的に克服するというこのエクササイズの主旨から外れてしまうからです。

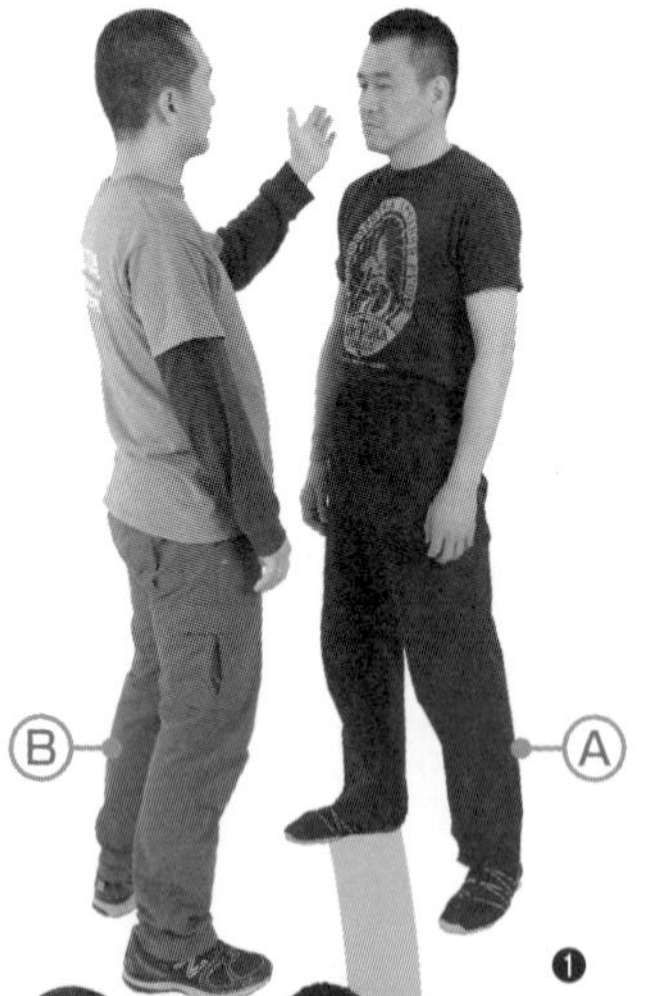

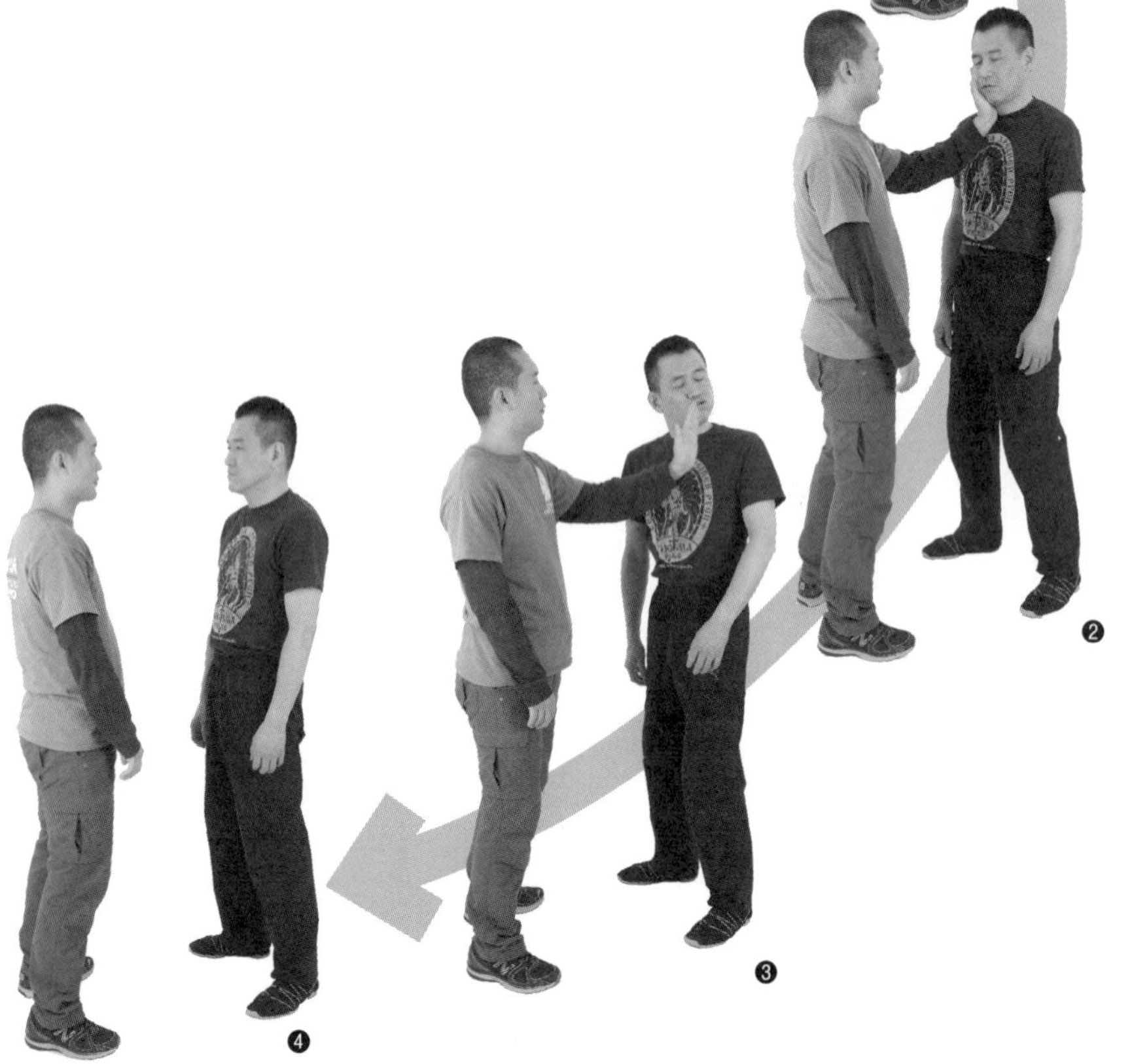

●拳を顔面で受ける

平手打ちに慣れたら、次は拳で顔を叩きます。叩く側は、拳の平らな面を相手の頬の柔らかい部分に、フィットさせるように当てていきます。拳での顔の打ち方に関しては第3章「正しく威力を伝えるために〝ストライクの理〟」で詳しく解説していますので、あわせて参照して下さい。

【拳で顔を打たれる】

❶Aはリラックスして立ちます。Bは拳を作って何度かAの顔に当て、フィットする当て方を確かめます。
❷Bは拳を落とすようにして、Aの頬に当てます。Aは息を吐きつつ全身の力を抜いて、衝撃を逃がします。Bは左右交互に何度か打ったら、拳のスタート地点を少しずつ遠ざけることで衝撃力を増していきます。Aの表情などをよく観察し、負荷を強くしすぎないように気をつけて下さい。
❸左右交互に10回ほど叩いたら交代します。Aはじっくりと回復するようにします。

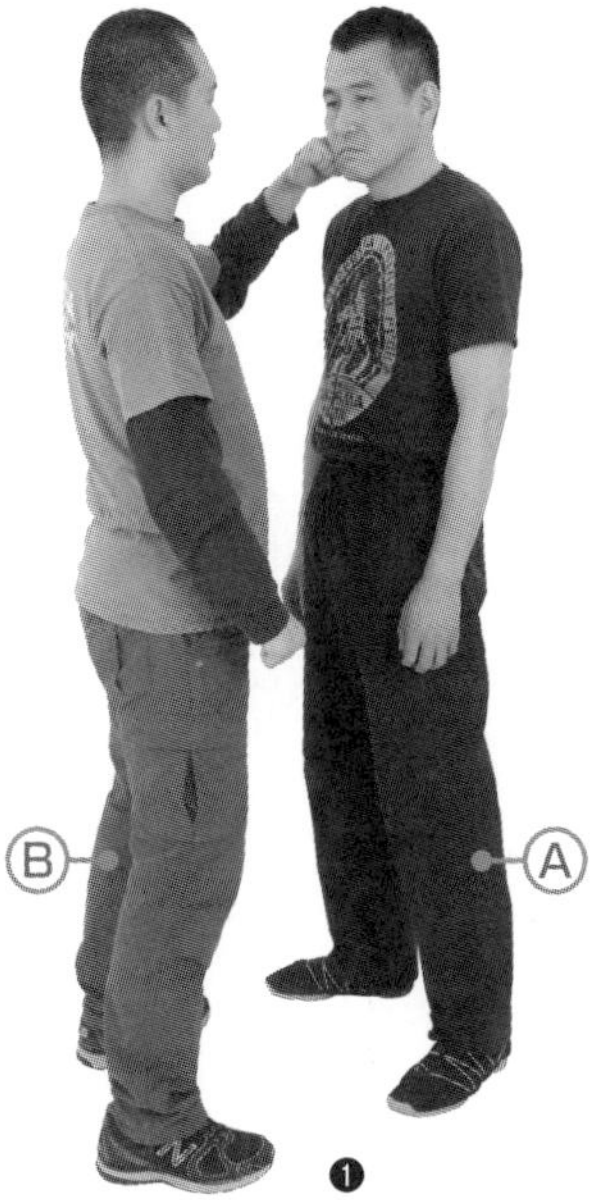

❶

❷

❸

●倒れての衝撃分散

この章では主に立った状態でストライクを受ける方法について解説しています。しかし、必ずしも立ち続ける必要はありません。分散を大きく妨げる足腰と肩の緊張は二本足で立つことにも由来しています。そのため、打たれた瞬間に思い切って倒れてしまえば、比較的簡単に衝撃を分散させる感覚が掴めるのです。

【倒れて打撃を受ける】

❶Aはリラックスして立ちます。
❷BはAの身体を手のひらもしくは拳で力いっぱいプッシュします。
❸〜❺AはBに押されるままに全身の力を抜き、仰向けに倒れます。慣れてきたらBはAにパンチや蹴りを打ち込んでも良いでしょう。

この動きは、足を払われたりした際に用いる受け身の動作としてもシステマでは多用されます。

【立った状態から後方への受け身】

❶立った状態から片足を前に出してしゃがみます。
❷お尻と踵が接するぐらいまで軸足の膝を曲げつつ、片手を後頭部に当ててガードします。
❸～❹柔らかく身体を倒して仰向けに横たわります。
❶から❹までの一連の動作を、息を吐きながらひと呼吸で行うようにすると、切れ目のない滑らかな動作になります。
ポイントは必ず後頭部をガードすることと、足を大きく振り上げてしまわないこと。

足を振り上げるとその勢いで、後頭部を床に叩き付けてしまいかねません。また、❷の段階で膝を深く曲げるのも大切です。曲がり方が半端なまま倒れ込んでしまうと、腰や背中を床に打ち付けてしまうことになります。

マスターズ・ヴォイス
「ストライクの受け方」
by ミカエル・リャブコ

良いストライクを受けると、人は意識を失います。始めは耳が遠のき、続いて視界が狭まります。呼吸をするのも困難になります。肺にダメージを与えるようなストライクであったなら、なおさらです。でも何もしないでいるわけにはいきません。呼吸をしなければならないのです。ダメージがなくなるように、呼吸をするのです。他のどんな武術を試してみても、このような方法に出会うことはないでしょう。

では、どのように呼吸をすべきでしょうか？　そう、回復できるようにですね。呼吸ができなくなってしまったら、すぐさま呼吸をし始めて下さい。もしストライクを受けて耳が遠のき、視界が狭まったら、それは体内の酸素量が非常に少なくなっていることの表れです。結果として意識を失うことに繋がります。

こうした時にすぐにできることのなかでも一番大切

なのは、驚かないことです。ストライクを受けて呼吸ができなくなった人に対して、私はいつも目を見るように言います。なぜか分かりますか？　そのようになってしまった人の目をじっと見つめると、あたかも「生への執着心」のようなものがその人のなかに芽生え、そこから呼吸ができるようになるからです。

一撃で呼吸ができなくなってしまうということも、大いにあり得ます。すると、次に繰り出されるストライクは「とどめの一発」となりますね。これは突き詰めれば、ストライクによってどこに緊張が伝わるかということです。例えば腹部を打った後、背中に緊張が生じていたりします。ストライクを打つ際は、こうしたことに注意しなくてはいけません。もしトレーニング中にある人が意識を失い、スイッチがオフになってしまったとしたら、すぐさまオンにしてやらなければいけませんね。大まかにでも良いので、全体に注意を払うことを心がけて下さい。

（2013年9月　モスクワ本部「インターナルディスカバリーセミナー」より）

ミカエル・リャブコ
Mikhail Ryabko

システマ創始者。1961年生まれ。5歳からトレーニングを始め、15歳で本格的な戦闘訓練を受ける。以後、ロシア内務省に所属する緊急対応特殊課（SOBR）の将校として、人質救出作戦や対テロ作戦、ボディーガードの養成などに従事。現在は検事総長のアドバイザーとして公務に携わるかたわら、システマ・モスクワ本部を中心に世界各国で指導をしている。

http://systemaryabko.com/en.html

第3章

〝正しく威力を伝えるために ストライクの理〟

「ストライクを打とうとした場合、目的と方向性を見定めて、そこを直線で打つ。こういう自然な動きはシステマのなかでは一番大事ですね」

by ミカエル・リャブコ

「肩をリラックスさせなさい。何をするにもこれはすごく重要です」

by ヴラディミア・ヴァシリエフ

適切なコントロールが非破壊打撃を生む

世界各国の武道愛好家に大きなインパクトを与えたシステマのストライク。特に巨漢を一撃で悶絶させるヴラディミア・ヴァシリエフやミカエル・リャブコのパンチに憧れてシステマを学び始めた人も多いことでしょう。ここで改めて思い出して頂きたいのが、「破壊の否定」というコンセプトです。当然それは、マスターたちが見せる凄まじいまでのストライクにも通じています。むしろ一般のインストラクターや生徒たちよりも厳密なレベルで徹底しているからこそ、次元の異なる打撃になったと言えるでしょう。

「破壊する打撃」と「破壊を否定した打撃」の違い。それを一つ挙げるとしたら「コントロール」です。相手を適切にコントロールできれば、傷つけずに無力化できますし、使い方によっては精神的なショックのみを与え、あるいは癒やしてしまうことすらできます。ある程度傷つけなくてはならない場合であっても、適切なコントロールによって必要最低限の破壊で済ませることが可能となるのです。それは打撃に限らず、あらゆる攻撃においても共通です。破壊することなく、身を守る。そのために求められるのは、筋力や体重に頼った衝撃力ではなく、適切な部位に適切な角度で、最適な攻撃を最高のタイミングで入れられる「精度」です。それを可能とするのは、やはりリラックスした心と身体にほかなりません。こうしたことを踏まえたうえで、第2章の冒頭で紹介した「ストライクの受け方」を、打つ側の視点から見直してみましょう。

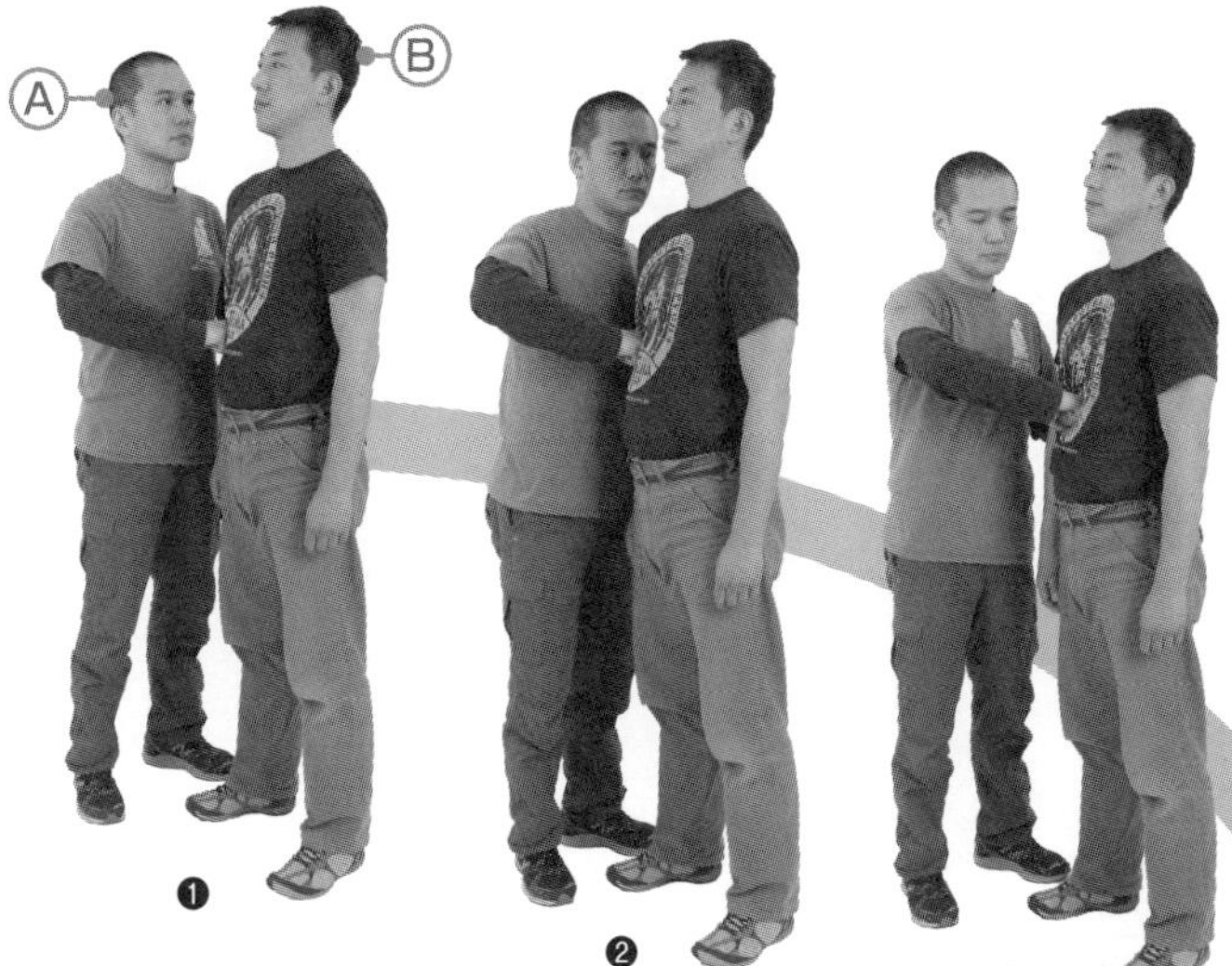

❶ ❷ ❸

【ストライクを打つ】

❶Aは B の横に立ちます。遠すぎず、近すぎず、拳を相手の腹部に当てた時に肘が直角に曲がるくらいが適切です。

❷〜❸Aは何度か B の身体をマッサージするように軽く拳を当てます。この時、Aは触れた感触から相手の緊張の度合いや、緊張している部位などを調べるようにします。もしBが初心者であればこの時点でもかなりの緊張が見受けられることでしょう。

同時にAも自分自身に意識を向け、極力ニュートラルな状態を保つようにします。

❹Bが拳に徐々に慣れてきたら、Aは少し重めに拳を打ち込みます。Bは打たれる瞬間に口からフッと鋭く息を吐いて衝撃を逃がします。

❺Bはブリージングやバーストブリージングを用いて、身体に残るダメージを回復します。Aはその様子を観察し、必要であれば回復のサポートをします。

❹

立ち位置が悪いと、どうしても
姿勢の歪みと力みが生まれます。

❺

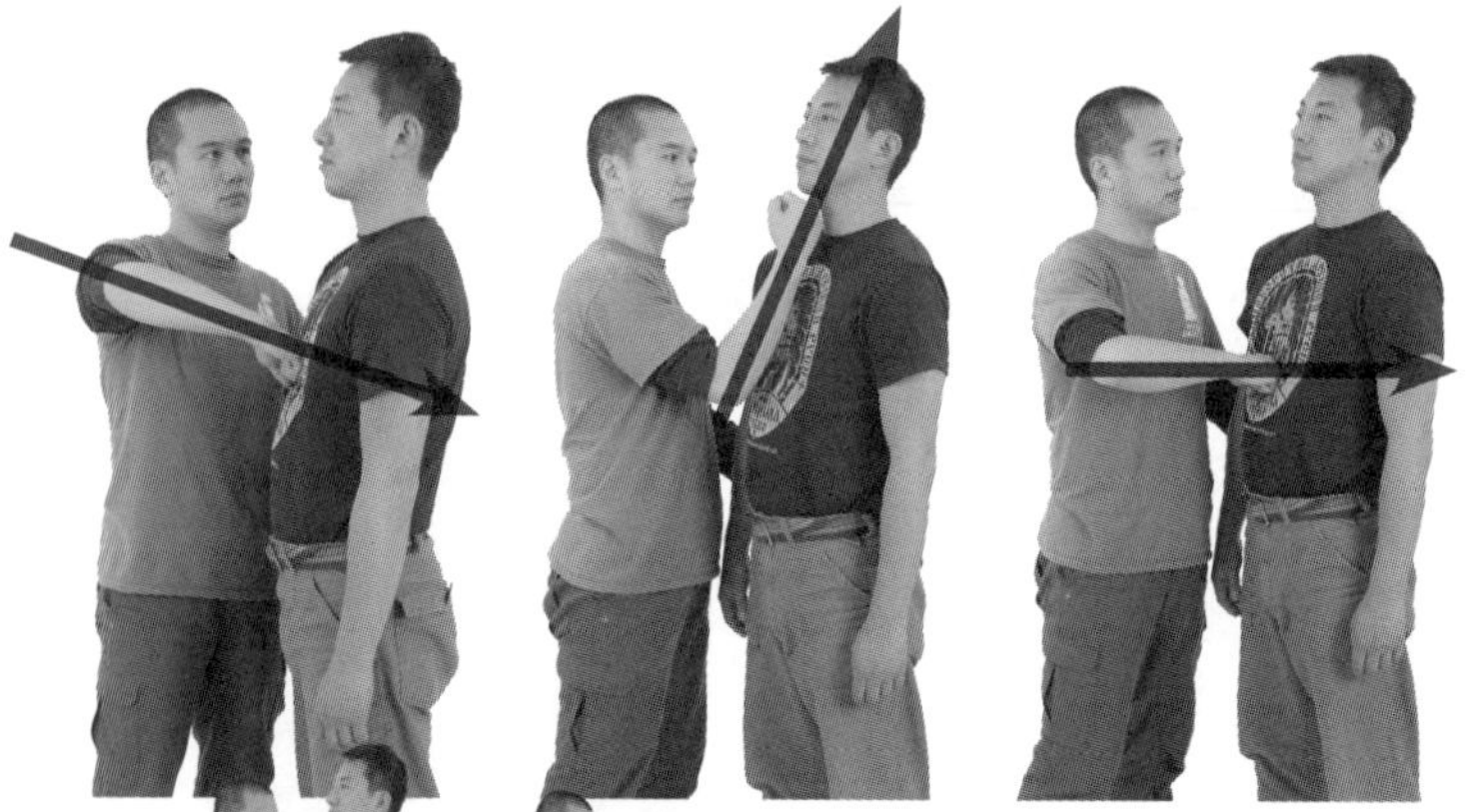

ストライクを打つ際は、肘から拳までが一直線になることが大事です。これにより相手を意図した方向へ崩すことが可能になります。

●拳・肘・ターゲットを一直線に

システマのパンチはしばしばライフルに例えられます。

ライフルは銃身についた照門と照星を結んだ直線上にターゲットが来るようにして狙いをつけます。これはパンチにおける拳と肘の関係と同じです。肘から拳へと結んだ一直線上にターゲットが来るようにするのです。ですから、パンチの方向性は肘の位置によって決まります。拳よりも肘が下にあれば上にアッパー気味の打ち上げるパンチになりますし、逆に肘が上にあれば打ち下ろすパンチになります。相手を意図した方向に崩したい時は、肘の位置を調整することで相手を崩したい方向に向けた直線を作るようにします。これがストライクの基本的な考え方になります。

❶～❷ストライクで気をつけるのは当たる時に手首を曲げないことです。手首が曲がっていると怪我の原因になりますし、当然、相手にインパクトを伝えることができません。
❸またインパクトの衝撃が自分に返らないように肘を真っ直ぐに伸ばしきらないことも大事です。

❶

❷

❸

●手首を真っ直ぐ、肘から反力を逃がす

肘から拳を真っ直ぐ保つうえで注意したいのは、手首を曲げてしまわないことです。手首が曲がったストライクは先の曲がった矢のようなもの。軌道は曲がってしまいますし、たとえ当たったとしても望む効果を得ることはできません。そればかりか、手首を捻挫することもあるでしょう。しかし手首を力任せに固定するわけではありません。拳↓手首↓肘にかけての骨格を真っ直ぐに並べるようにするのです。また、当たる瞬間に肘はある程度曲げ、伸ばしきらないようにします。これはストライクを打った際に拳から身体へと伝わる反力を肘から逃がすため。肘や肩が伸びきってしまっていると、反力が脊椎や脳を直撃し、ダメージを受けてしまうのです。

ストライクの原理はそのままナイフやピストルなどの武器を持った時にも通じます。

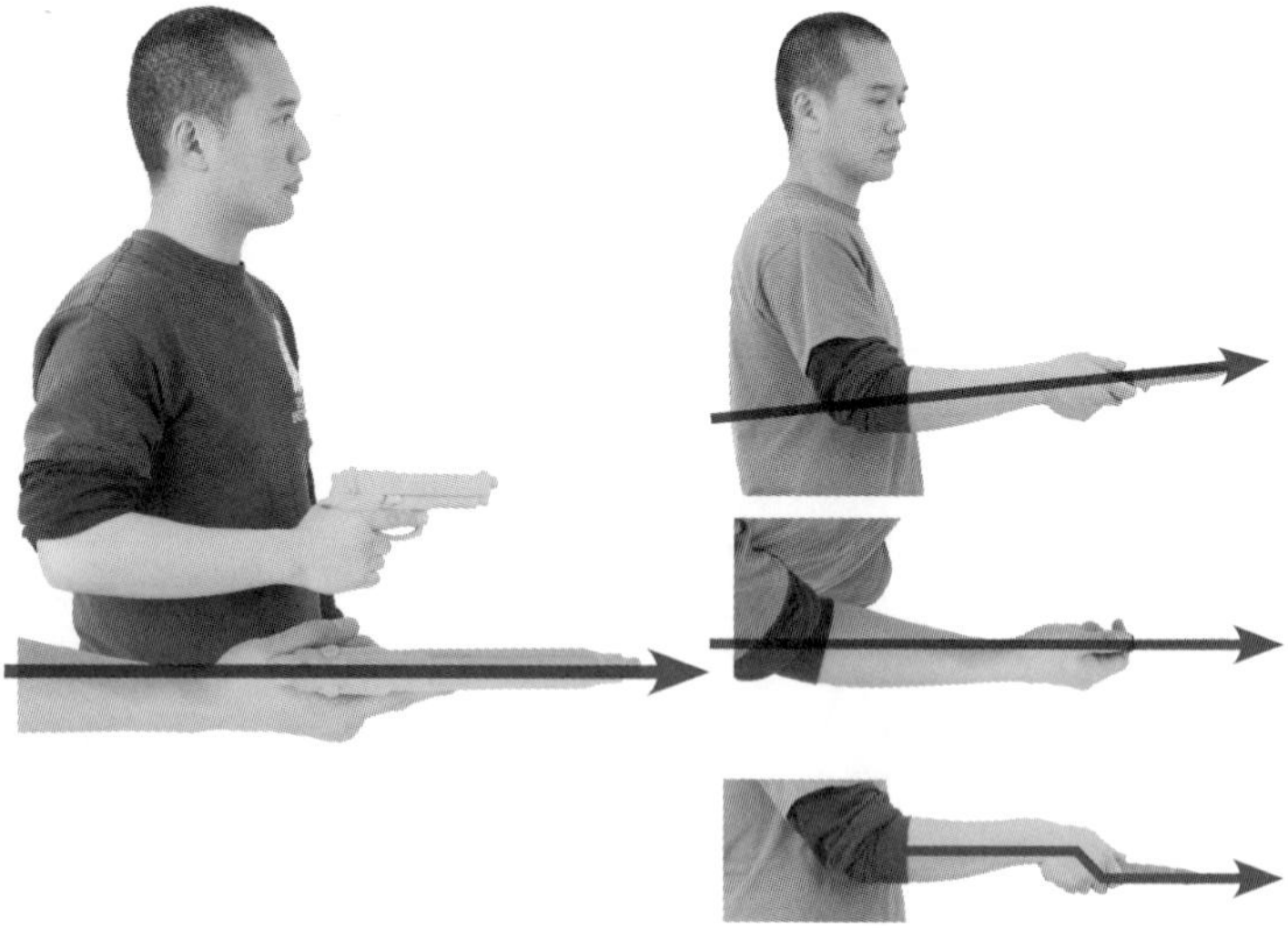

手首が曲がりズレています。

そのためシステマではあまり正面からストレートパンチを放つことがありません。そもそも真正面に立つのは戦術的にも不利なうえ、万が一伸びきった肘を攻撃されると簡単に折れてしまうという弱点もあるためです。

またこの原理は、ナイフやピストルを扱う際も同様です。ナイフの場合は肘から切っ先までを真っ直ぐにします。ピストルの場合も肘から銃口、ターゲットを結んだ直線を作ります。手首が曲がっているとナイフの場合は十分な貫通力が得られなくなりますし、ピストルであれば弾道が逸れてしまうのです。

【手首のチェック】

❶ＢはＡの拳を自分の腹部にあてがい、肘に手を添えます。
❷Ｂはそのまま真っ直ぐ、自分の腹部へとＡの拳を突き入れます。Ａの手首が真っ直ぐ保たれていれば、突き入れた力がそのまま腹部に伝わります。
❸うまくいかなければ簡単に手首が曲がってしまうことでしょう。

Ａは肘や肩が自由に動く状態を保つようにしましょう。手首がいくら真っ直ぐでも、肘と肩が硬直してしまっていては意味がありません。

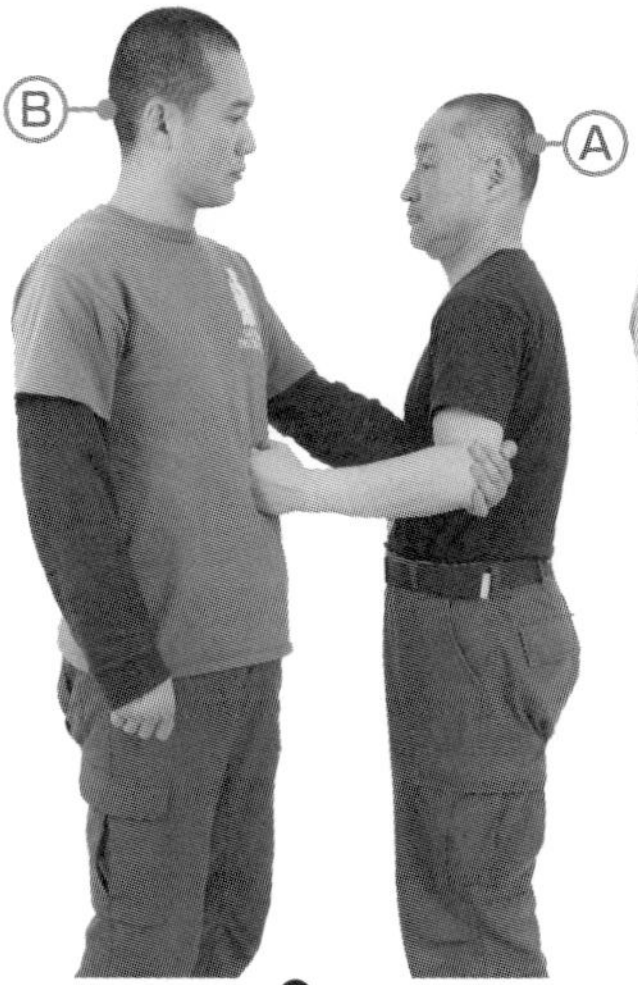

❶

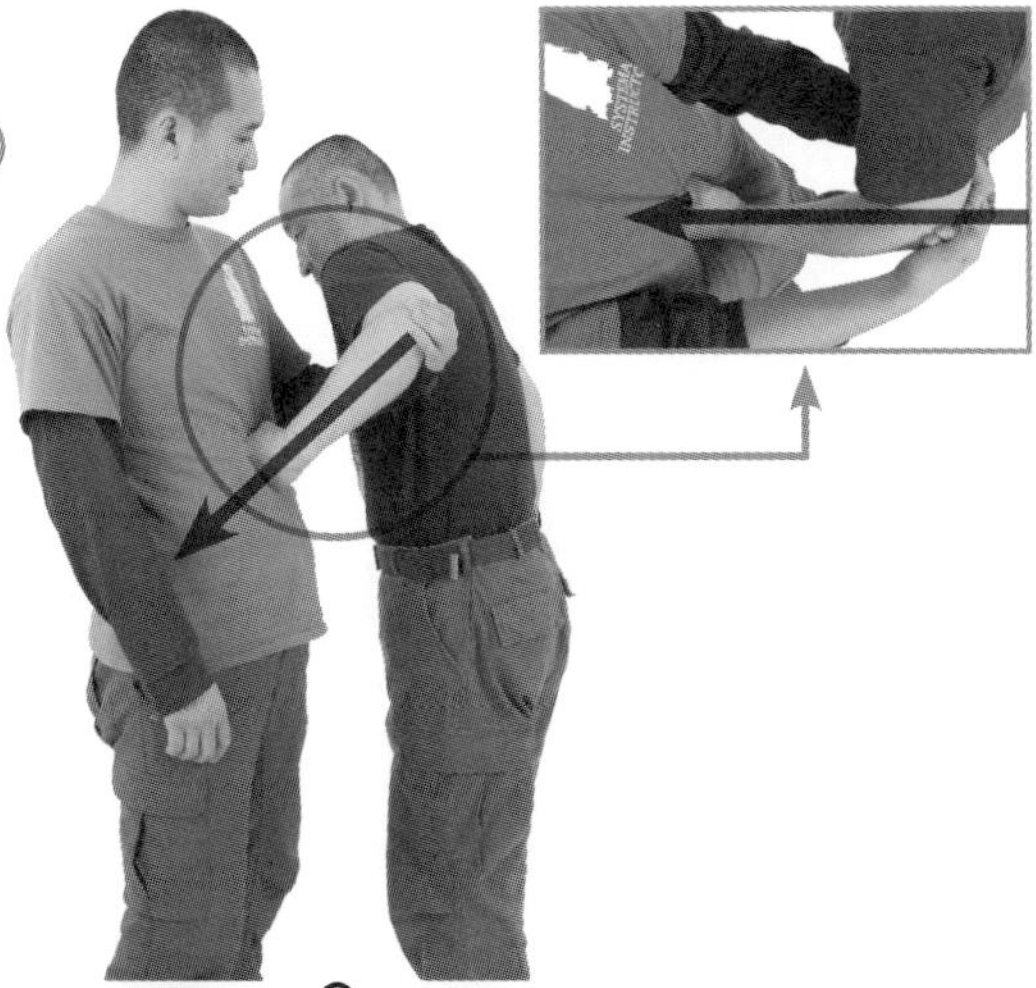

❷

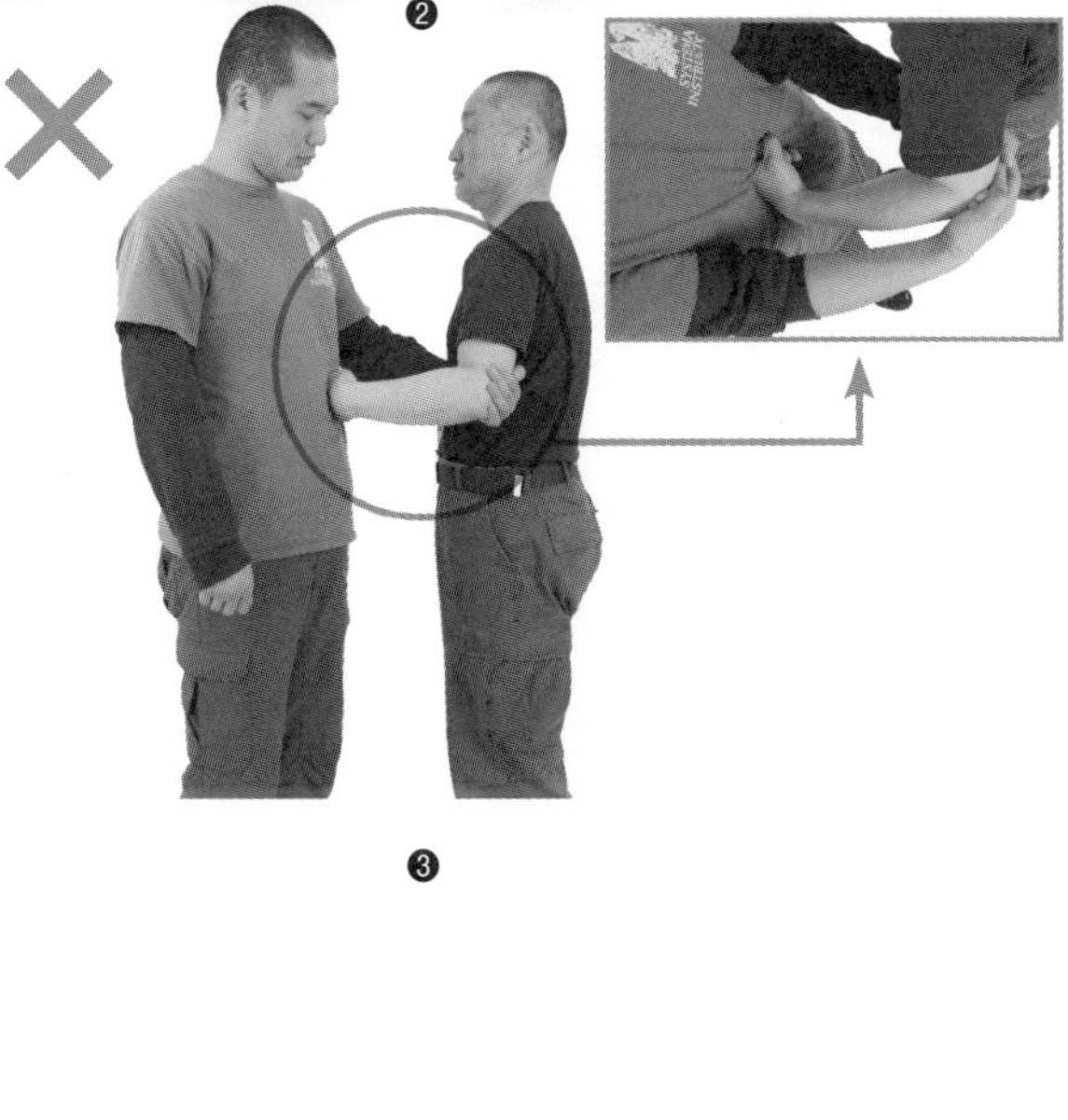

❸

●拳の握り方

拳を固く握り込むことはありません。拳の形を作る最低限度の力みのみを使い、拳の広い面を相手の身体の柔らかい部位にフィットさせるようにします。大事なのは、拳を作りつつも肘と肩を柔らかく保つこと。しかしこれが意外に難しく、つい肘や肩が硬直したり、拳の形が崩れてしまいます。握るタイミングは、当たる瞬間です。これは肩の緊張を防ぐと同時に、相手に警戒させないためでもあります。肩の緊張や拳を見せてしまうと、「これからストライクするぞ！」という意思表示になり、相手を刺激してしまうのです。拳の握り方は武器などの道具を手に持つ時にも通じますので、丁寧に練習を積む必要があります。

【拳と前腕のチェック】

❶Aは拳を握り、床と水平になるようにして肘までの直線を作ります。
❷BはAの拳と肘を持ち、水平に動かします。Aがリラックスできていれば、床との水平を保ったまま滑らかに前腕が前後するはずです。

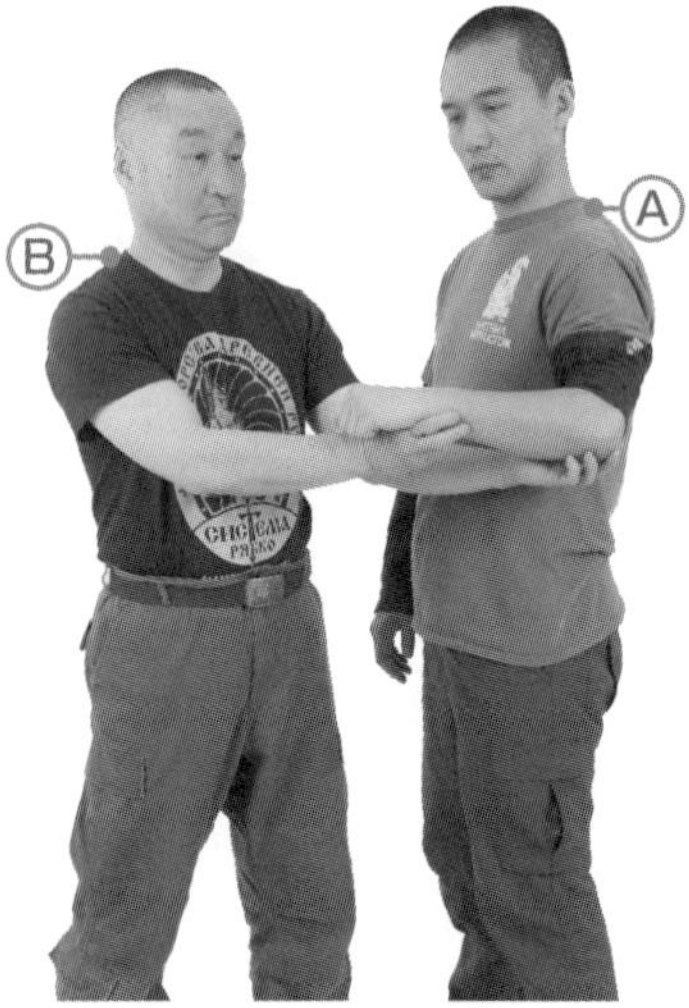

❶

❷

【腕と肩のチェック１】

Ａは拳を握り、腕と肩の力を抜きながら前方に向けます。ＢはＡの腕や肩に触れ、筋肉が固くなっていないかチェックします。

Ｂは前腕部を持って色々と動かし、柔らかく動くか確かめるのも良いでしょう。

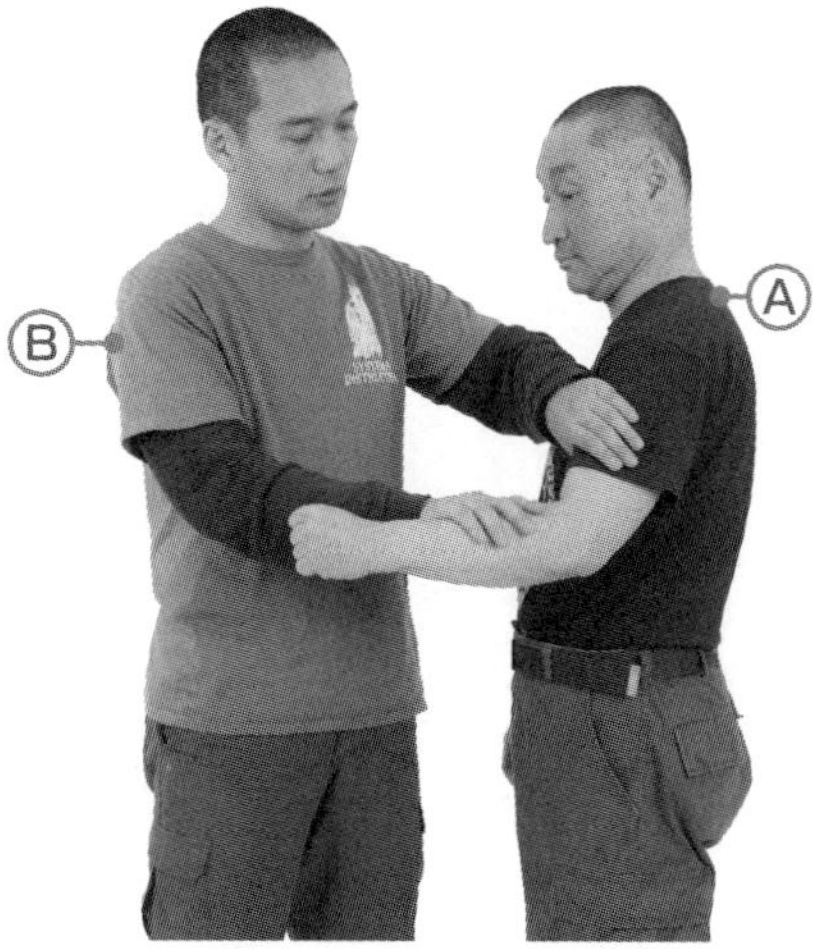

【腕と肩のチェック２】

❶Ａは拳を握り、Ｂはその腕を持ち上げます。
❷Ｂは不意に手を離します。肩と肘がリラックスしていれば拳が自然に落下します。
この時力みがあると、腕が手を離されたままの形で止まったり、落下しても手首や拳の形が崩れてしまったりします。パートナーはその両方をチェックするようにしましょう。

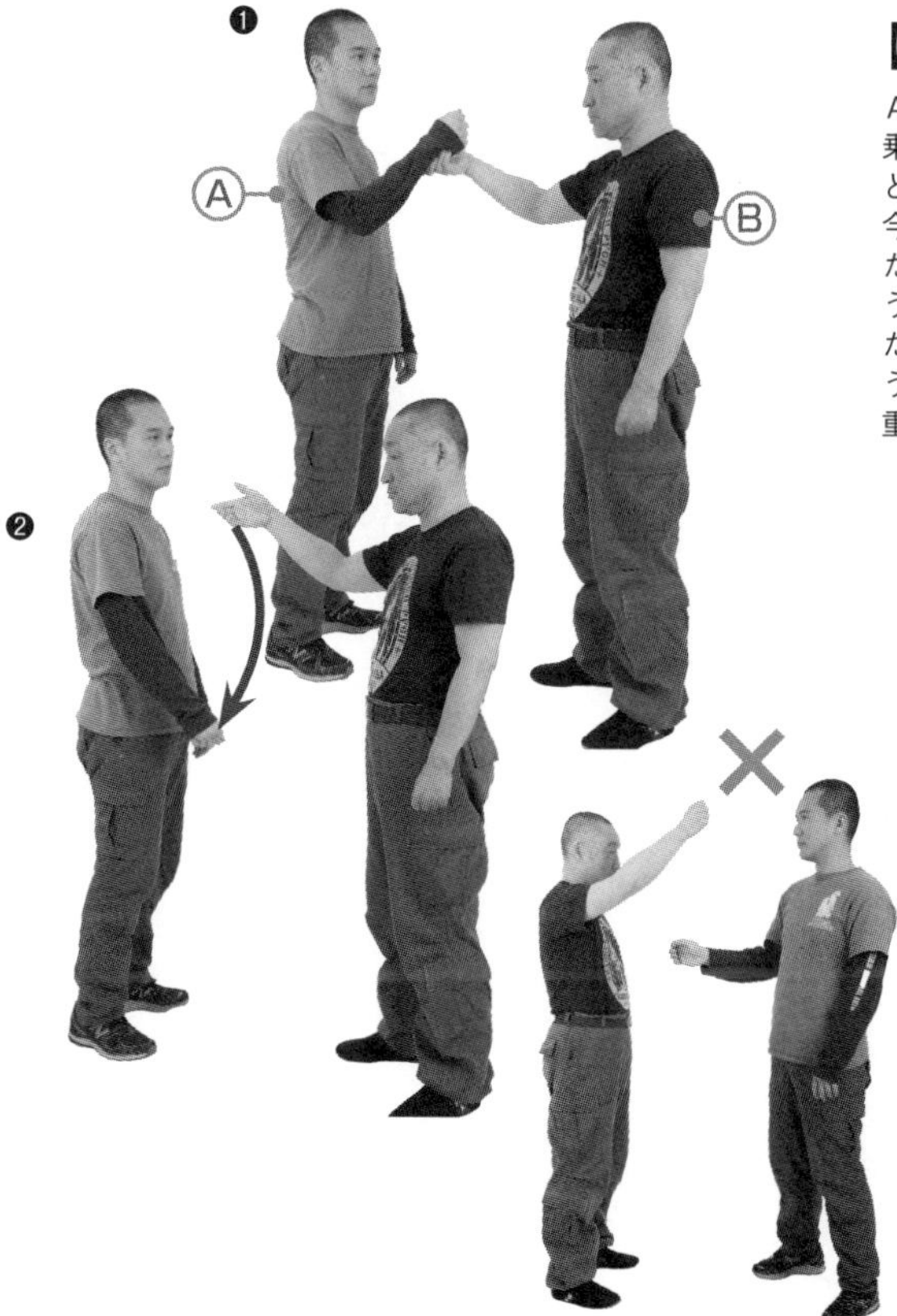

【拳の重みのチェック】

Ａは拳を固く握り込んでＢの手の上に乗せます。その重さをしっかり感じたところで、Ａは１回拳を手から外して、今度は適度に握り込んだリラックスした拳をＢの手に乗せます。

うまくいけば、２回目のリラックスした拳の重さが感じられることでしょう。この重みはそのままストライクの重さになります。

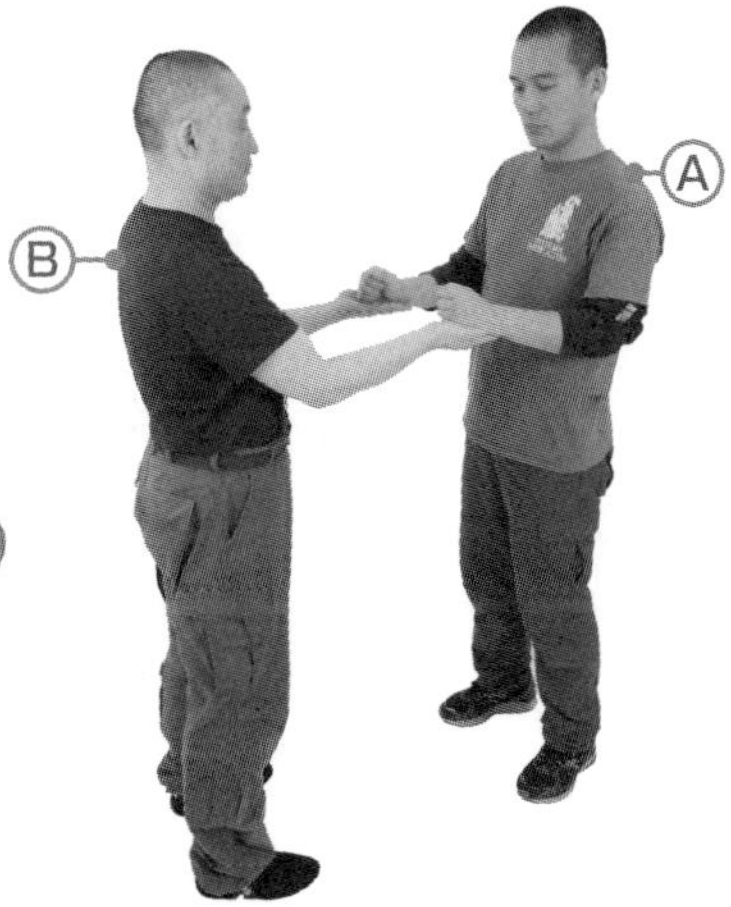

●肩のリラックス

「肩をリラックスさせて」

ストライクを学ぶ際、これほど頻繁に言われるアドバイスもないでしょう。長年システマを学ぶインストラクターでさえ、マスターの前に立てばやはり「もっと肩をリラックスさせて下さい」と言われてしまうほど。それほど肩のリラックスは奥深いのです。ではなぜストライクにおいて、肩のリラックスが大事なのでしょうか。

ミカエルの強烈な打撃もまた肩のリラックスから生まれています。

まず挙げられる理由は、肩の力みが肘の動きを妨げて拳→肘→ターゲットの位置関係を崩してしまうということ。この直線関係が崩れてしまうのは、斜めに釘を打ち込むのに似ています。どれだけ力を込めて釘を打っても、角度が悪ければ木材に打ち込むことはできませんし、釘が曲がってしまうこともあるでしょう。

これがストライクであれば力むばかりで効果的ではない打撃になるうえ、力んだ肩に引きずられるようにして背骨が歪んでしまいます。いったん姿勢が歪んでしまうと、姿勢を立て直してからでなければ次の行動に移れません。その一瞬の硬直は動作を途切れさせてしまいますし、とっさの防御もできません。刃物を持つ相手であれば、その一瞬は致命傷を受けるに十分すぎるほどのスキを与えてしまうでしょう。また、姿勢の歪みが呼吸や循環の妨げとなるため、スタミナを浪費し、早々に力尽きる原因ともなります。このほかにも肩の力みには様々なデメリットがあるのですが、どうやってこれを解消すれば良いのでしょう。それにはまず自分がどのように力んでいるのかを自覚する必要があります。その参考として、典型的な力みの例をいくつか紹介します。

・肩が上がってしまっている
僧坊筋に生じた過度の緊張で、肩が持ち上がっています。ストライクを打つ前に肩を上げるという動作が加わるため、初動が遅れて動きを読まれやすくなりますし、背骨を横に曲げる力が加わって姿勢の崩れを生んでしまいます。

・肘が上がってしまっている
三角筋の収縮によって、肘が上がっています。パンチが大振りになるうえ、遠回りの軌跡を描くため命中までに遅れが生まれ、回避されるもととなります。

・肩が前に突っ込んでいる
肩が胸の方向に引っ張られることで起こります。肩が前に出る予備動作が生まれることから気配が読まれやすくなりますし、背骨の歪みを生じさせて、身体を窮屈な状態にしてしまいます。
これら３種の力みは、単独ではなく得てしてワンセットになっています。

これらの力みは全般的に、体幹から拳へと力を伝えようとすることで生じます。しかしシステマではこうした身体の使い方をすることはあまりありません。もしかしたらここが一般的な武道やスポーツの理論と、システマ的な身体の使い方の最も大きな相違点かもしれません。これに関しては、どちらが良い悪いというのではなく、「システマではこうなのだ」と、割り切って受け入れるようにすると良いでしょう。

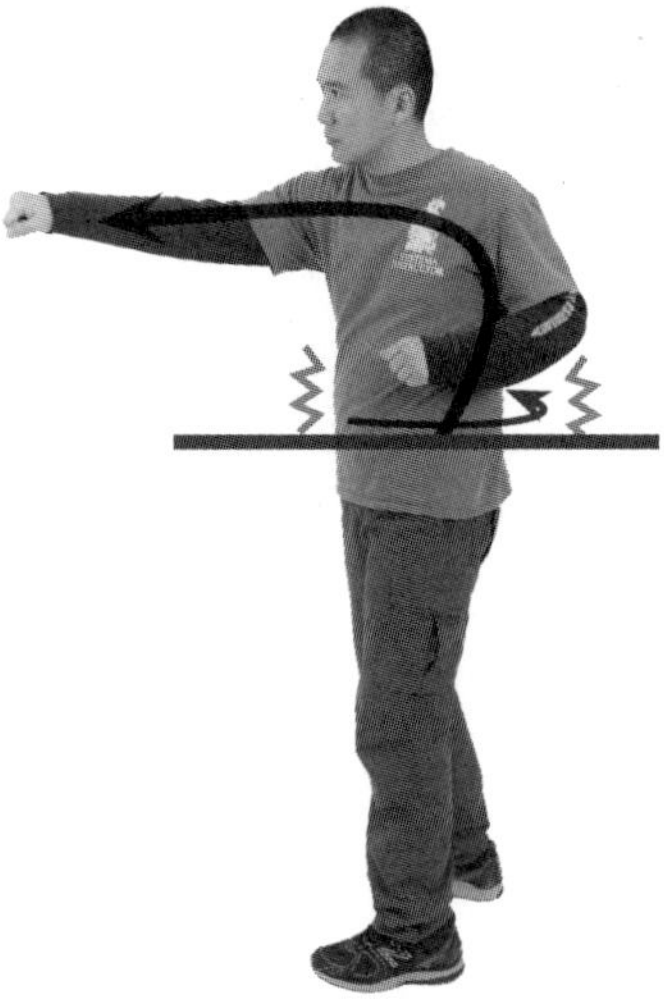

・腰を捻る

腰を捻る力をパンチに乗せようとする時に生まれます。胴体を捻ると姿勢が歪み、上半身と下半身で力の流れが分断されてしまいます。この場合、胴体の捻りによる力が拳に伝わるまでにタイムラグがありますし、捻っている間の足腰の居着き、打った後に捻りを戻す間など、かなり多くの居着きが生まれてしまいます。ほんの僅かな時間とは言え、こうした居着きは敵の前で無防備に突っ立っているようなもの。刃物などの武器を想定するシステマのストライクにおいては、あまり得策とは言えません。

・足を踏ん張る

腰を捻る動作とワンセットの緊張として生じます。脚力を拳に伝えようとする時に生じます。これも次の動作に移る際は足をいったんリラックスさせなくてはならず、動作の遅れに繋がります。この力みが習慣になっている場合、打つ直前に無意識に片足を引いたりなどの予備動作を行う傾向があります。

●肩をゆるめるエクササイズ

肩をゆるめる際には、自分がどの部位を動かそうとしているのか、明確に意識しておくと効果的です。なぜなら肩の力みはいくつもの力みが絡み合うようにして作られているもの。そのため「肩」をゆるめるつもりで、一生懸命「腕」や「背中」をゆるめてしまっていることが多々あるからです。その点を意識しつつ、これから紹介するエクササイズに取り組んでみて下さい。

こうしたことを通じて、自分が持つ身体の構造やその働きについて知ることもシステマの「汝、自身を知れ」という一部です。ですから時には解剖学や生理学などの本をめくって、人体のメカニズムについて知ってみるのも良いでしょう。時に思いがけぬヒントが得られ、システマへの理解がグッと深まることもあります。

【肩の上下運動】

❶鼻から息を吸いながら、肩を限界まで引き上げます。
❷口からフッと息を吐くと同時に、肩をストンと落とします。

これを何度か繰り返します。肩だけでなく胸や背中の筋肉もすべて含めてごっそりと持ち上げて、落とすようにすると良いでしょう。この時、腕を一緒に引き上げてしまわないように注意します。あくまでも腕は力を抜き、ダランと垂れた状態を維持します。

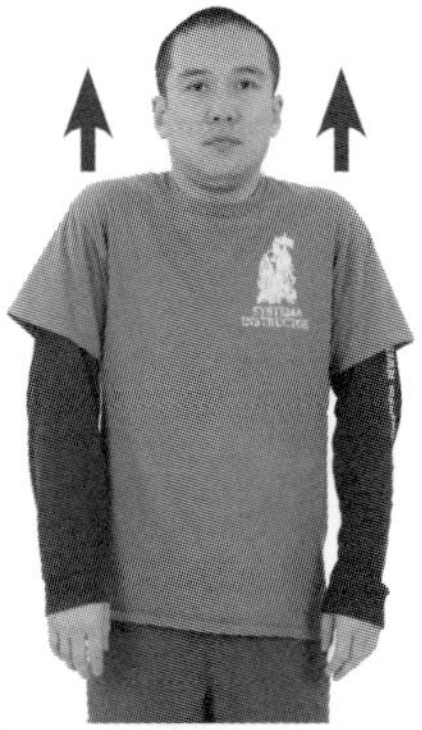

❶

❷

【肩の前後移動】

❶口から息を吐きながら、肩を限界まで前方に押し出します。
❷鼻から息を吸いながら、肩を限界まで後方に引きます。これを何度か繰り返します。

この時、前のエクササイズと同じく腕は垂らしたままにします。腕が肩の前後運動につられないようにして下さい。また、肩を前後させるつもりで同時に胸を張ったり、すぼめたりしてしまうこともあります。腕、背骨、胸は一切動かすことなく、肩だけを前後に動かすようにしましょう。

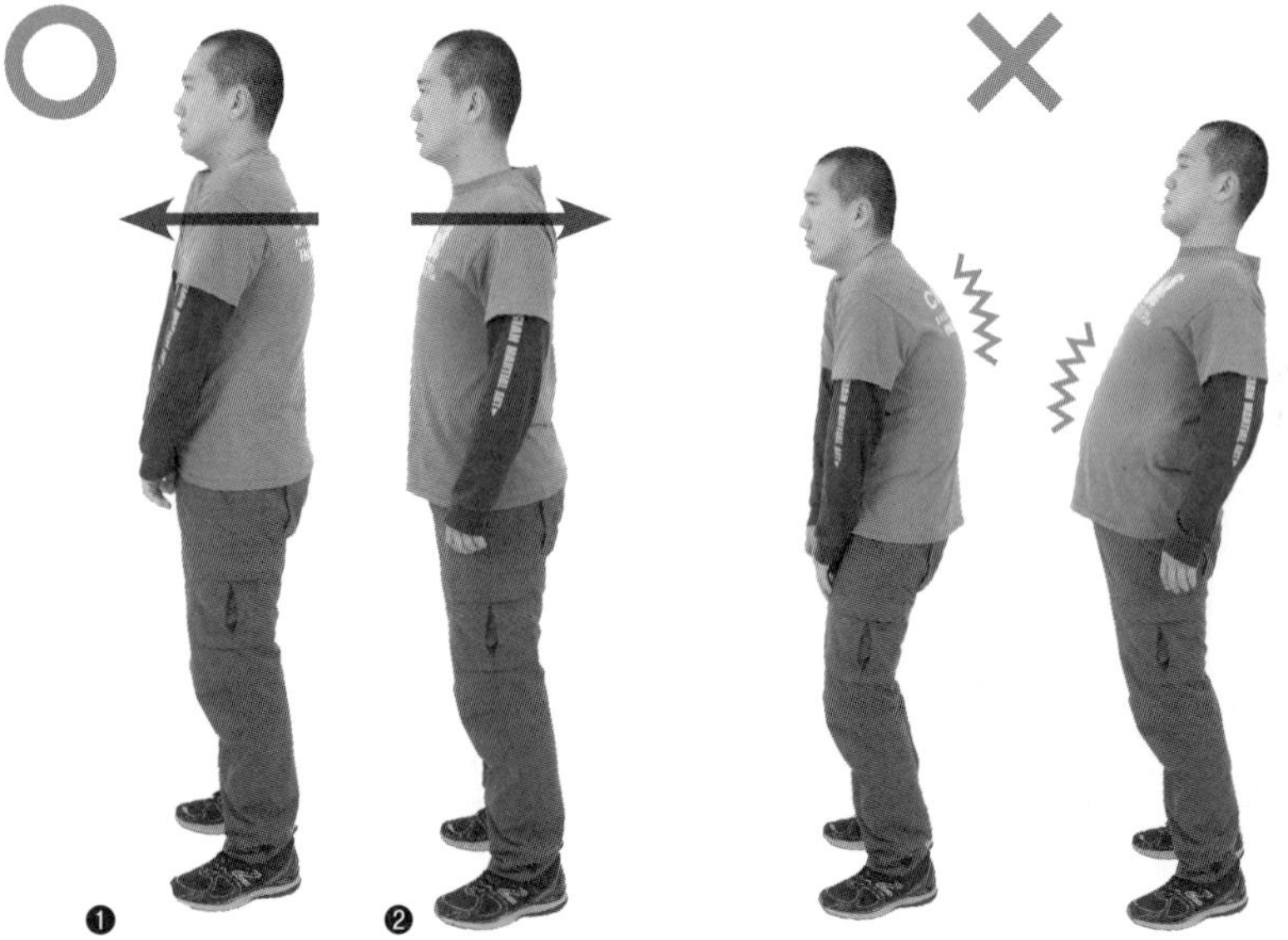

❶ ❷

【肩の引き下げ】

❶息を吐きながら、肩を下方に引き下げます。
❷息を吸いながら、左肩を通常の位置に戻します。
❸次に右肩を戻しながら左肩を引き下げます。これを何度か繰り返します。

この動きはとても小さいうえ、日常ではほとんど意識されない動きですので、最初はかなりやりにくさを感じると思います。それでも行っているうちに少しずつ動かせるようになってきますので、諦めずに続けてみて下さい。片方ずつ行うのも良いでしょう。

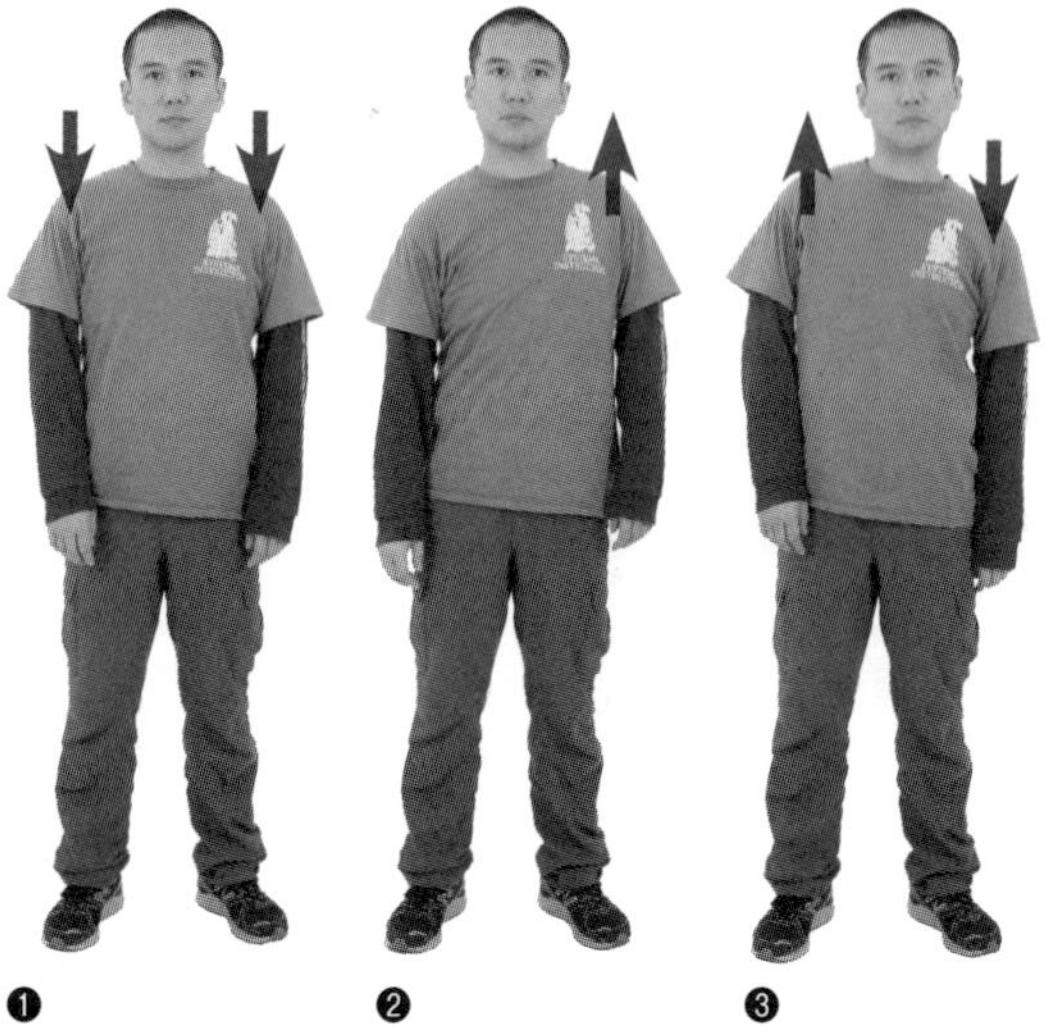

❶ ❷ ❸

【肩の回転】

❶〜❷肩を大きく回すエクササイズです。前後動と上下動を組み合わせることで、肩を回転させる動きが生まれます。何回か回したら、反対方向に回します。

肩が首より前にある時に息を吐き、後ろにある時に吸うようにすると良いでしょう。ポイントはなるべく大きな円をゆっくりと描くこと。円がイビツになったり、動きを早くしたくなったりする部位を特に入念に行うようにします。

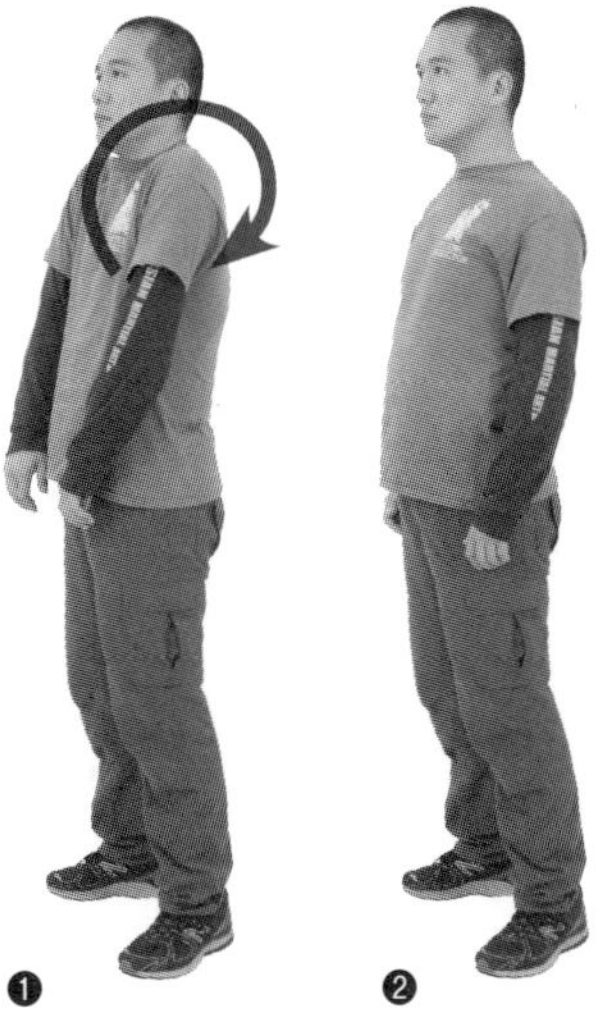

❶　❷

❶　❷

【肩の水平移動】

❶息を吐きながら肩を外側に水平移動させます。

❷息を吸いながら肩を内側に水平移動させます。これを何度か繰り返します。

これも肩の引き下げと同様、とても小さな動きですがぜひトライしてみて下さい。肩の新たな可能性を見いだせることでしょう。

【肩の捻り１】

❶左右の腕を水平に広げ、息を吐きながら、三角筋を前方に向けるように肩をゆっくりと回転させます。

❷息を吸いながら、脇の下を前方に開くように肩を回転させます。

これを何度か繰り返します。背骨が曲がらないように注意しつつ、可動域の限界まで動かすようにして下さい。

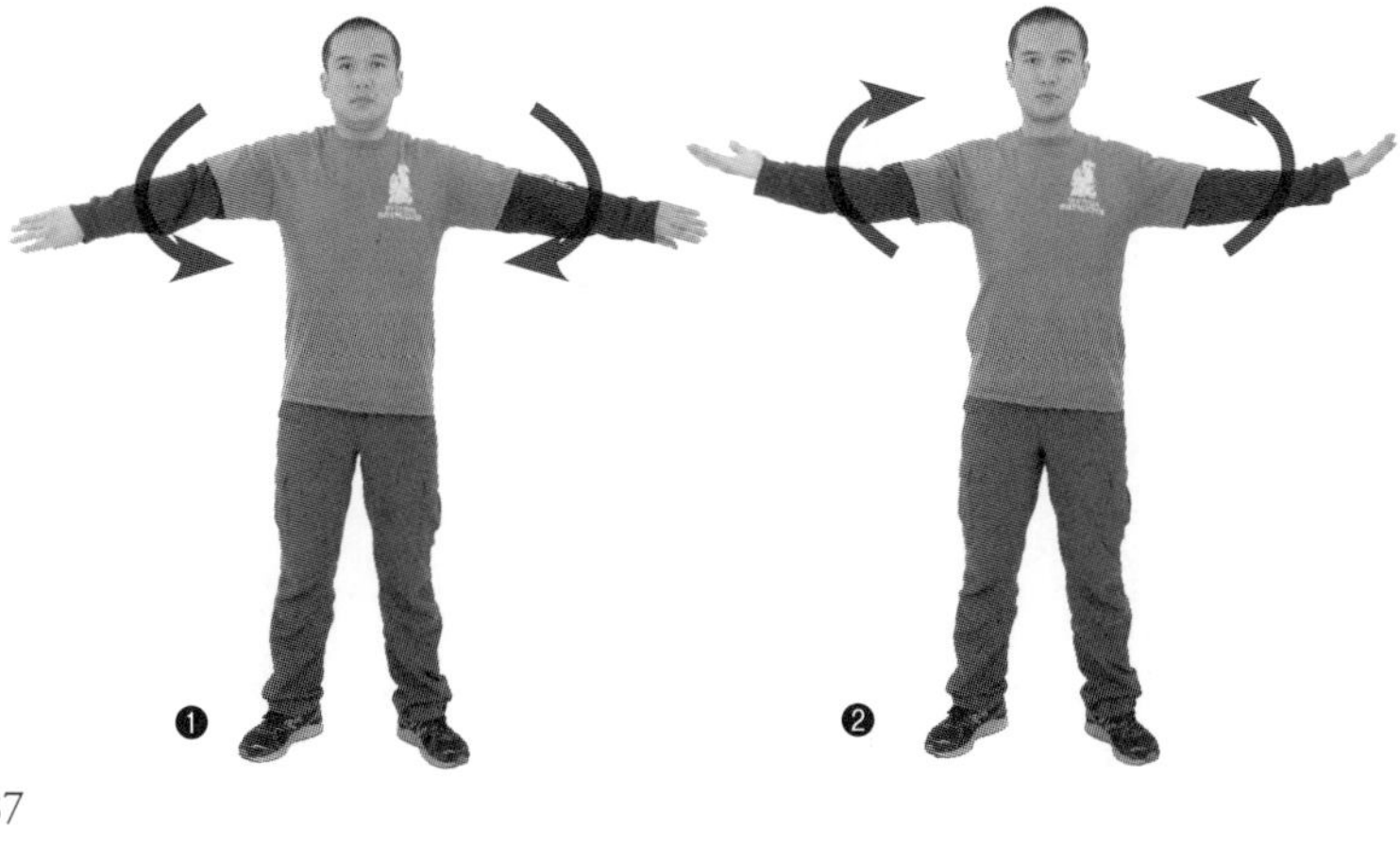

❶　❷

【肩の捻り２】

先ほどの「肩の捻り１」を、左右逆にして行います。
❶左右の腕を水平に広げ、息を吐きながら、左右の肩をゆっくりと逆方向に回転させます。
❷息を吸いながら、左右の肩を❶とは逆の方向に回転させます。これを何回か繰り返します。左右の肩を十分に捻り、胸骨のところで二つの捻れが繋がるようにしましょう。

肩を捻りつつも、背骨を真っ直ぐに保ち、腕にも力みが生じないように注意して下さい。また、ここで捻るのは「肩」だけです。くれぐれも「腕」までつられて捻れてしまわないように気をつけて下さい。こうしたエクササイズはがむしゃらに行うよりも、身体の感覚をじっくりと味わいながら行う方が効果的です。

【肩・腕、前腕を回旋させるエクササイズ】

腕を捻る運動をより厳密なものにするエクササイズです。
❶腕を水平に伸ばします。胸鎖関節から肩、上腕を回旋させます。
❷～❸肘から前腕を回内させます。しっかり回旋させたところで、前腕、上腕、肩の順に回転を解除して、今度は反対方向に回旋させていきます。

左右同時や左右で反対方向に回旋させても良いでしょう。ここで大切なのは、肩、上腕、前腕という三つの捻り運動を明確に区別すること。漠然としたひとかたまりの運動となってしまった肩から腕にかけての回旋運動を、バラバラに解していくのです。

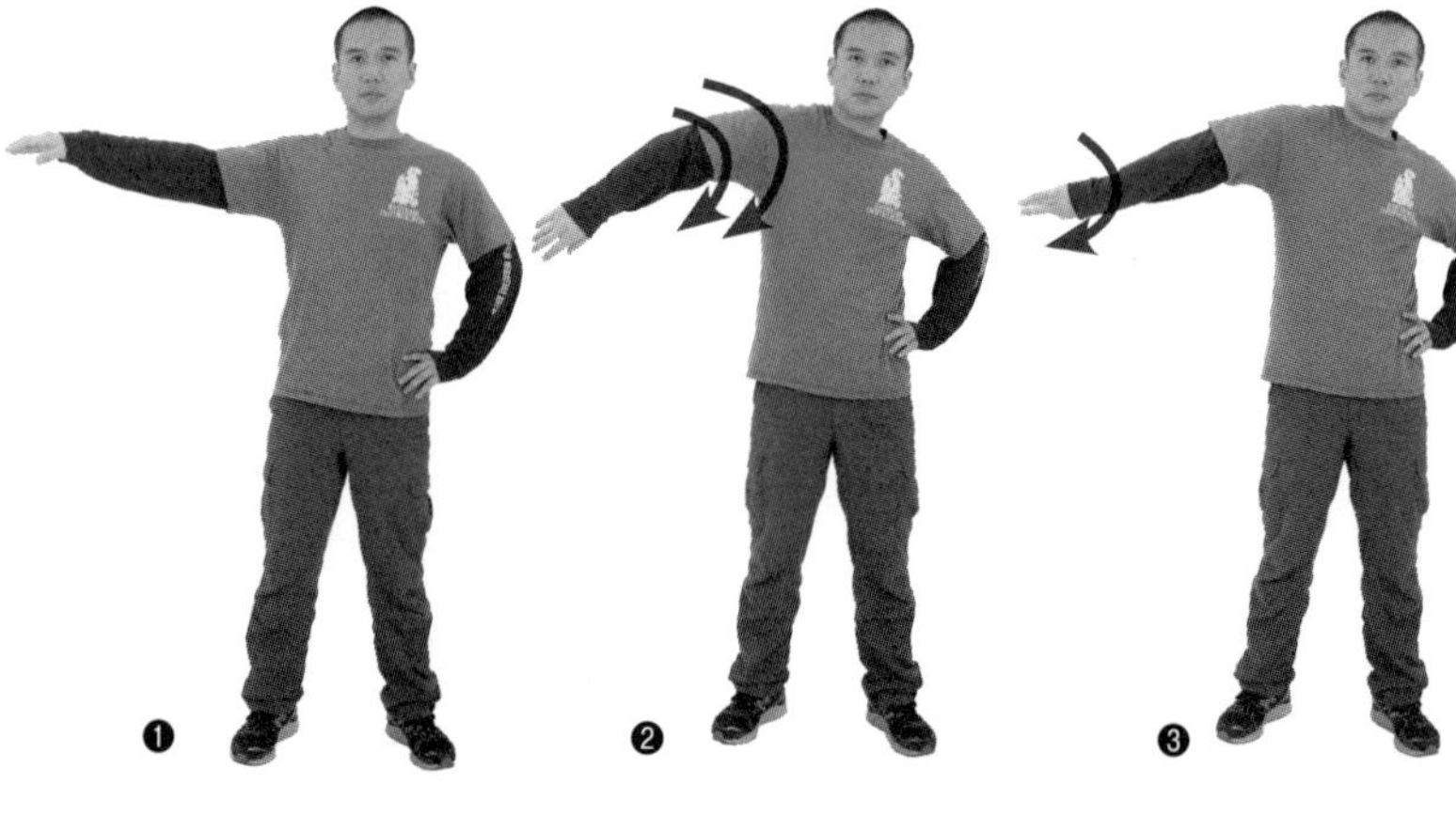

ストライクは「拳」から

前述の通り、システマのストライクでは体幹で生んだ力を拳に伝えることは基本的にありません。その代わりに動きを生むのは「末端」です。パンチの動きもまた肩や腰ではなく、拳から始まるのです。他の部位は、拳の動きが肘、肩、体幹へと伝わるのを妨げないようにします。ではどうやって拳で動きを生むのか。その感覚を掴むためのエクササイズを紹介します。

【動きを生む拳の作り方】

拳の動きは指で作ります。手首を曲げるのではありません。外見上の動きはほとんど同じですが、力の伝わり方や性質がまるで異なって来ます。

❶手を軽く開きます。指先から矢印の方向に回転させるように動かします。指先から生じた動きが指と手の甲を経由して、手首まで伝わるのを感じるようにして下さい。小指を軽く締めるようにすれば手首から先が小指側に、逆にライターに着火する時のように親指を動かせば親指側に動くのが分かるでしょう。他の指や手の甲はその動きに自然に連動するようにします。

❷指を軽く曲げた状態で、同じような動作を行います。やはり指先から手首に至る力の流れを感じるようにして下さい。

❸指をさらに曲げ、拳にした状態で同様の動作を行います。外見上、見えていなくても確かに拳の内部に指の動きがある状態になるでしょう。その動きを手首、肘、肩と伝えることでパンチの動作にすることができます。

❶

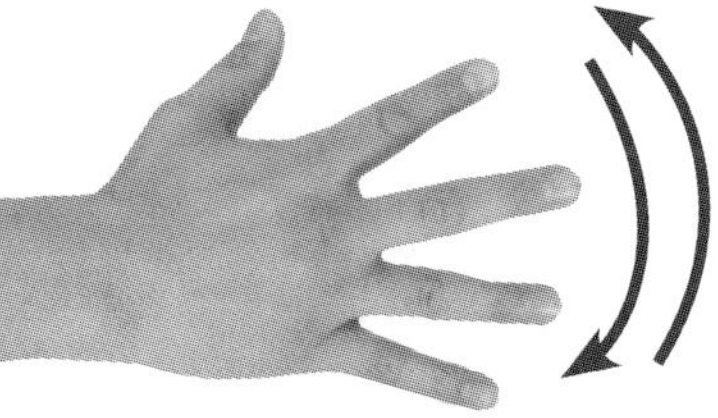

❷

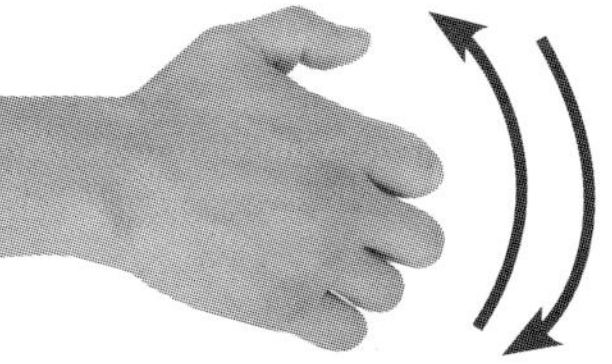

❸

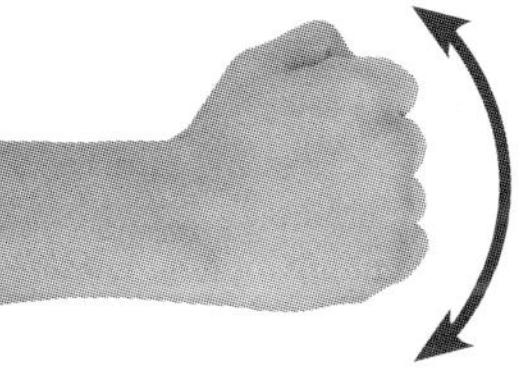

【拳からのストライク】

❶腕を前に伸ばして拳を軽く握り、親指と小指の方向に動かします。拳の動きは指を使って作るようにします。（指の動きについては後述）
❷拳の動く力が、手首から前腕を通って肘まで伝わります。すると拳を起点にした肘の曲げ伸ばし運動が生まれます。
❸〜❹次に拳からの力を肘から肩へと伝えます。するとフックを打つような動きと腕を横に広げる動きが生まれます。

ここでもうっかり背骨を曲げたり、足腰を踏ん張ってしまうのは禁物。もちろん、手首を真っ直ぐ保つのも忘れてはいけません。

❶

❷

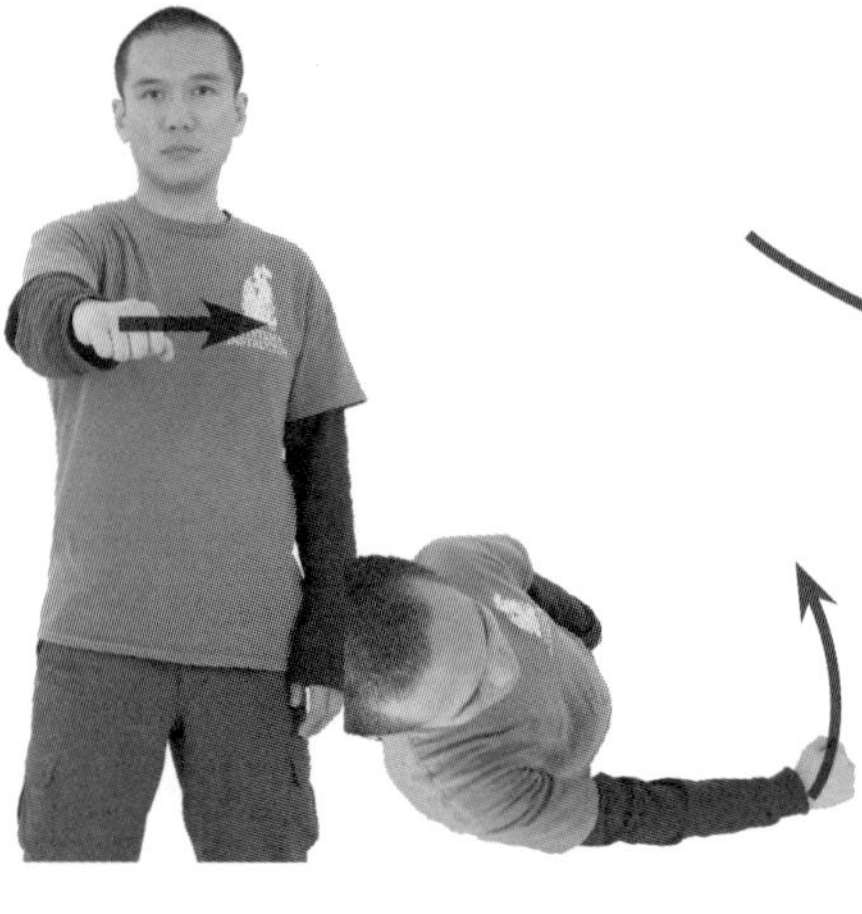

❸

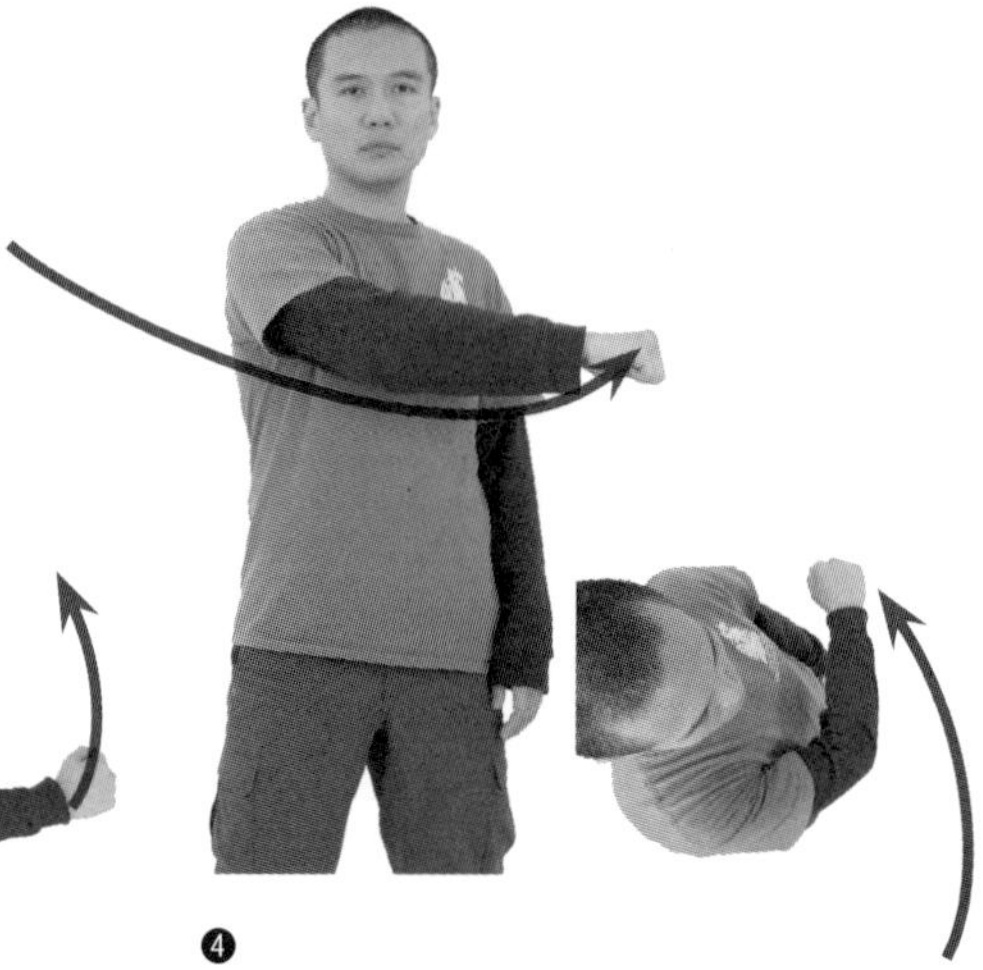

❹

●拳からの動きを試す

これまでのことを踏まえ、拳から始まる動きを色々と試してみましょう。この時、肩を完全にリラックスさせて、肩から胴体側に拳の動きが伝わらないようにします。慣れてきたら拳を動かしながら歩いたり、スクワットをしたりなど、拳と足で別々の動きをするようにしましょう。足と拳が別々に動けば、移動しながらでも自由にストライクが打てるようになります。しかし、ただ拳と体幹を切り分ければ良いわけではありません。末端と全身との連動性を高めるエクササイズについては第6章「力まずに動き、打つための秘訣は〝末端にあり〟」で詳しく解説しますので、そちらをご参照下さい。

❶

❷

❸

●ストライクを強化するプッシュアップ

ここまで解説した手首、肘、肩の使い方、末端からの動き。これらすべてを向上させるための定番エクササイズは、プッシュアップです。ここでは特に肩の力みを解除し、ストライクのレベルアップに直結するものを紹介します。

【拳の重みを作るプッシュアップ】

❶プッシュアップの姿勢になります。
❷身体を前後させて、拳に重みがズシリと集まるところを探します。それがそのままストライクの際の拳の重さになります。この時、前腕と床が垂直になっているはずです。
❸拳に集まった重みを逃がさないよう細心の注意を払い、バーストブリージングをしながらゆっくりとプッシュアップをします。肘はしっかりと深く曲げるようにしましょう。
❹１回終えたら回復します。

このプッシュアップは、厳密にやるとかなりの負荷となるはずです。鍛錬を積んだはずの人が一度もできずに四苦八苦することも珍しくありません。これは前腕の形を厳密にキープすることで、肩や腰の力みに依存できないようにしているため。たくさんブリージングをしつつ、ゆっくりとトライすることで少しずつ動けるようにしていきましょう。

❶

❷

❸

❹

【ストライクに適した骨格を作るプッシュアップ】

次のプッシュアップでは、身体の使い方をより厳密に練り上げていきます。
❶身体の両脇に拳を置き、プッシュアップの準備をします。
❷身体に力みがないか確かめ、力みが僅かでもあればいったん、全身をリラックスさせてやり直します。
❸何度かやり直して力みが最低限で済む拳の置き方を見つけたら、その状態でブリージングを行い、さらに力みを取り除くようにします。
❹力みが解消できたら、ゆっくりと息を吐きつつ拳で床を押します。この時、肩や腰に力みが生まれたらもう一度リラックスしてやり直します。
❺力みが生じないよう、ブリージングで身体をゆるめつつ、拳で床をさらに押していきます。うまくいけば、力みのないまま身体が徐々に浮き上がるでしょう。

誠実にこのプッシュアップを行った結果、身体を一度も持ち上げられなくてもまったく問題ありません。ヴラディミア・ヴァシリエフは、「このエクササイズは１日に２回以上、行ってはいけない」と教えていますが、それは２回もやればヘトヘトになるくらいの濃密さを求めているためです。もう一人のシステママスター、セルゲイ・オジョレリフがこの練習を行うのを見た人によると、彼もまた細やかに身体を調整して力みを取り除きつつ、ついに一度も身体を浮かすことがなかったそうです。そのくらい厳密に身体を見直すことで初めて、動きが根本から変化していくのです。

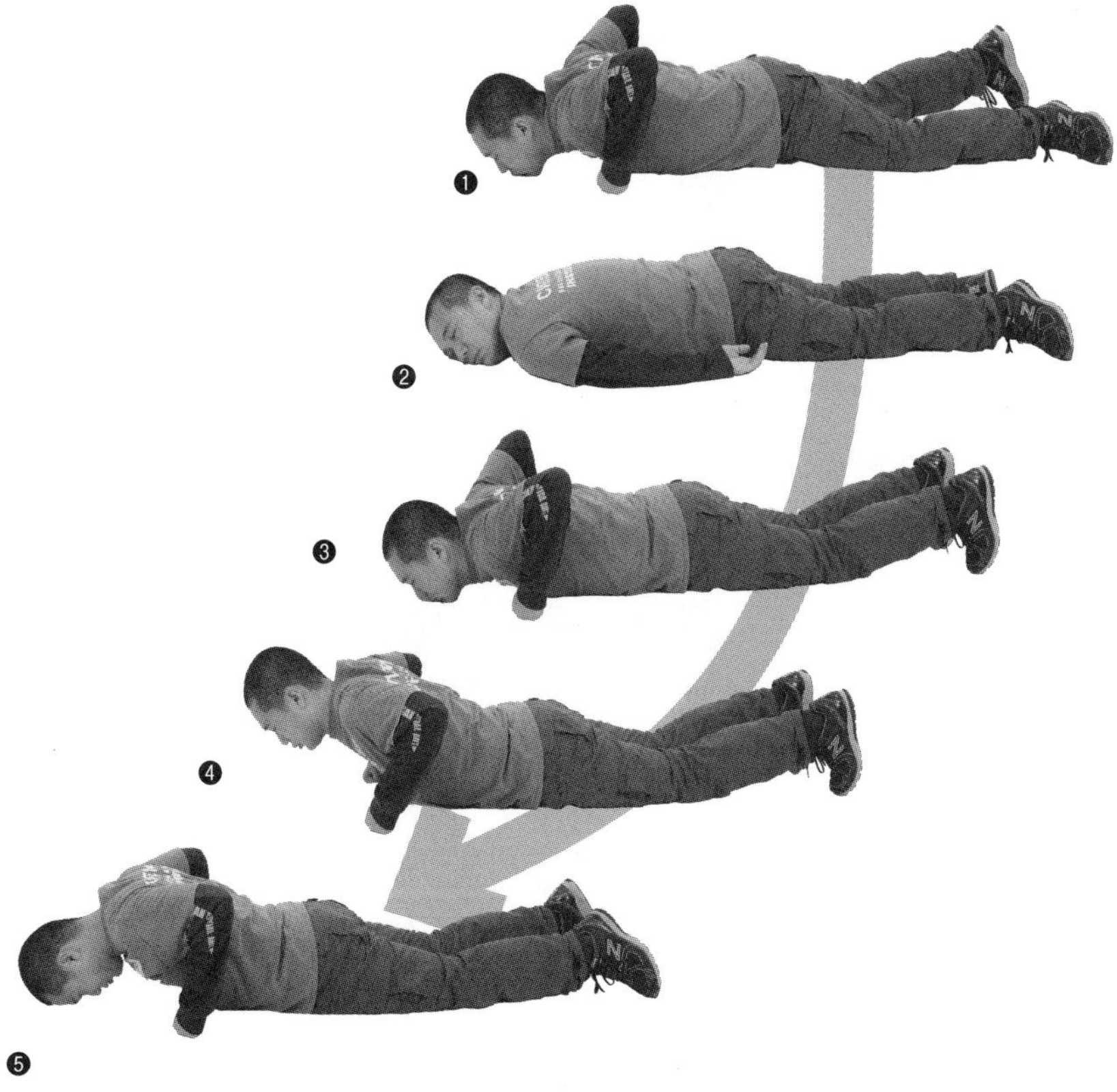

【肩の動きを引き出すプッシュアップ】

肩のさらなる解放のため、負荷のなかで動きを開発していく方法もあります。
❶プッシュアップの姿勢で肩を回します。前回転、後ろ回転それぞれ行うようにしましょう。
❷それができたら、肩を回転させながらゆっくりと身体を上下させます。身体を下げる時は拳で床を引きつけるように、持ち上げる時は床を押すようにします。これも厳密に行うとかなりの負荷になりますが、たとえ１回でも構いませんので、ゆっくり丁寧に行うにしましょう。

床で行うのが困難であれば､壁を使って立って行っても良いでしょう。拳で壁に圧力をかけながら、肩をゆっくりと回すようにします。左右の肩で逆回転にしてみたりと、様々な回転を試してみて下さい。いずれの場合も入念なブリージングが必須です。

❶

❷

●プッシュアップの検証

プッシュアップの際、身体を持ち上げるのは禁物。代わりに地面に拳をめり込ませるつもりで押し込んでいきます。肘を曲げる時も、身体を降ろすのではなく拳で地面を引きつけるようにします。身体を上下させるか、地面を上下させるか。ちょっとしたイメージの違いのようですが、両者の身体の働きはまるで別物。その違いは簡単に検証することができます。

【拳で押す動きの検証】

❶Ｂは両手を合わせて前方に手のひらを向けるようにして、胸の前で構えます。動かされないようにしっかりと両手両足を固定して下さい。
❷ＡはＢの手のひらに拳をあてがい、身体を持ち上げるプッシュアップの要領で腕を伸ばします。するとＢからの反力によって、Ａの身体が後方に押されてしまいます。
❸次にＡは床を拳で押すつもりで、Ｂの手のひらを押します。うまく出来るとＢは拳の圧力に耐えられず、後方に押されます。

床を押し込むプッシュアップは相手に力を伝える練習になるのに対し、身体を持ち上げるプッシュアップは、反力で自分を崩す練習になってしまうのです。ヴラディミアが「床を押す動きはストライク、引きつける動きはレスリングの練習です」と語るゆえんと言えるでしょう。次は拳で床を引きつける動きを検証します。

【拳で引きつける動きの検証】

❶Aは Bの首に手をひっかけます。Bは引っ張り込まれないよう、足腰を踏ん張って下さい。

❷Aは、プッシュアップで身体を下げる時の要領で、腕を曲げます。するとBは動かず、逆にAがBに引きつけられるような動きが生まれます。

❸続いてAは拳で地面を引きつける要領で、腕を曲げます。するとBは耐えられず、Aに引きつけられてしまいます。

●拳の当て方

こうして拳を動かす要点が掴めてきたら、実際に人の身体に当てていきます。

そのプロセスは「タッチ→プッシュ→ストライク」の三段階。まず拳で相手の身体に触れる感触と、触れられる感触に慣れてから徐々にプレッシャーを高め、最終的に打撃に至るようにしていきます。第一段階であるタッチの段階でも、拳を当てる側、当てられる側の双方に多くの力みが生じます。これを放置したままエクササイズを進めても、力みがエスカレートするばかりで、かえって悪い癖を身につける原因となります。そのため、負荷が軽い段階から念入りに力みを見つけ、解消していくようにしましょう。

システマのストライクは拳の平らな部分を当てます。

ここで知っておきたいのは、拳の当て方です。システマのパンチでは、拳の平らな部分を相手の身体の柔らかな部分にフィットさせるようにします。骨の出っ張ったところは基本的に打ちません。それは拳を守りつつ、衝撃力を効果的に伝えるため。拳の緊張は拳の形をキープするための最低限に止め、決して固く握り込まないようにします。固い拳によるゴツゴツした接触は、表面的な痛みを与えるばかりで内部に浸透するインパクトにはなりません。衝撃力がロスなく伝わり、的確なコントロールをもたらすストライクは、フィット感のある柔らかな拳によって得られるのです。

【拳でタッチする】

❶ Aは力を抜いて、Bの身体に拳で触れます。拳をフィットさせるようにし、押し込まないように注意します。

❷ AはBの身体に拳で触れながら、自分の力みをチェックします。肩の力みや手首の曲がり、姿勢の崩れは禁物です。また前腕は接触面と垂直になるようにします。どうしても力みが抜けない場合は相手との位置関係に問題がある場合があります。遠すぎればどうしても姿勢が崩れ、それに伴う力みが生まれてしまうからです。Aは別の部位に拳を当て、同様のことを繰り返します。

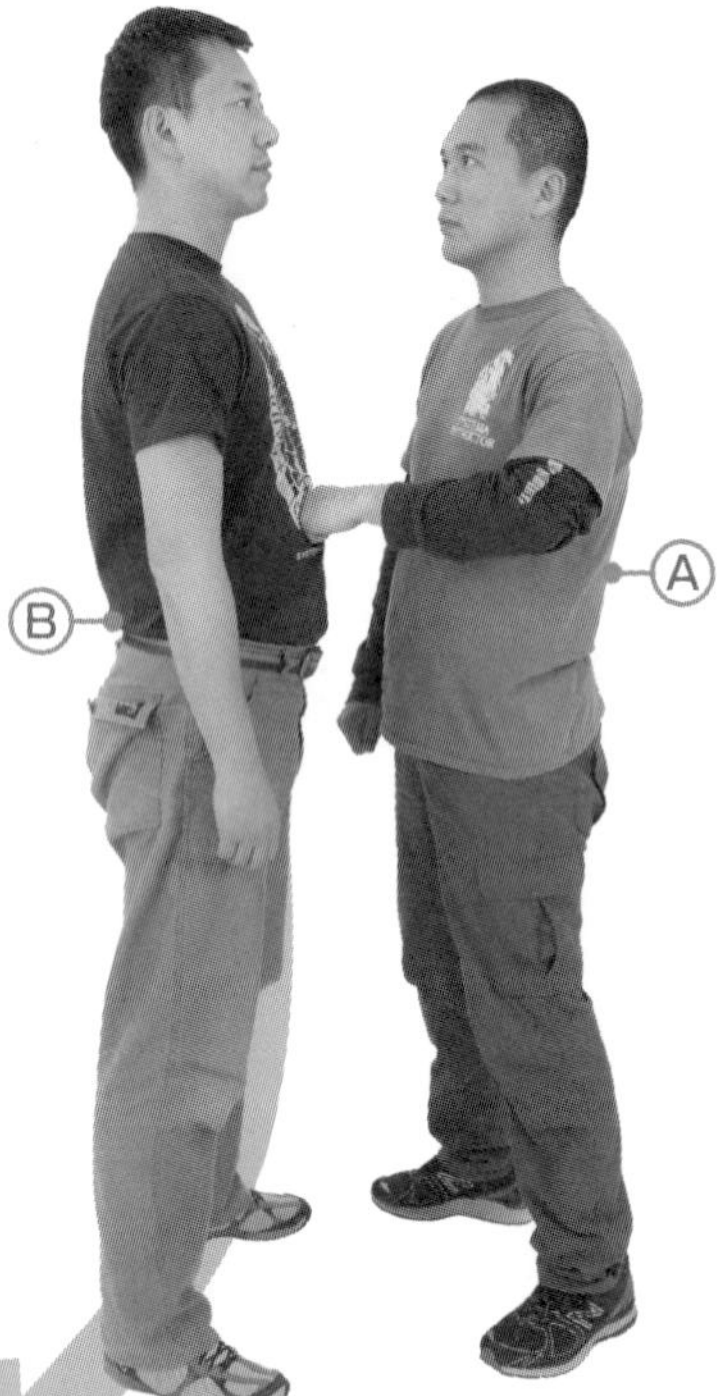

❶

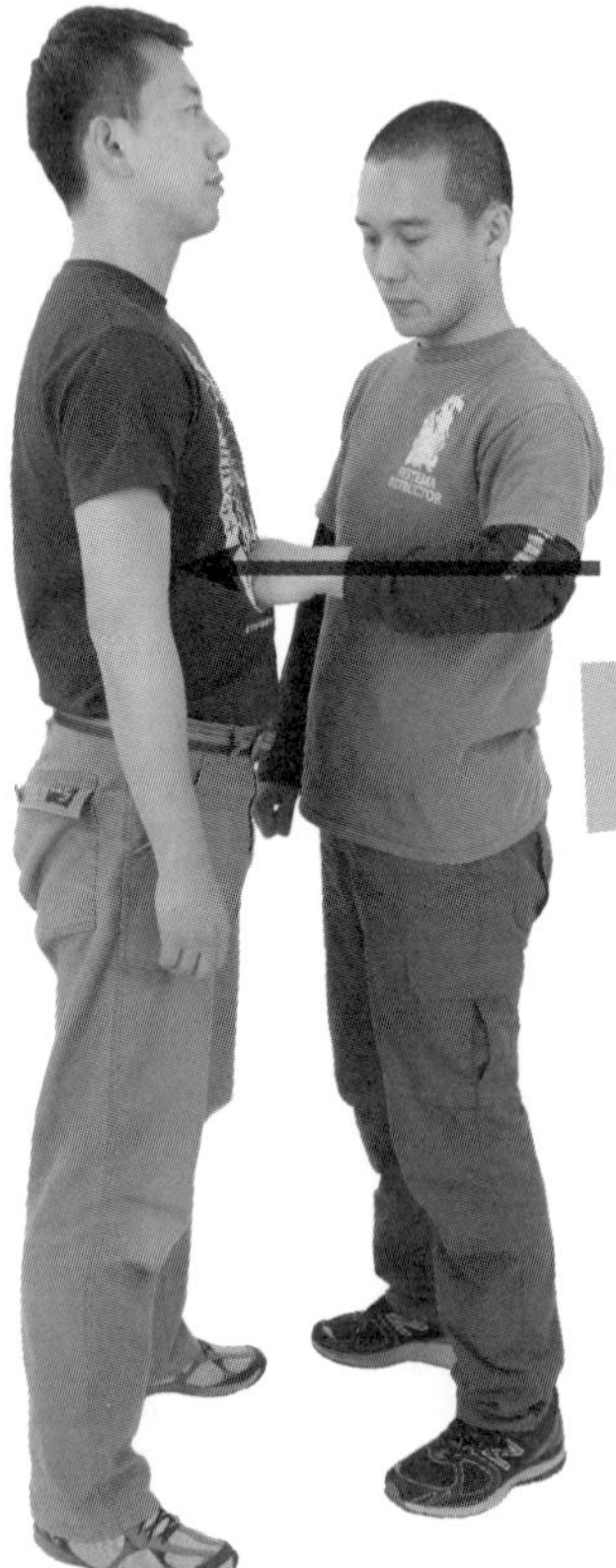
❷

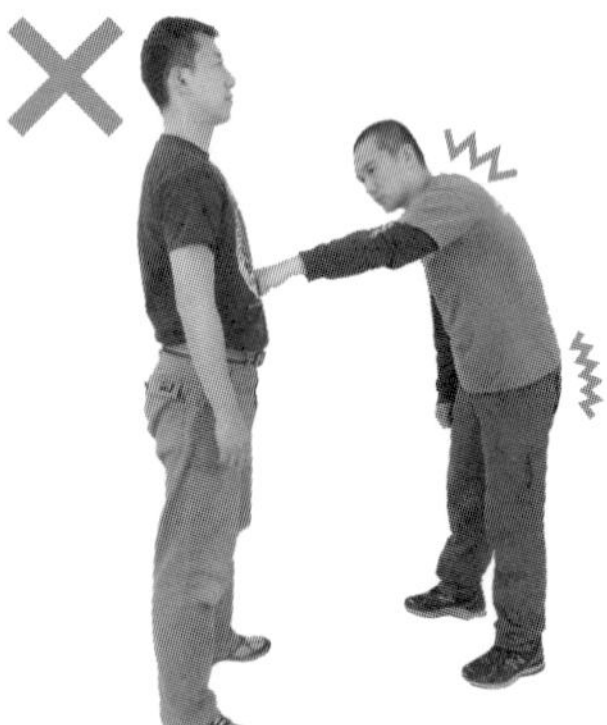

郵便はがき

料金受取人払郵便

本郷局承認

3958

差出有効期間
2022年
1月31日まで
(切手不要)

113-8790

(受取人)

東京都文京区本郷5-2-2
株式会社 **日貿出版社** 愛読者係行

<本を直接お届けします> 小社出版物のご注文にご利用下さい。

送料はお買い上げ本体総額5,000円未満の場合は500円(税抜)、5,000円以上の場合は小社負担です。代金は本と一緒にお届けする郵便振替用紙にてお支払いください。

【ご注文欄】書名	注文冊数	本体総額

▲裏面のアンケートへのご回答のみの方は、上のご注文欄は空白のままお送りください。

ご住所 〒	
フリガナ お名前 ㊞	電話 FAX
E-mail	ご職業
性別 男・女	年齢 歳

ご購読ありがとうございました。　愛読者カード

お買い上げの本の名前	

●本書を何でお知りになりましたか？

1. 書店で実物を見て　2. 小社 DM で
3. インターネットで
（A. 小社ホームページ　B.Amazon　C. 著者ブログ等　D. その他）
4. 広告を見て（新聞／　雑誌／　）
5. 友人・知人の紹介で　6. その他（　）

●本書をどちらでお買い求めになりましたか？

1. 書店（店名　）
2. 小社通信販売
3. ネット書店（　）

●本書をご購入いただいた動機をお聞かせ下さい。 ※複数回答可

表紙のデザイン／本の題名／本のテーマ／価格／帯の内容／著者／その他（　）

●本書について、該当するものに○をお願いします。

価　格………………　高い　／　普通　／　安い
判型（本のサイズ）…　大きい　／　ちょうど良い　／　小さい
デザイン・表紙 ……　良い　／　普通　／　良くない
内　容………………　満足　／　普通　／　不満

●いままでこのハガキを出した事がありますか？　ある　／　ない

●案内を希望　新刊案内等　／　総合図書目録

●本書についての感想やご要望、出版して欲しいテーマなどをお教え下さい。

ご協力ありがとうございました。

○ご記入いただきました個人情報は、書籍の発送や確認等の連絡及び小社の新刊案内を送付するために利用し、その目的以外での利用は致しません。アンケートのご回答は今後の企画の参考にさせていただきます。　○アンケートにご協力の上、表面にご住所等をご記入いただいた方に、粗品を進呈致します。※発送までお時間をいただく場合がございますので、ご了承下さい。

【拳でのプッシュ】

注意点はタッチの時とほとんど同じです。しかしプレッシャーが強くなる分、力みや姿勢の歪みが生じやすくなります。身体を丁寧に観察して快適な状態をキープしつつ、拳からの動きによって相手に力を伝えるようにして下さい。

❶ＡはＢに拳を当てます。

❷〜❸身体が力んでいないのを確認したらゆっくりとプッシュします。プッシュを終えた時に姿勢が崩れているのも禁物。プッシュの直後でも、姿勢を立て直すことなくすぐに別の動きに移れるような状態を保つようにしましょう。どうしても姿勢が崩れてしまう場合は、次に紹介する「足腰を解放するエクササイズ」を行ってみて下さい。拳のプレッシャーを保ちつつ、足腰を自由に保つ感覚が掴めるはずです。

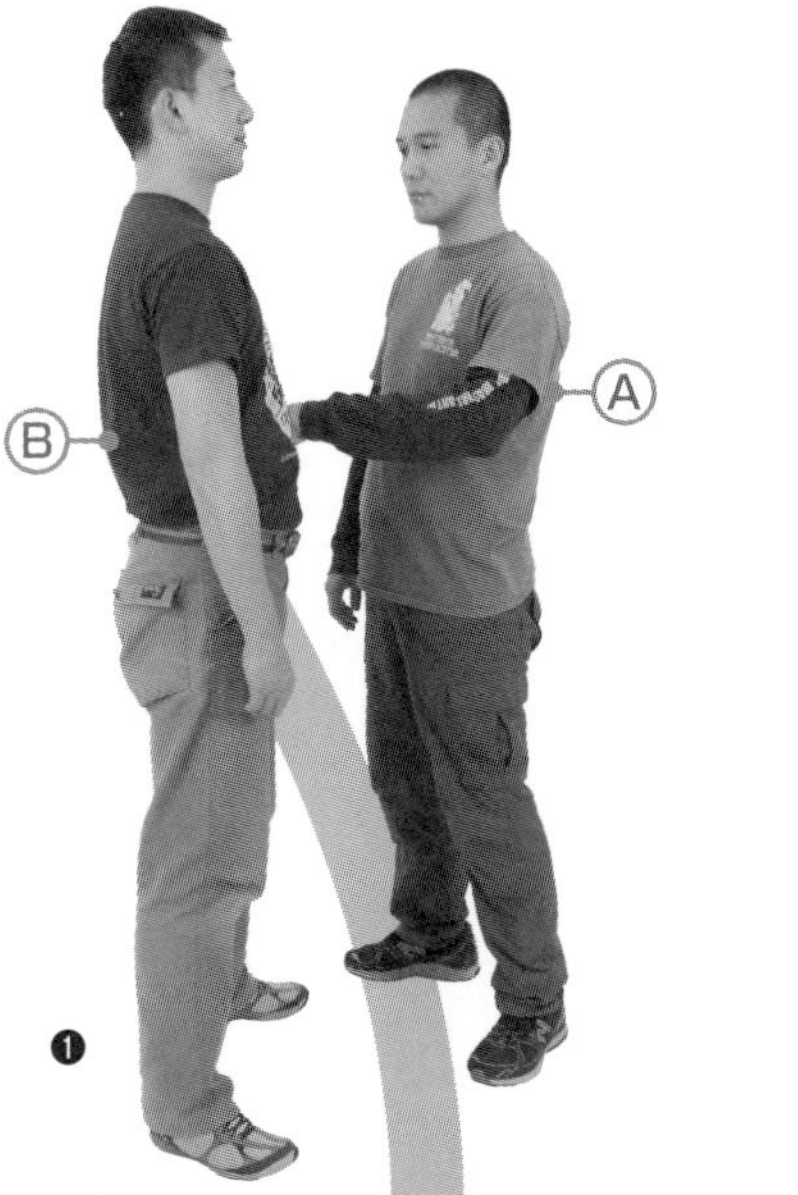

❶

❷

❸

【足腰を解放するエクササイズ】

❶〜❷ BがAに向けて倒れ込み、これをAは拳で支えます。

❸〜❹ AはBを支えたまま足踏みや腰を回したり、スクワットを行います。

これは第1章で紹介した「姿勢の検証」の変形版と言えます。「姿勢の検証」では頭頂部からプレッシャーをかけましたが、こちらでは拳で同じことを行っています。実験としてあえて足を踏ん張って倒れ込むパートナーを支えてみるのも良いでしょう。リラックスした時よりもグッと重く感じられるはずです。

●パンチを用いたマッサージ

力まずにプッシュできるようになってきたら、徐々にストライクの練習に移ります。要点はタッチやプッシュとまったく同じ。しかし相手に痛みを与えるという精神的な負荷が加わることから、一気に力みやすくなります。そのためここではマッサージを通じて、拳を他人に当てることに慣れていきます。同時にパートナーの身体を解すこともできますので、ストライクの準備として行うと良いでしょう。

【肩を打つ】

拳を落下させるようにして肩を打ちます。打つ前に手で触れて、筋肉の強ばっている部位を確認しましょう。

❶〜❷何度か軽く打って緊張を解した後に、重めのストライクを肩に落とすようします。肩の表面を狙うのではなく、足の裏まで衝撃が突き抜けるようにして下さい。

最後の重い打撃の後は、パートナーに回復する時間を与えます。同時に自分の心身を観察し、他者を打つことで自分にどんな変化が生じたかを確認するようにしましょう。もし身体や感情面の変化が見いだせたら、ブリージングをして念入りに通常の状態へと戻るようにします。

❶

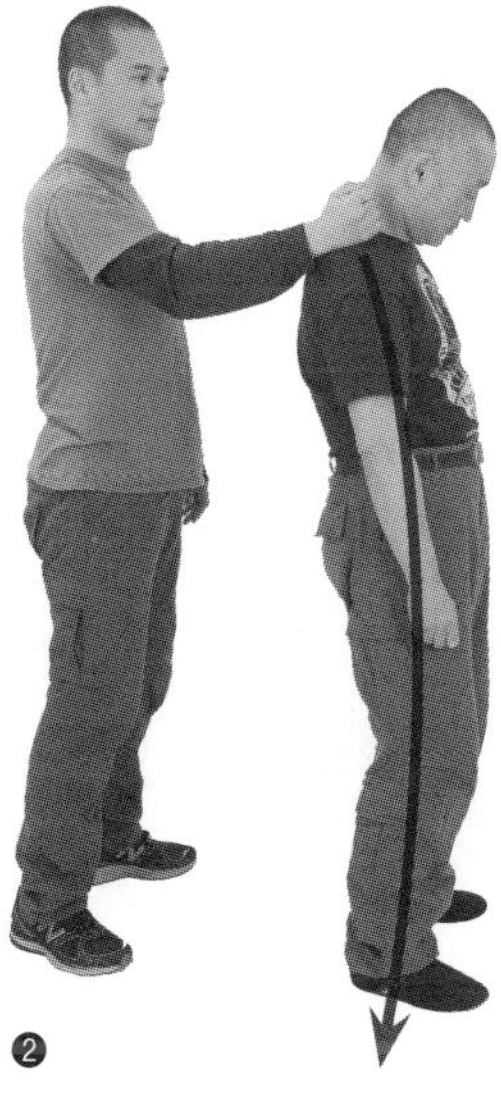
❷

【前腕を打つ】

前腕の肘に近い部位にも大きな緊張があります。ここへのストライクは、肘のリラックスに効果的です。

❶～❷肩と同じく、何度か軽く打って感触を確認してから、相手の足を通じて地面まで衝撃を届けるつもりでストライクを落とします。打った後は十分な回復時間を与えます。

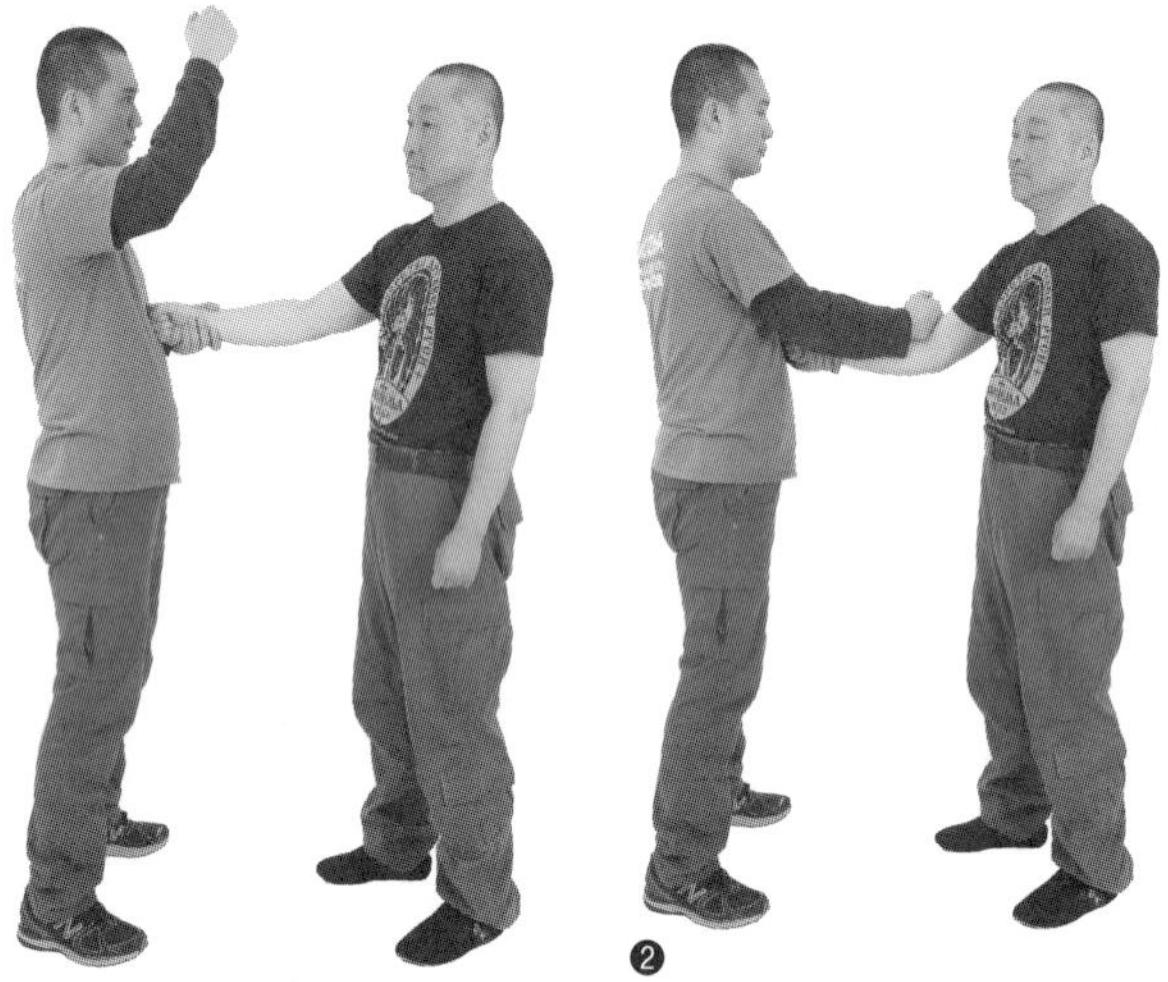

❶ ❷

【肩と胸の境目を打つ】

❶～❷肩と胸の境目の部分にも、多くの強ばりが潜んでいます。ここもストライクを落として解すと良いでしょう。

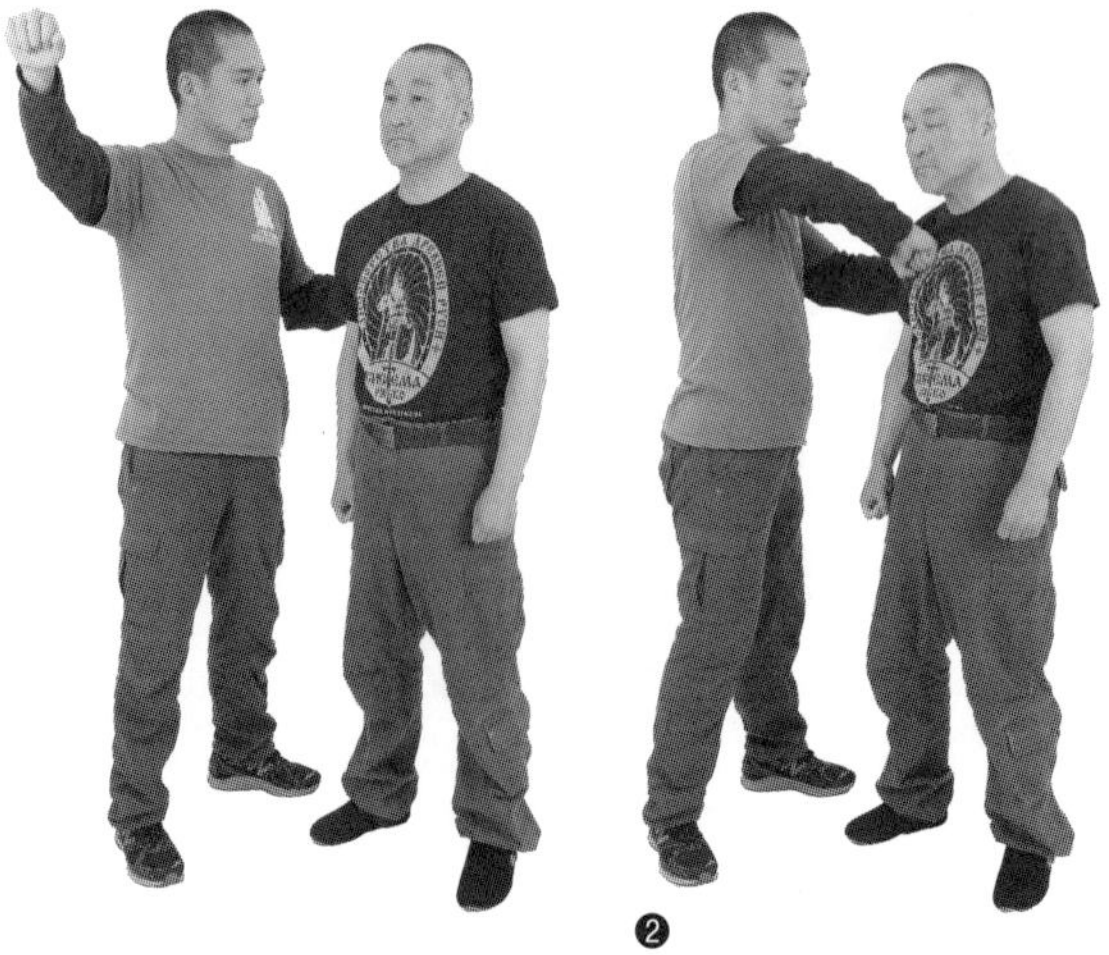

❶ ❷

いずれの場合も打たれる側の表情や様子をよく観察し、決して無理をさせないようにして下さい。苦痛を感じているようであれば回復をしばらく待つなどの配慮が必要です。また、打たれる側はマッサージによって力みが解れると、腕がズシリと重く感じられることがあります。その重みはストライクの重さとなりますので、その感覚が得られたらよく覚えておくようにしましょう。

●ストライクを打つ

次はいよいよストライクを打ちます。この章では、立ち止まった状態で静止した相手を打つエクササイズを紹介します。浅いストライクから始め、徐々に深い部分に衝撃を伝えるようにしていきます。

皮膚、筋肉、内臓、いずれのレベルを打つ際にも、拳からの衝撃が相手にどう伝わっていくのかをよく感じるようにして下さい。上達してくると当たった瞬間に相手の力みや姿勢の歪みなどを読み取り、相手を崩すための衝撃を届ける技術へと繋がっていきます。

【皮膚レベルのストライク】

❶Bはリラックスして立ちます。第2章で紹介した通り、肩や足腰をゆるめ、衝撃を分散できるようにしておきましょう。AはBの側面に向かうように立ちます。拳が当たる際、肘がおよそ90度になるくらいの位置関係が良いでしょう。
❷～❸AはBの身体を打ちます。衝撃を届けるのは皮膚の深さまで。表面で止める感じです。打つ場所は毎回変えながら1～5回ほど打ちます。
❹Bの表情をよく観察し、もしダメージを受けているようであれば入念に回復させるようにしましょう。Bが回復したら交代します。

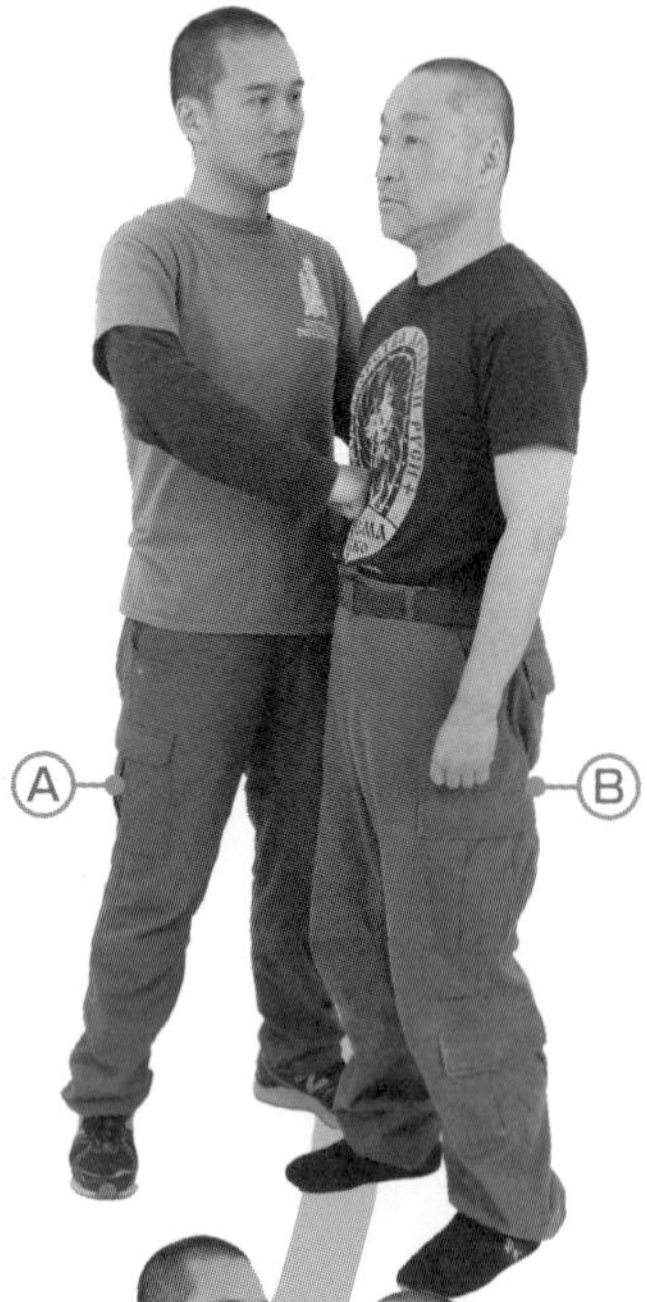

❶

❷

❸

❹

【筋肉レベルのストライク】

要領は皮膚レベルのストライクと同様です。

❶～❷Ａは皮膚よりももう少し深い層に衝撃を届けるようにします。少しずつ腕や肩が力んできますので、１回ずつ丁寧に、自分と相手を観察しながら取り組むようにして下さい。相手の筋肉を解すつもりで行うと、うまくいくことが多いようです。「効かせてやろう」という精神的な力みが消え、結果的にリラックスした打撃となるためです。

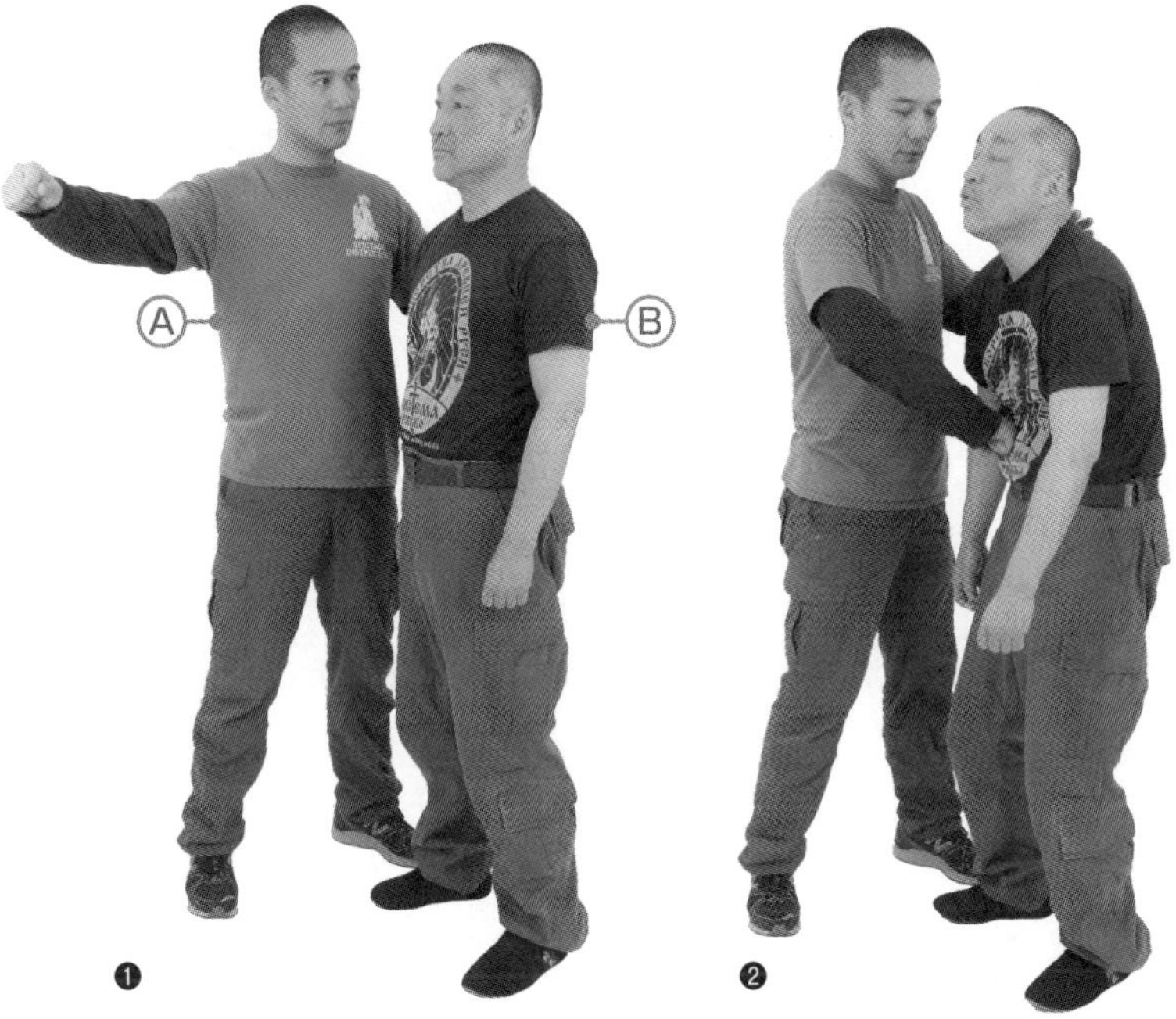

深さの調節について

皮膚レベル、筋肉レベル、そして内臓レベルの打ち分けについて、それほど難しく考える必要はありません。例えるならボールを投げる際、特に投げ方について考えなくても、なんとなくコントロールして狙った距離と方向へ投げることができるでしょう。もちろん熟練度によって精度に大幅な差が出ますが、ストライクの衝撃もほぼ同様です。繰り返し行ううちに、狙った深さへと届かせることができるようになります。

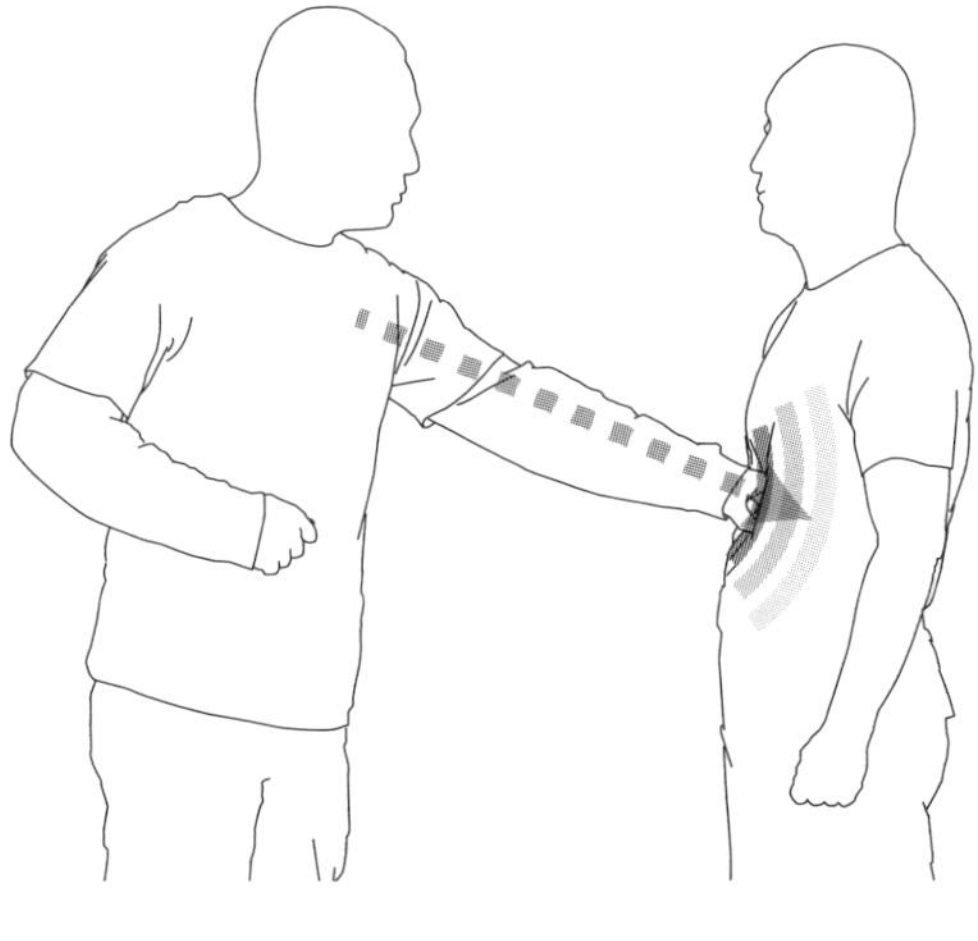

ヴラディミアによる顔面へのストライク。システマにおいては素手の拳を顔で受けるトレーニングは必須。

●顔への当て方

頭部への打撃は強い精神的なショックを伴います。そのため練習には十分な配慮が必要となります。特に注意したいのはストライクを打つ部位について。マーシャルアーツ的な側面において、システマのストライクは相手の姿勢を崩すことによる弱体化を図ります。そのため原則的な要点は胴体へのパンチと同様です。つまり拳の広い面を、頭部の柔らかく平らな面にフィットさせるように当てていきます。また、表情などを通して相手の心身の変化をよく観察し、無用なストレスを与えないように心がけましょう。こうして身につけた観察力は、対人関係における心理的な駆け引きにも繋がっていきます。

【拳を顔に当てる】

ＡはＢの顔に拳で触れます。拳を顔にフィットさせるようにして下さい。色々な角度で当てますが、手首を曲げたり、背骨を曲げてしまったりしないようにしましょう。
また、こうした打ち方をするのは拳を守るためでもあります。拳と相手の顔面とのフィット感をよく確認しながら、練習をして下さい。

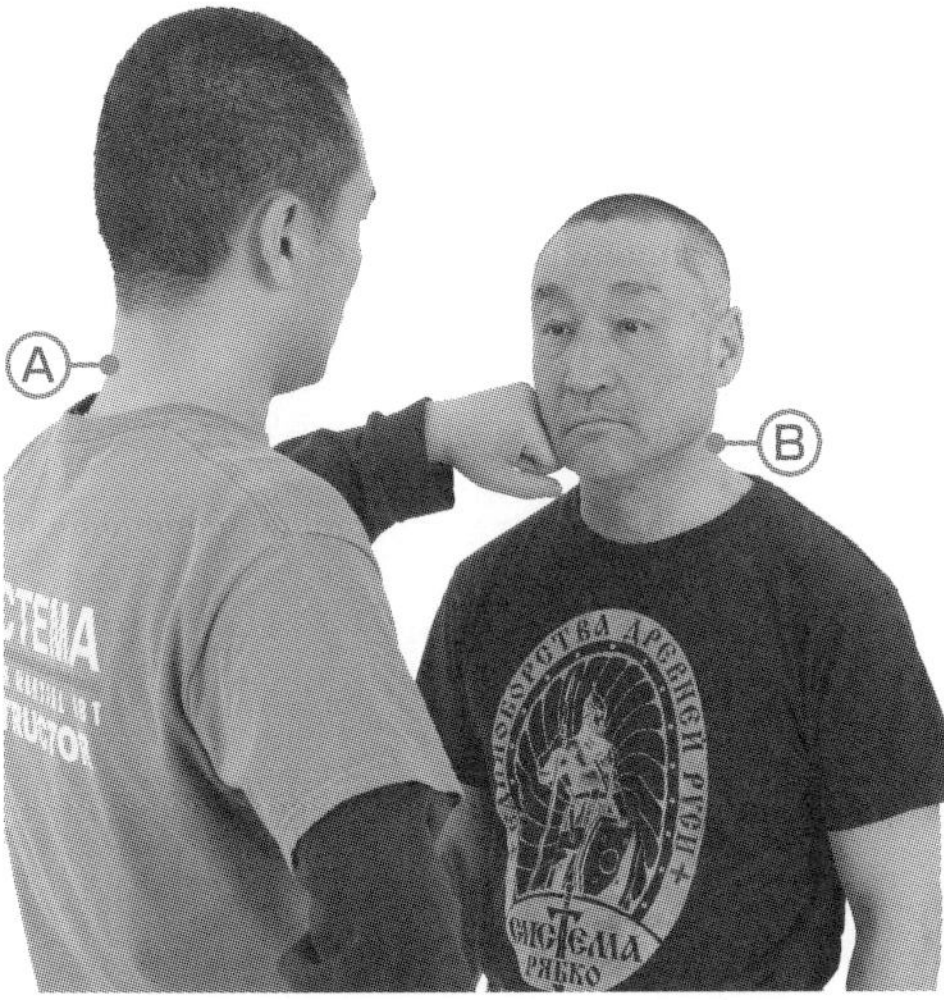

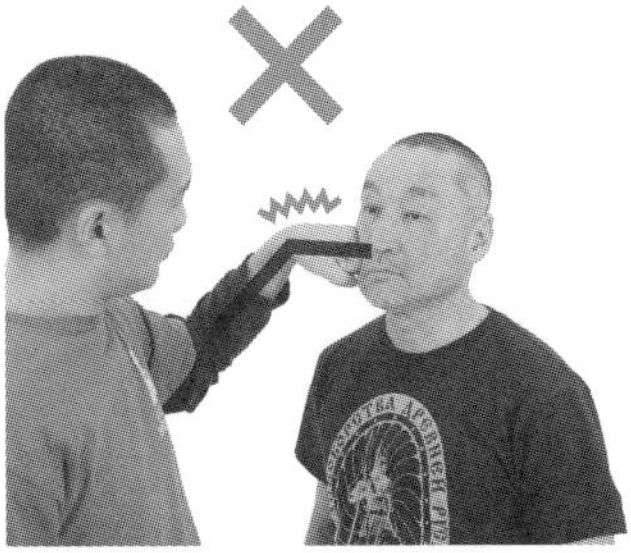

手首が曲がらないように注意して下さい。

この時に気をつけたいのは、うっかり鼻や口といった弱い部位を打ってしまうこと。こうした部位は構造的に弱いため、簡単に鼻や前歯が折れたり、唇が裂けたりしてしまいます。

またマーシャルアーツ的に見ると、こうした部位は壊れやすい反面衝撃が逃げやすいため、相手の姿勢を崩してコントロールするのにはあまり向いていません。逆に精神的に刺激してしまい、かえって自分を不利な状況に追い込んでしまう可能性もあります。確実に相手をコントロールするためには、やはり拳がフィットする部位に確実に当てられるようになる必要があります。これらの点を踏まえて顔を打って下さい。

●相手の観察と回復のサポート

ストライクの後、欠かせないのが「回復」のプロセスです。うまく回復できたかどうかが、そのストライクがトラウマ的な記憶となるか、成功体験として蓄積されるかの分岐点となります。ストライクを打つ側はそれを踏まえ、打った後も気をゆるめることなく相手を観察し、必要であれば回復をサポートするようにします。観察すべき主なポイントは次の通りです。

ポイント

【呼吸】 まず呼吸しているかチェックします。もし浅いようであれば、鼻から吸って口から吐くブリージングを促すようにします。ストライクの衝撃で横隔膜が痙攣し、呼吸ができなくなる場合もあります。こうした場合はほんの少しずつでも呼吸をさせることで、回復させていきます。

【表情】 苦しそうな表情が残っていないか、目の焦点が合っているか、顔色が変化していないかといったことをチェックします。一見、無表情に見えても顔色が変わっていたり、唇が震えていたりといった、目立たない変化があることもありますので注意しましょう。

【反応】 話しかけて、呼びかけに答えられるかチェックします。平気そうに見えても放心状態だったり、一時的に耳が遠くなっていたりする場合があります。

【姿勢】 ダメージや恐怖心は、筋肉の緊張とそれに伴う姿勢の歪みを生じさせます。これが見いだせたら手でサポートしたり、壁に寄りかからせたり、あるいは仰向けに寝かせたりして背骨を真っ直ぐにしたうえで、ブリージングを促しましょう。

ここで紹介したのはごく一部の例にすぎません。ストライクの前後で心身にどのような変化が生じたのかをよく観察すれば、他にも色々なことが分かるでしょう。その観察力を高めるには、やはり自分がストライクを受ける経験を積むことが近道です。自分の心身に起こる変化を観察することで、他者にどのような変化が起こるのか、よく分かるようになるのです。

【サポートの方法】

回復させる時のポイントは「ブリージングをさせる」と「背骨を伸ばす」の２点。特にショックが大きい場合、姿勢を保つことができず背骨を「く」の字に曲げてしまいます。その姿勢では回復が困難ですので、頭や腰を支えて姿勢をサポートするようにします。それも困難であれば、仰向けに寝かせて、背骨を真っ直ぐに保つようにします。

ここでたとえ予想以上のダメージを与えてしまったとしても、打った人が動揺するのは禁物です。自分と相手の両方を落ち着かせるつもりで深くゆったりとしたブリージングを続けつつ、相手にもブリージングを促します。ダメージが大きい時は口から息を吸ってしまいがちですので、ブリージングの原則通り鼻から吸って口から吐くようにさせて下さい。

また、ストライクの当たった部位をさするのも有効です。

●ストライクのメンタルセット

ストライクを当てる際、打つ側の心のあり方もまた相手に大きな影響を与えます。なぜならストライクはきわめて密度の濃いスキンシップのようなもの。打つ、打たれるの瞬間的に非常に多くの情報が行き交い、お互いの精神に深い影響を与えあっているのです。そのため、打つ側に何らかの感情があれば、その感情は打たれる側へと伝わってしまいます。このような感情の伝達は、マーシャルアーツ的にも大切な意味を持ちます。例えば相手を壊してやろうというアグレッシブな感情で相手を打つと、それが相手へと伝わり、打った側に対して同じ感情を抱くようになります。つまり双方が敵意を向け合うようになり、感情的な衝突が強化されてしまうのです。

逆に敵意がある相手に対してもリラックスして打ち込めば、相手もまたリラックスしてしまいます。その結果相手のなかから敵意が消え、対立関係そのものを消滅させてしまうのが、目指すべき理想のストライクと言えるでしょう。同じことは、相手への気遣いについても言えます。「痛そうだな」「かわいそうだな」といった不安や同情は、相手に恐怖心や自己憐憫《じこれんびん》といった感情を呼び起こしてしまいます。すると本来、持つはずの強さを発揮する妨げとなってしまいかねないのです。

システマにおける理想的な精神状態は「Calm《カーム》」です。これは無風状態の凪いだ海のような、静かで波立ちのない状態のこと。抽象的でピンと来ない方は、見本としてミカエル・リャブコやヴラディミア・ヴァシリエフといったシステママスターによるストライクの映像を観ることをお薦めします。その威力や相手のリアクションについ目がいってしまいますが、マスターたちの動きや表情をよく観察してみて下さい。アグレッシブさや遠慮といった、余計な感情は一切入っていないのが分かるでしょう。

●マスターレベルのストライク

熟練したインストラクターのストライクは、打たれた直後こそ意識が遠のくほどの苦しみがあるものの、その後に格別な爽快感がやってきます。それは内面に潜んでいた力みが解消され、苦しみから生還したという達成感が得られるためです。当然、インストラクターは衝撃の強さを調整し、相手に快い結果が訪れるようにストライクを打ちます。それがマスターであればなおのこと。姿勢を崩したり筋肉の凝りを解したりといった、物理的な面だけでなく、体内や精神といった目に見えない領域に至るまで、的確にコントロールするのです。こうした高いコントロール性は、他者をひたすら打つだけの単純なトレーニングの延長線上にはありません。必要となるのは、自分自身のコントロールです。なぜなら、マスターのコンスタンチン・コマロフも言う通り、「自分自身をコントロールできない者に、他者をコントロールできるわけがない」からです。つまりストライクで本当に問われるのは「いかに打つか」ではなく、「自分がどうあるか」であると言えます。システマのトレーニングでしばしば言われる「汝、自身を知れ」という言葉。これは次元の異なるストライクを手にするための秘訣でもあるのです。

マスターズ・ヴォイス

「いかにしてストライクを身につけたか」

answered / ヴラディミア・ヴァシリエフ

Q. **初めてミカエルのストライクを受けた時の印象はどうでしたか？**

A. ミカエルに会って最初にパンチを受けた時、とても不思議な感じがしました。前にボクシングを学んでいた時は、パンチが見えたら反応して何かできたわけです。初めてミカエルに会った時、ミカエルのパンチはまったく見えませんでした。この時ミカエルは、パンチを身体で受けるようにと言ったのです。最初は避けずに打たれるままにしなさいと。そうしないと、身体のなかに大きな恐怖が生じるからと言うのです。だからパンチを身体で受けていました。当時のミカエルは、動いてパンチを避けることを主に教えていて、打たれた瞬間に息を吐いたりといった、呼吸について言うことはあまりありませんでした。パンチがきたら動いて避けるだけで、息を吐いたりしません。そうするようになったのは後でのことなのです。私は最初ボクシングを何年か学び、軍隊に入ってから空手を始めました。空手ではロシアで一位になったんですよ。でもミカエルから学ぶようになってからは全部忘れてしまいました。システマが気に入ったからです。

Q. **それまで学んでいたボクシングや空手と、システマのストライクとの大きな違いは何でしょう？**

A. ミカエルからストライクを学ぶには、力みを減らしていく必要があります。ミカエルが「パンチは見えないことが大切だ」と言っているためです。見えるということは、自分の力みが他人に見えるということです。そうするとパンチも見えてしまうのです。そこで私はリラックスして打つ練習をしました。空手などは見せるパンチです。自分のしていることが人に見える、もっと言えば見せる必要があるわけです。ミカエルのやり方では見せないようにします。するとパンチが見えなくなるのです。

Q. システマにおける、ストライクの位置づけについて教えて下さい。

A. ストライクの意味ということですが、マーシャルアーツを学ぶ以上、相手を打つ必要があります。しかし同時に、相手を癒やす方法も知る必要があります。例えばクラスで生徒を打ち、相手の気分が悪くなったとしたら、回復する方法を教える必要があります。そして生徒はただ回復するだけでなく、さらに健康になる方法を学ぶ必要もあるのです。パンチを打つのは腹部だけではありません。筋肉を打ってマッサージをすることもできます。軽くパンチを当てることで筋肉がリラックスし始めるのです。これを全身に行うこともできます。軽いパンチによって、全身の状態が改善されていくのです。

Q. 女性がシステマを学ぶことについてどう思われますか？

A. 女性がシステマを学ぶのは良いことです。システマを学んだ女性は、動きが段々変わってきます。より女性らしくなっていくのです。リラクゼーションの様々な応用例を知る良い機会です。クラスに女性がいると、男性はより男性らしくなります。例えば女性に対して力いっぱいパンチを打ち込むのはためらわれるでしょう。だからリラックスして、気持ちを切り替え、相手を破壊しないための方法を学ぶ必要があります。やり方を変える必要があるのです。このように、女性がいるのは良いことです。

Q. 女性がストライクを学ぶことに関して、アドバイスはありますか？

A. 少しずつ進むことです。女性は自分の動きについて理解する必要があります。神はあなたを女性として創られたのです。男性ではなく。自分は女性であり、女性らしいワークをする必要があると知るべきです。

なぜなら、女性には独自の力があり、独自の長所があるからです。男性のようになろうとしても意味がありません。身体がそもそも女性なのですから。少なくとも私はそう思います。

Q．システマを上達するコツのようなものがあれば教えて下さい。

A．簡単です。皆さん理解し始めればどんどん理解が進んでいきます。例えばセミナー初日に学んだことが、セミナー中に少しずつ理解が深まっていったりするでしょう。それは上達しているということです。もっとリラックスできるようになり、周りの人たちと仲良くなり、闘うことが減って、もっと人を好きになっていくのです。

（2013年8月　トロント本部「マスタリングセミナー」にて）

第4章

すべての攻防の基礎 〝プッシュ&ムーブ〟

「あなたはやりすぎている。必要なだけ動く。必要以上に動かない」

by ヴラディミア・ヴァシリエフ

「(システマの基本原理は) たくさんあります。まず対抗しないこと。動き続けること。攻撃性をなくし、防御に専念すること。緊張をなくすこと。完全なるリラックス状態。呼吸の継続性。落ち着き。自制などなど、永遠に述べることができます」

by コンスタンチン・コマロフ

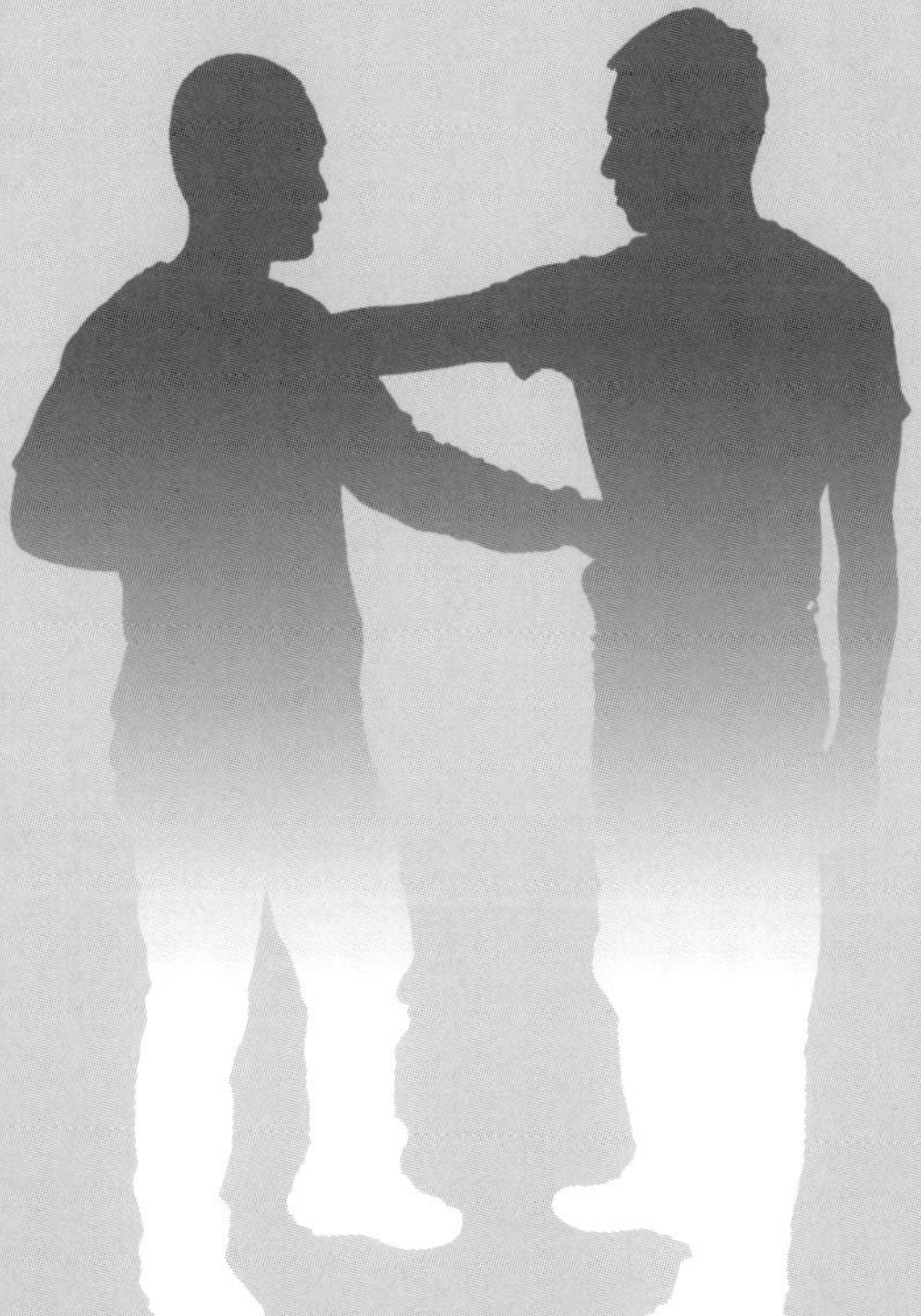

攻防のすべてが凝縮する〝プッシュ＆ムーブ〟

この章で紹介する「プッシュ＆ムーブ」は、システマにおいて定番中の定番メニュー。ストライクはもちろん、ナイフや拳銃を用いたウェポンワークに至るまですべての要点が凝縮されているため、世界各国のシステマのクラスでも大切なエクササイズとなっています。相手の攻撃を自らの武器とする動きを身につけていくうえで不可欠なのが、本章で紹介するプッシュ＆ムーブなのです。

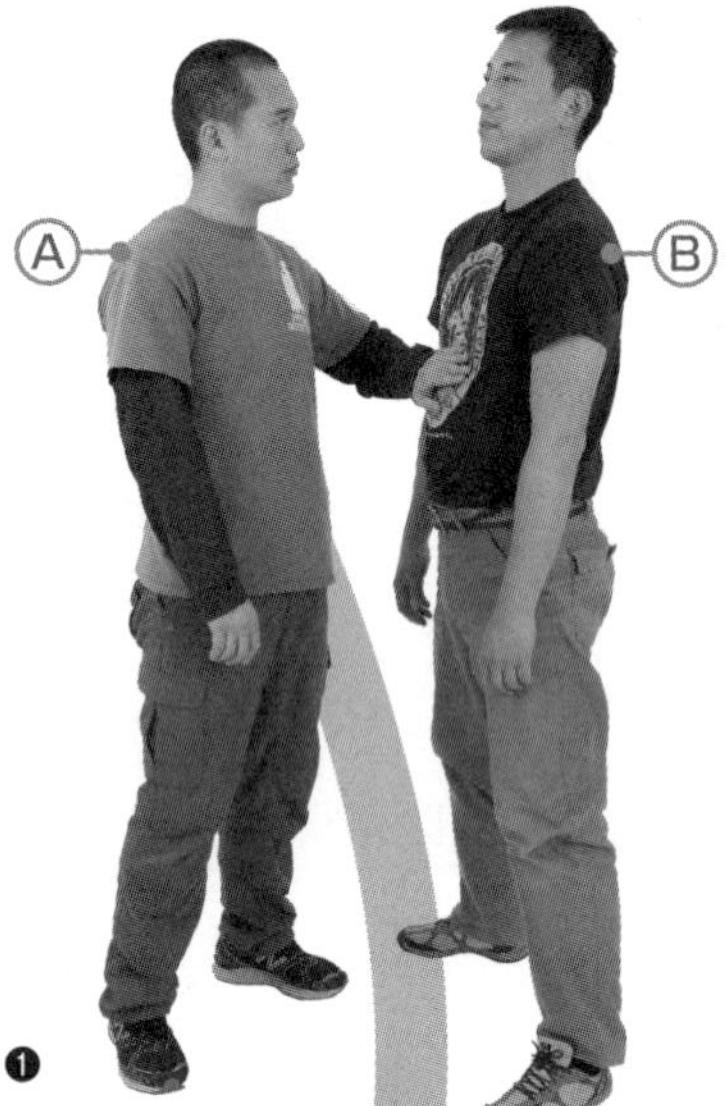

❶

❷

【スタンダードなプッシュ＆ムーブ】

❶Ｂは力を抜いて立ちます。軽く膝を曲げるようにすると良いでしょう。
❷Ａは息を吐きつつ、手のひらでＢの身体を押します。
❸Ｂは息を吐きつつ、Ａから伝えられる力に乗るようにしてＡの手を受け流します。この時、足を動かして立ち位置を変えないように注意します。慣れてきたらＡは正面、横、背中、顔などあらゆる部位からＢを押すようにします。
❹Ｂが慣れてきたらＡは拳で押しても良いでしょう。全身をまんべんなく行ったら、ＡとＢが交代します。

ここでは足を動かさずに行います。

しっかりブリージングができないと相手の力を受け流せません。

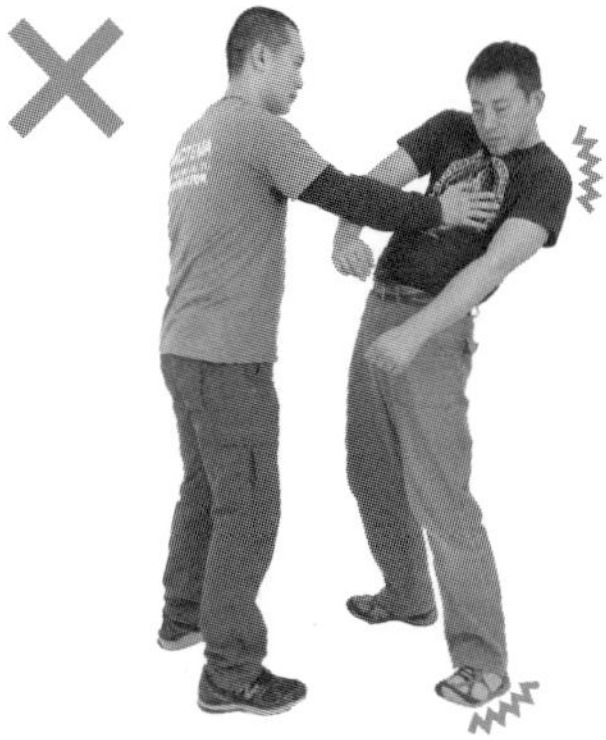

❹

❸

ポイント

・押される側は自分に伝えられる力をよく感じ、その力に乗って動くようにします。反射的に身をよじって曲げたりしてしまわないよう、注意して下さい。

・押される側は姿勢をなるべくキープしますが、そのために硬直してしまってはいけません。腰から上が振り子のように動いてしまうことがありますが、足腰の硬直が主な原因です。

・マーシャルアーツ的には足を自由に動かした方が得策ですが、ここではあえて立ち位置を固定します。これは「歩く」という動作を封じることで、全身の力みを見つけやすくするためです。立ち位置さえ移動しなければ、踵やつま先、片足を上げたりするのは構いません。もしバランスが崩れて一歩踏み出してしまいたくなったら、なんとか持ち堪えつつブリージングを繰り返しましょう。すると、自ずと動くべき方向を見いだせたりします。

・押す側の注意点は、ストライクとほぼ同じです。肩を力ませず、姿勢を曲げることなく、拳ないしは手のひらを動作の始点にしてプッシュして下さい。

・押す側も押される側も、なるべくゆっくりと、力の流れや身体に生じた力みなどを感じながら動くようにします。逃がしにくい部位が見つかった際は、よりゆっくり、よりたくさんブリージングをすることで、逃がし方を探るようにしましょう。

ブリージングはどんな場合においても一貫して重要です。重複を避けて記載していない場合もありますが、本書で紹介するどのエクササイズにおいてもブリージングを忘れないようにして下さい。

プッシュ&ムーブでは、相手が力を加えてくるのにあわせてフーッと息を吐くようにします。

反射的に身をよじったり、曲げないように注意して下さい。

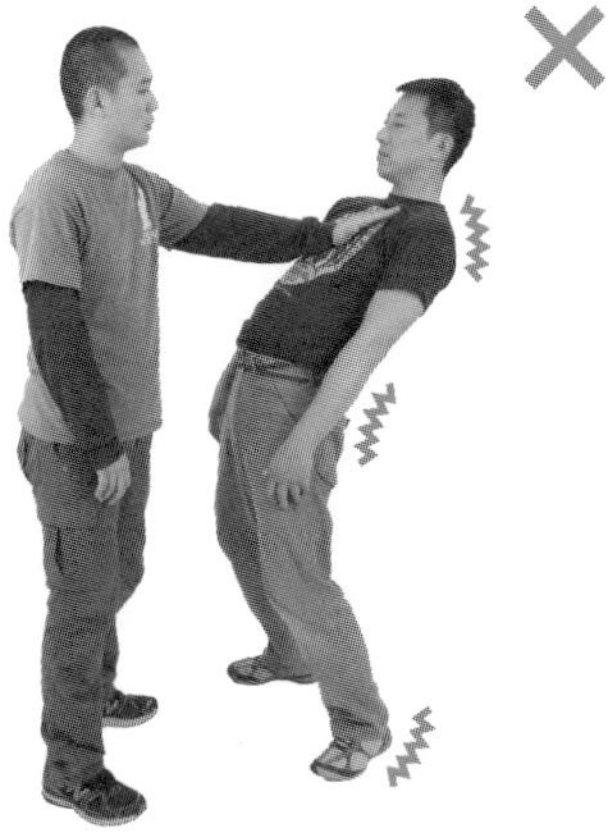

ここではあえて足を動かさないことが重要ですが、踵やつま先、片足を上げるのはOKです。

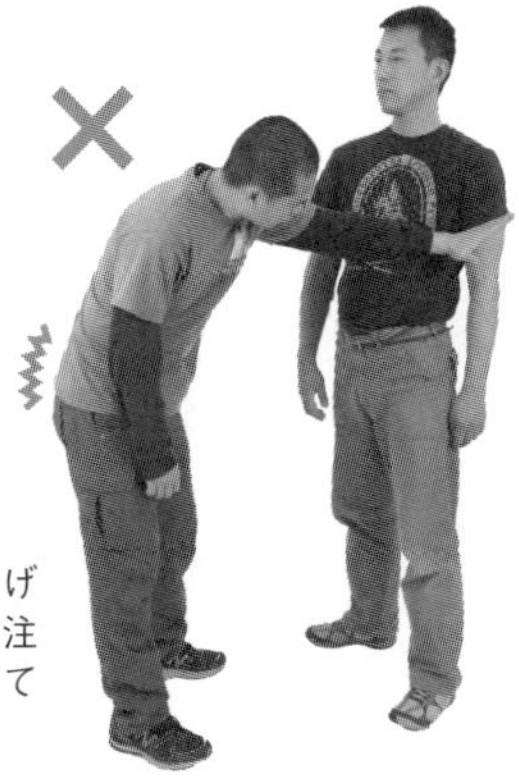

押す側も腰を曲げず、ストライクの注意点を守って行って下さい。

ゆっくり行うことで、力の逃がし方が分かりやすくなります。

❶

❷

❸

身体への衝撃は波紋のように伝わります。この時、身体を緊張させていると衝撃は身体のなかに留まり蓄積されていきます。逆にうまくリラックスができていると衝撃は身体のなかから抜けていきます。

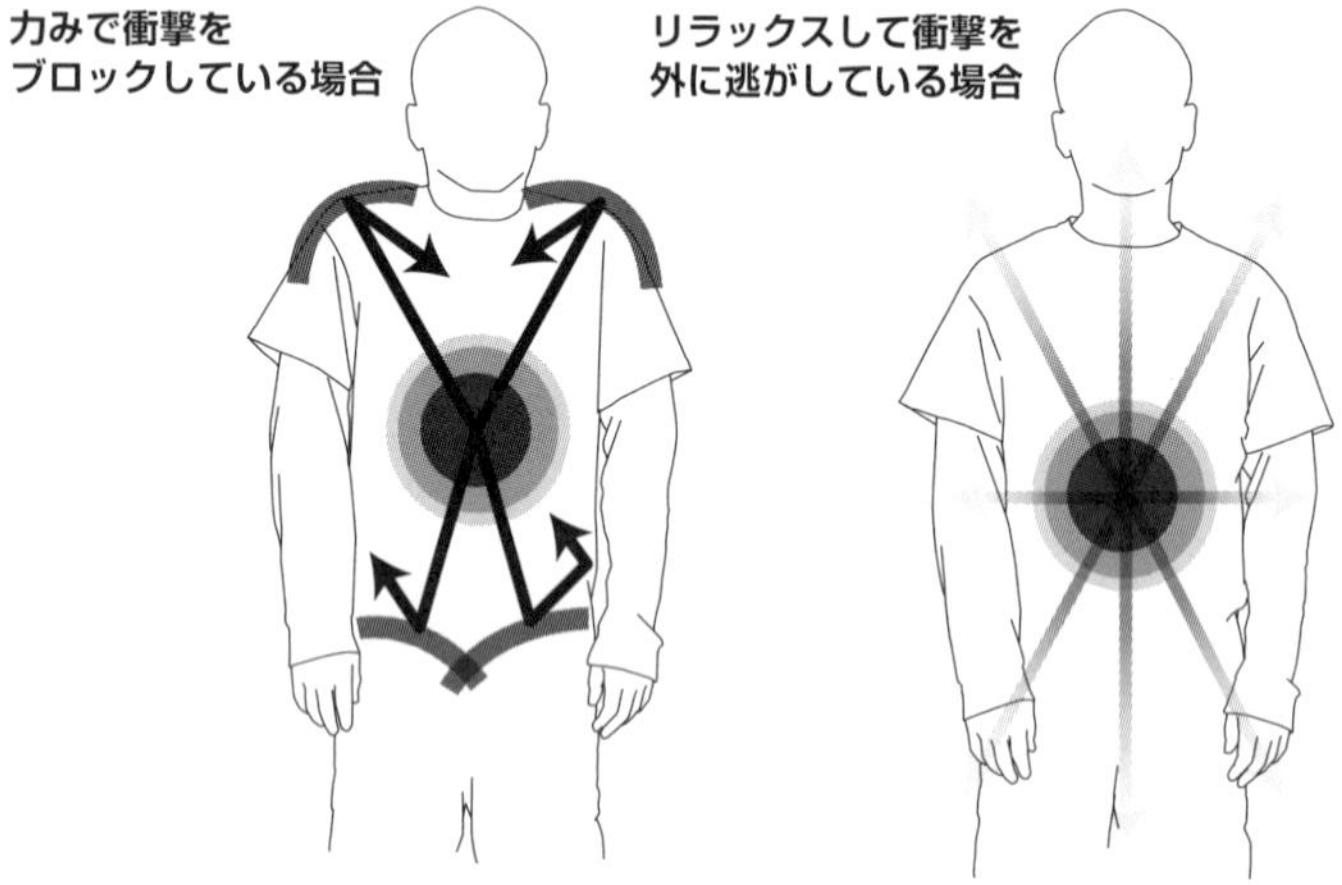
力みで衝撃をブロックしている場合
リラックスして衝撃を外に逃がしている場合

衝撃の分散について

水たまりに小石を投げ入れると広がる波紋。これは遮へい物がなければ必ず円形になります。それはすべての方向に均等に衝撃が伝わっていることを意味します。もし杭や仕切りなどがあれば波紋が反射し、水面の一部に集中したりするでしょう。ストライクを受けた次の瞬間、身体に衝撃が伝わる様もこれによく似ています。すっかりリラックスできていれば、全身へ均等に衝撃が伝わり、外へと抜けていってダメージが残ることはありません。しかし完全にリラックスしきった人間などこの世にいません。みな多かれ少なかれ、力みという遮へい物を抱え込み、衝撃の分散をブロックしてダメージを受けることになってしまうのです。

ここでは身体に打ち込まれた衝撃をどう分散していくのかについて詳しく解説していきます。

●上下と左右

衝撃は波紋のように同心円状に分散します。この同心円は上下と左右という二方向に分割することができます。斜めは上下方向と左右方向の成分が合成されたものと考えるのです。

プッシュ＆ムーブを初めて体験した人がまずやろうとするのが、左右方向への力の分散です。その時に身をよじってしまうため、連続的な攻撃に対応できなくなりますし、血流も妨げられ短時間で体力を消耗してしまいます。その原因は、足腰の踏ん張りにあります。ですから足腰を柔らかく保ち、体幹を捻らないまま左右に力を逃がす感覚を知る必要があります。まずは快適な状態をキープしたまま、身体を左右に回旋（振る）するところから始めてみましょう。

【左右回旋のエクササイズ】

❶力を抜いて立ちます。

❷身体を僅かに横に向けます。背骨を軸として、僅かに回転するイメージです。鼠蹊部がきちんと動いていると腰、肩、顔が同じ方向を向くはずです。

❸鼠蹊部の動きで上半身を回旋させ、反対側に身体を向けます。軸が左右にズレたり、傾いたり、腰が捻れたりしないようにします。慣れてきたら腰が捻れない範囲で少しずつ角度を広げていきます。踵が浮かないよう注意しつつ、膝や足首も柔らかく保ち、上半身の動きに連動するように行います。

背骨が歪むと、両肩と骨盤の両端を結ぶ四角形が崩れてしまいますので、姿勢をチェックする目安にすると良いでしょう。鼠蹊部、膝、足首のすべてを柔らかく保ち、下半身が自由に動けば四角形を崩さずに済むはずです。

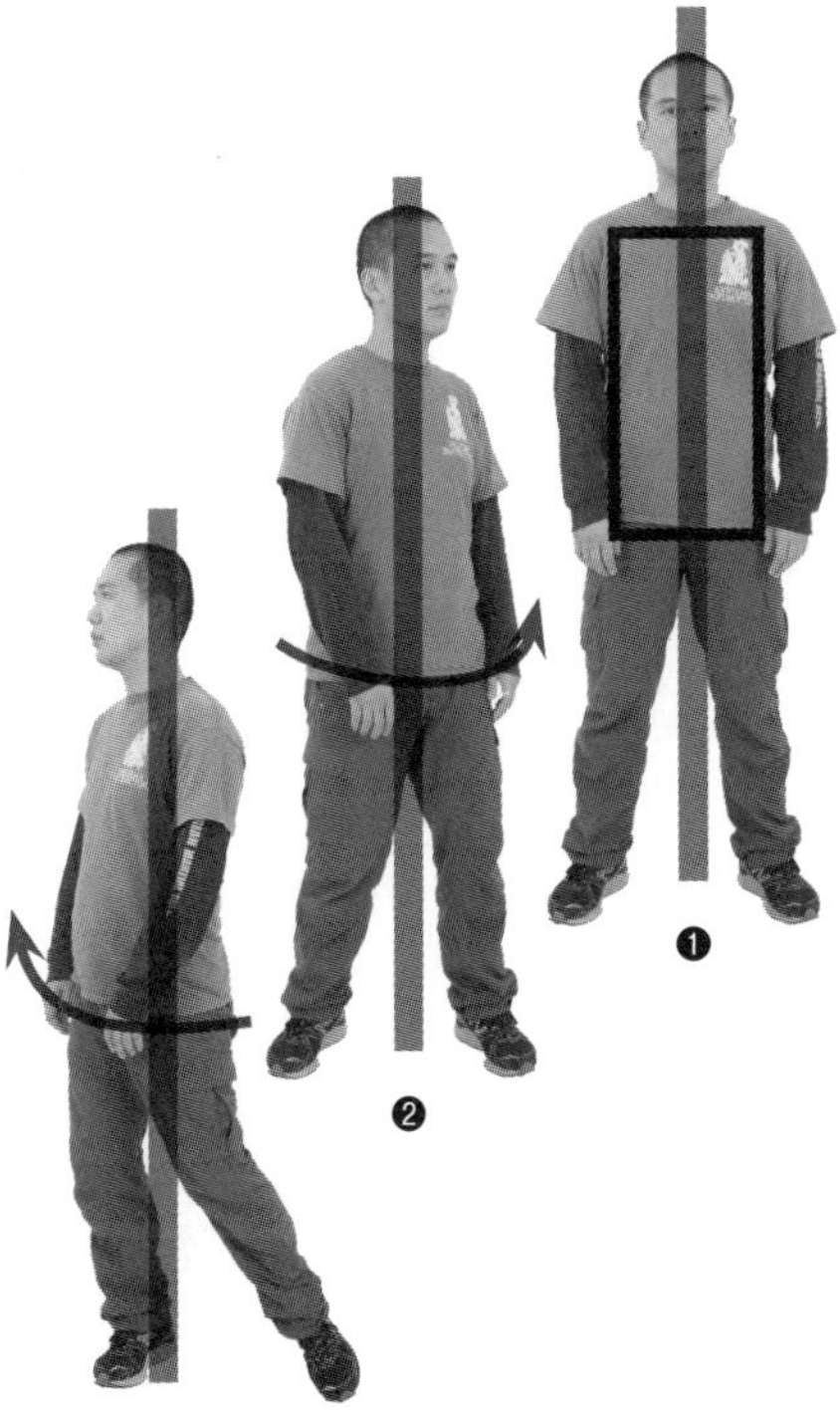

❶ ❷ ❸

●上下への分散

外力は左右と同時に上下方向にも分散します。この処理がおろそかになると外力が左右の二方向に集中し、処理しきれなくなってしまいます。その結果起こるのが、姿勢の崩れです。これを防ぐために欠かせないのは上下方向への分散。このうち、上への分散を妨げる大きな要因は、肩の力みです。縮こまってしまった肩が力をブロックしてしまうのです。これを改善するには、外力を受けた時に肩をリラックスさせるようにします。その感覚を掴むためのエクササイズは次の通りです。

【肩での分散】

❶Bが Aの胸をゆっくりと、真っ直ぐ押します。
❷Aは押されるのに合わせて息を吐きつつ両肩を解すように回します。この時、肩に繋がる胸や背中の筋肉がごっそりと動くくらい、大きく動かすのがポイントです。するとBの手が逸れていきます。この時、Bの手が逸れることよりも、肩の動きによってどのような力の流れが、身体に生じるのかをよく感じるようにして下さい。肩が思うように動かない場合は、前章で紹介した肩を解すエクササイズを試してみると良いでしょう。

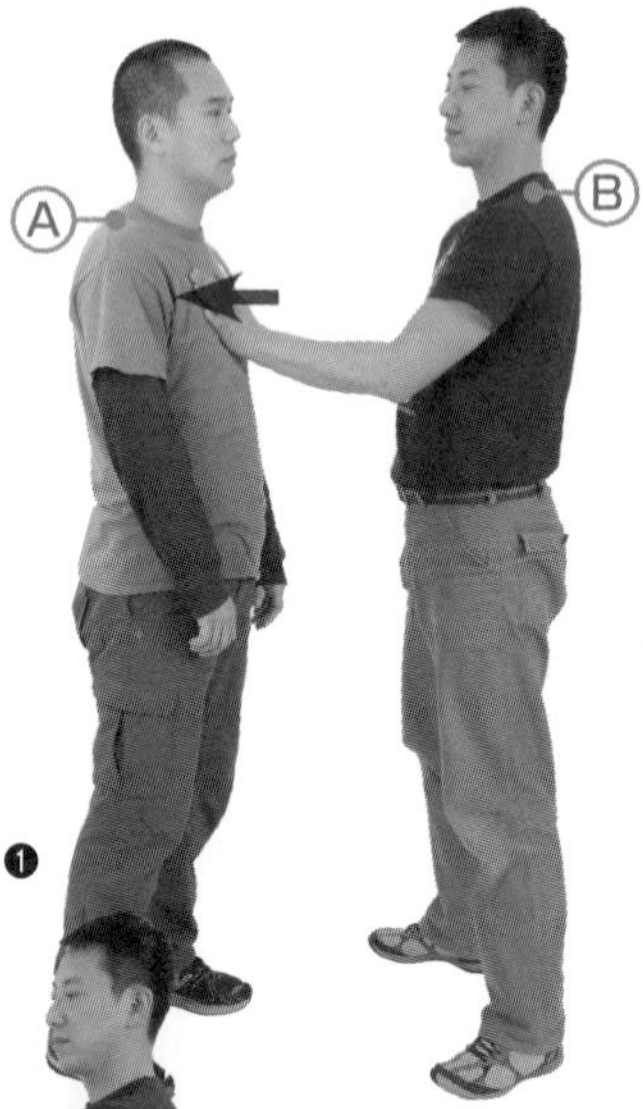

❶

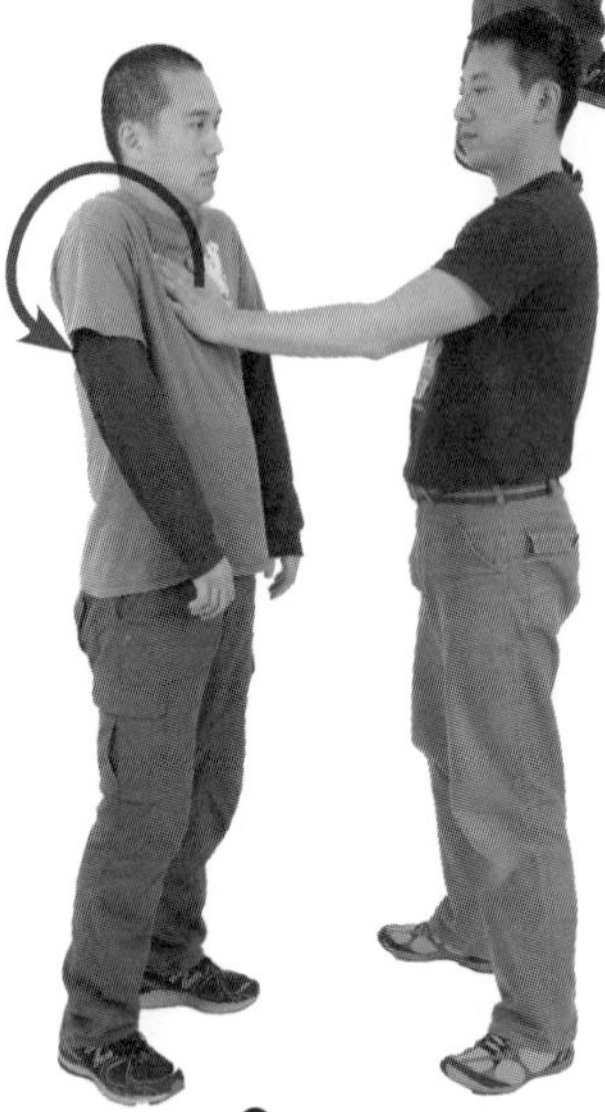
❷

●下方向への分散

上下左右、このうち最も大きな比重を占めるのは、おそらく下方向でしょう。力を下に分散できるかどうかで、プッシュ＆ムーブのレベルが大きく変わってくるのです。これを妨げる最たる原因は下半身。下半身の硬直が分散をブロックしてしまうのです。これを解決するには、身体に加えられた外力が下方へと伝わっていく流れを見いだす必要があります。それを簡単に体感できるエクササイズとして、システママスターの一人、ヴァレンティン・タラノフが紹介していたのが次のエクササイズです。

【下方に分散する感覚を掴む】

❶Ａは力を抜いて立ち、ＢはＡの手を取ります。
❷ＢはＡの手をゆっくりと引っ張ります。Ａは息を吐きつつ、それにあわせて真っ直ぐしゃがみます。この時、ＡはＢに対抗して引っ張り返したり、いなしたりしないで下さい。
❸うまく出来ればＡはバランスを崩すことなく、しゃがめるはずです。Ｂは自分が加えた力が下に流れていくのを感じ取れればベストです。

また、あえて失敗してみることで違いを確かめてみるのも良いでしょう。Ａが踏ん張り、力んで姿勢を崩してしまうと、簡単にバランスを崩してしまうのが分かるかと思います。

【力を下方に逃がす】

❶Aは真っ直ぐに立ちます。Bはその腹部に手をあてがい、Aの中心に向けて真っ直ぐ、ゆっくりとプッシュします。
❷Aは息を吐きながら真っ直ぐしゃがみます。力を逃がそうとして背骨を曲げたり、捻ったりしてしまわないように注意して下さい。
❸うまくいけば、先ほどのエクササイズと同じくAはバランスを崩すことなく、真っ直ぐしゃがむことができるはずです。慣れてきたらBは前後左右のあらゆる方向からプッシュし、Aはしゃがむことで力を下方に流します。

身体に対して水平に加わる力は、足腰のリラックスによって垂直方向の動きに転換させることができます。この原理を使って、今度はプッシュの力を下方に逃がす感覚を掴みます。

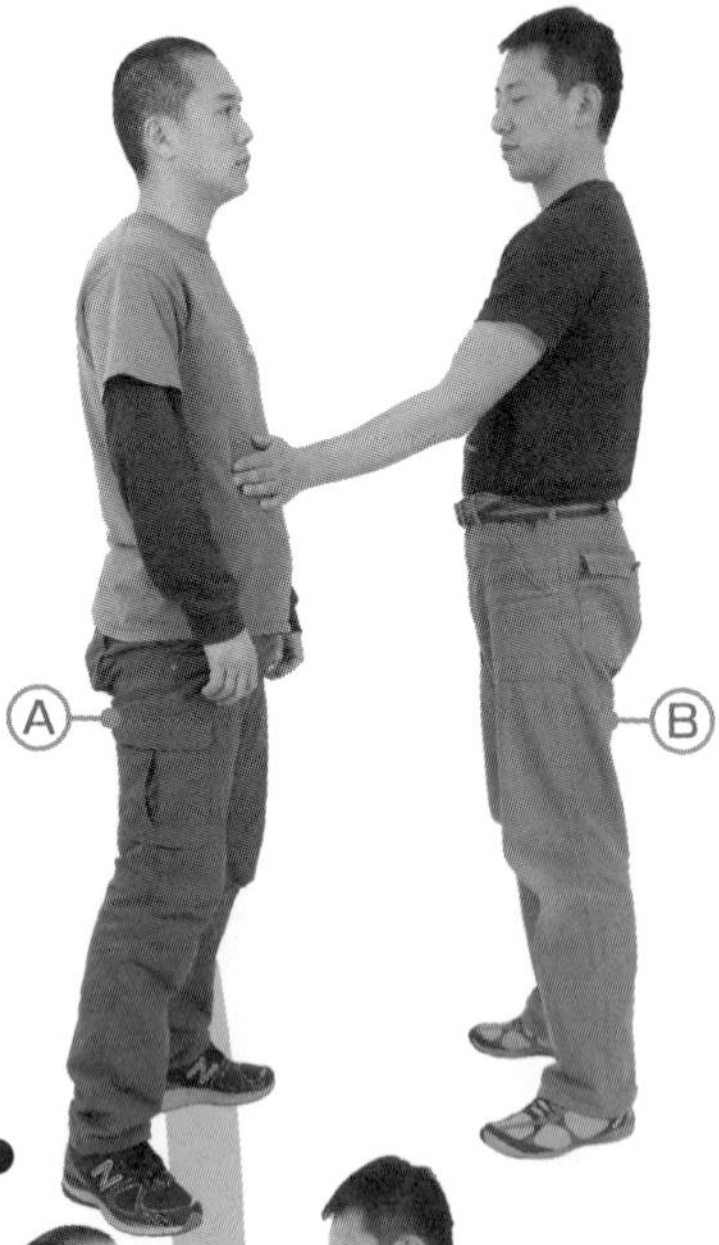

❶

背骨を曲げないように
気をつけて下さい。

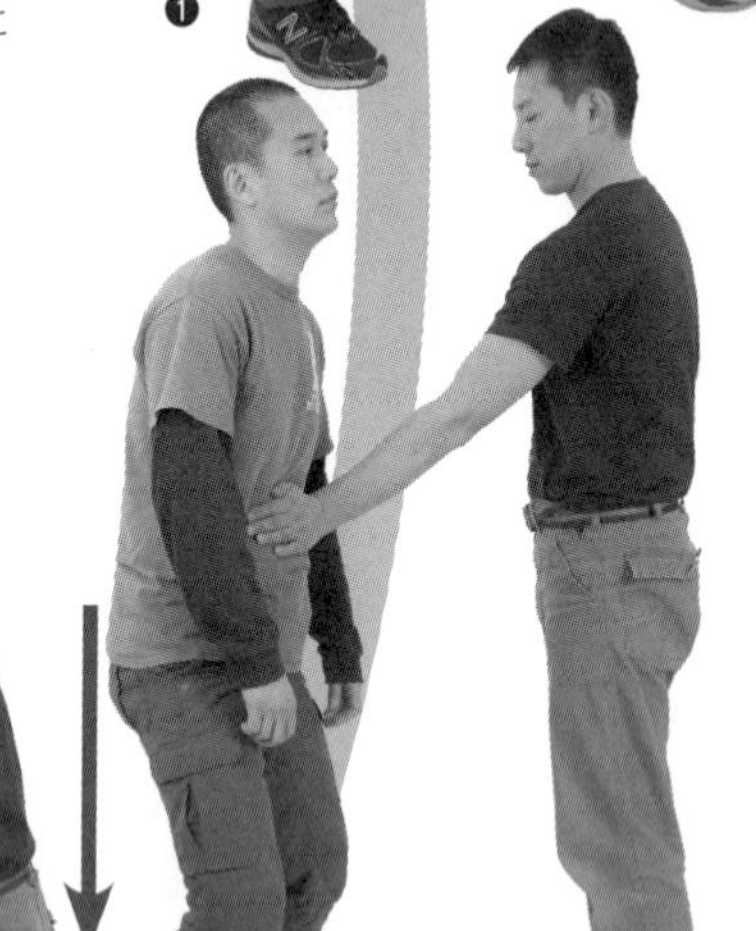

❷

❸

●うまくいかない理由

うまくいかない時は、次のような理由が考えられます。

・鼠蹊部が曲がっていない

鼠蹊部は胴体と足の境界線にあたります。ここがきちんと折れていないと、その分の負荷を背骨が負担することになり、姿勢の崩れと力みが生じてしまいます。特に椅子生活の長い現代人は、ここが伸びきったまま曲がらなくなってしまっていることが多いようです。

これは鼠蹊部を折ることを心がけつつ、入念にスクワットを行うことで改善させていくと良いでしょう。また壁に背を預けてのスクワットは、足腰の柔らかさを取り戻すうえでとても効果的です。

・背骨が曲がってしまっている

背骨を曲げてしまうとその部位に負荷が集中し、姿勢が歪んでしまいます。

そうなってしまう原因はやはり下半身の強ばり。足の踏ん張りによってタイミングが遅れてしまうのです。ですからやはり、下半身を柔らかく保ち、加えられた外力が速やかに下へ流れていくようにします。

ここで紹介しているエクササイズは、第２章の「ストライクの受け方」に登場するテクニックをさらに発展させるものです。力の方向を感じてより丁寧に行うようにして下さい。

●全方向への分散を試みる

こうして左右、上下への分散を確認したら、すべてを踏まえてプッシュ&ムーブを行います。方法はこの章の冒頭で紹介した通りです。なるべくゆっくり、丁寧に行うことで高い練習効果が得られるでしょう。

すると自ずと逃がしやすいプッシュとそうでないプッシュがあるのが分かるはずです。もし逃がしにくいプッシュがあれば、そこには弱点が潜んでいることを意味します。つまりレベルアップの糸口がそこにあるということです。

●足裏を固定したプッシュ&ムーブ

より難易度を高めるためのアイディアとして、足の裏を一切床から離さずに行うのも良いでしょう。踵やつま先を浮かせることなく、足裏全体がべったりと床に貼り付いたような状態を保ったまま、プッシュを受けます。すると足腰全体により細やかに意識が張り巡らされ、それまではなかったような動きを引き出すことができるでしょう。

【バランスの崩れを解消する方法】

❶A、Bは通常通りプッシュ＆ムーブを行います。様々な角度や部位でトライして下さい。
❷もしAがバランスを崩したら、Bはもう一度同じ部位を同じ角度でゆっくりと押します。Aが同じようにバランスを崩しそうになったら、Bはそこで押し込むのを止めます。Aはそのポジションでブリージングを繰り返し、バランスを取り戻せるような動きを模索します。
❸Aがバランスを取り戻したら、Bはまた別の部位をプッシュし、プッシュ＆ムーブを続けます。

ポイントは、バランスが崩れそうになったらすぐに、ブリージングを繰り返すということ。その結果、自ずと快適な動きが生まれるのが理想です。バランスが崩れそうになった時はつい息を詰まらせ、頭で色々と考えて動きを模索してしまうものですが、それではさらなる緊張を作り出してしまいます。手のひらでのプッシュに慣れてきたら、拳やトレーニングナイフを使って同様にプッシュ＆ムーブをしても良いでしょう。

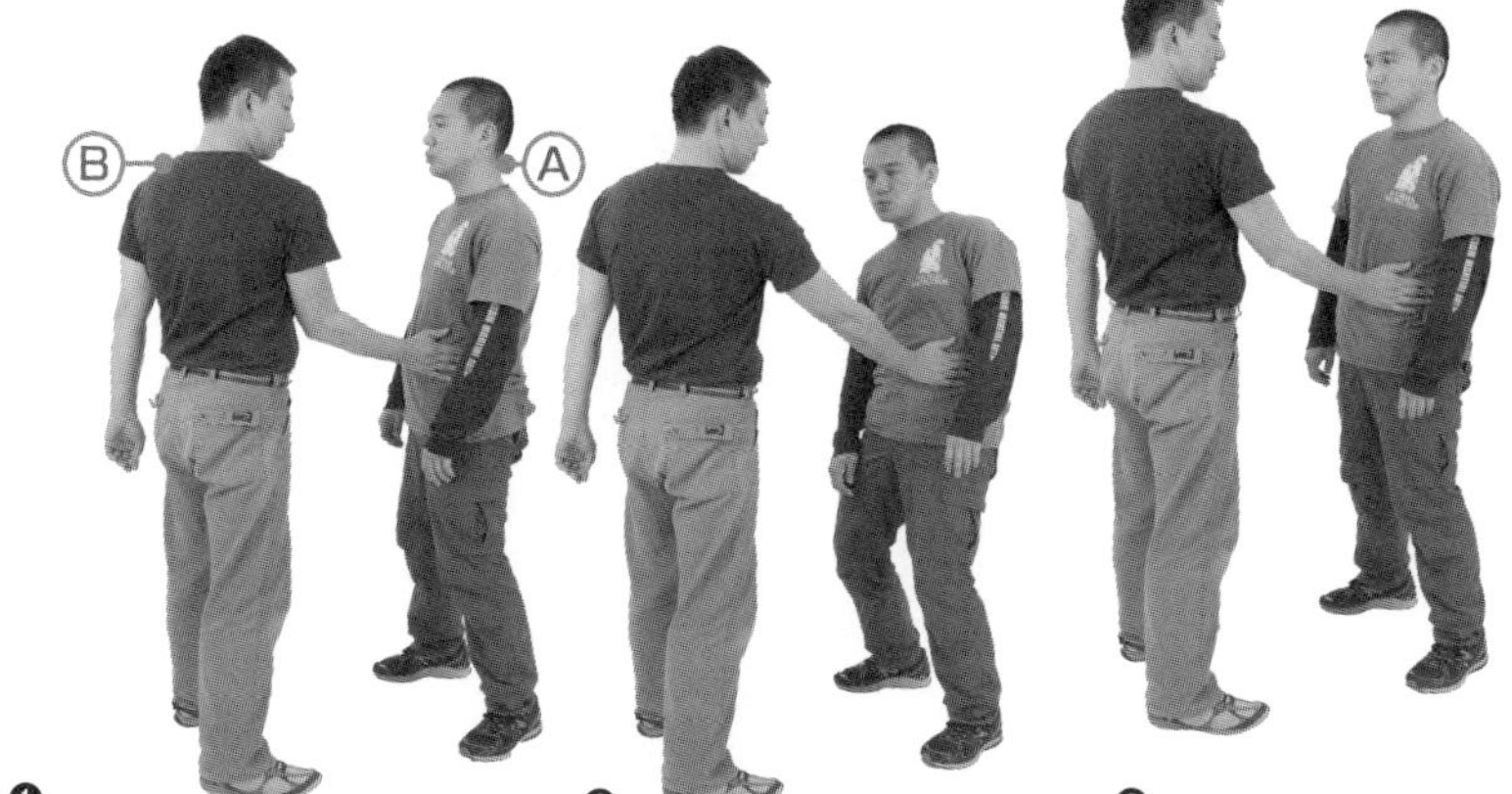

❶ ❷ ❸

【足裏を固定したプッシュ＆ムーブ】

❶～❸つま先や踵の動きも封じ、足裏全体が床に貼り付いたように固定します。その分、より柔らかく股関節、膝、足首を動かさなくてはならなくなります。

❶ ❷ ❸

●プッシュ&ムーブにステップを加える

足を固定した状態でのプッシュ&ムーブに慣れたら、これにステップ=足の動きを加えていきます。ここでの要点は、あくまでも相手からもらった力を用いて、ステップをするということ。相手のプッシュから足の動きまでが一繋がりの一動作になるように行います。

【ステップを加えてのプッシュ&ムーブ】

❶BはAをプッシュします。
❷AはBからもらった動き（プッシュ）を用いて、1歩歩きます。この時、動作の起点となるのはBが接触した部位です。そこからの力が足に伝わるのを感じ、それによって移動するようにして下さい。
❸Bは再びAをプッシュし、Aはその力を用いて動きます。これを繰り返します。

ここで大事なポイントは次の通りです。

ポイント

・動きの起点となるのは、プッシュの接触面です。そのため足は最後に動くことになります。プッシュから足が動くまでのタイムラグは、上達するにつれて自ずと縮まっていきます。

・姿勢が崩れないように気をつけます。ここで目安になるのは、両肩と腰を結ぶ四角形。これがなるべく崩れないようにし、たとえ崩れてもブリージングによってすぐ立て直すようにしましょう。

・重心をどちらか一方の足に偏らせるようにします。両足に均等に体重が乗っていると、足が居着いてバランスを崩す原因となります。片方の足を常に浮かせておくのも良いでしょう。

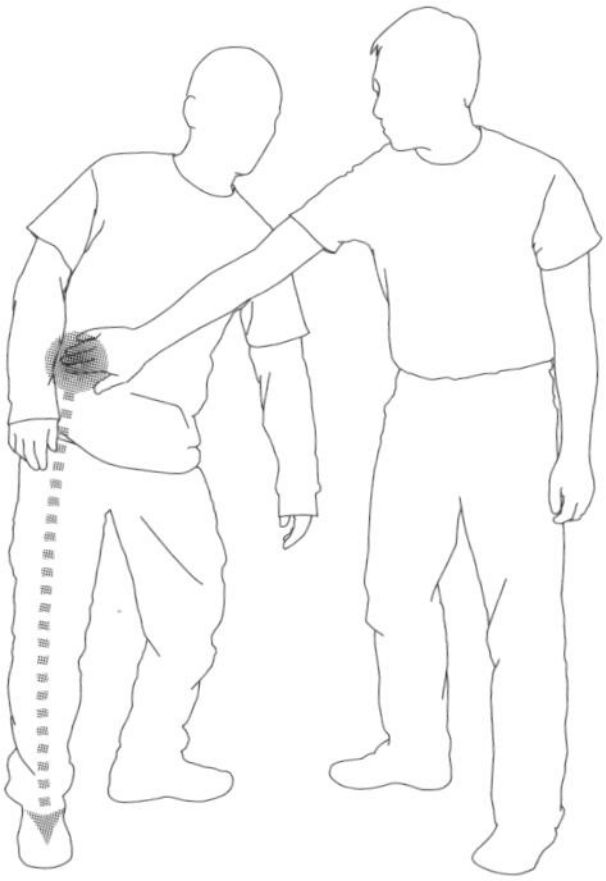

プッシュの接触面から足に伝わる力をよく感じます。

両肩、腰を結ぶ四角形を崩さないようにしましょう。

片足を浮かせて重心を偏らせるのも良いでしょう。

足腰の柔らかさを引き出すため、中腰やしゃがんだ姿勢でプッシュ＆ムーブを行うのも効果的です。慣れないうちはフィジカル的にかなりきついのですが、足腰が解れるにつれて楽にできるようになってきます。

中腰やしゃがんでのプッシュ＆ムーブも行ってみて下さい。

●考え始めたら、すぐブリージングを

プッシュ＆ムーブで最も行ってしまいがちなミスとして、「動く方向を考えてしまう」ことがあります。パートナーがどのようにプッシュするかを感じ、どう動くべきかを頭のなかで考えてから、行動をスタートしてしまうのです。これだと「考える」というプロセスが入る分だけテンポが遅れます。ストライクという瞬間的な接触においては、僅かな遅れがダメージを増大させてしまいますし、ナイフが相手であれば大怪我に繋がることでしょう。ヴラディミア・ヴァシリエフは「脳の役目は身体で起きていることを認識し、分析すること」と、教えています。つまり極力、身体を動かす指令を脳から発しないように努めるのです。

例えばのれんは「のれんに腕押し」と言われるくらい柔らかく動きをいなしますが、決して考えて動いているわけではありません。力が抜けてさえいれば、外力が加わった時に自然に身体が動くのです。ですから脳の仕事は、その動きを認識しつつも、ブレーキをかけないようにすること。全身の力が均等に抜けていれば、外力は全身に散るため、姿勢やバランスが崩れることもないはずなのです。

しかし、それはあくまでも理想の話です。現実的には全身に力みが生まれ、外力をブロックしてバランスを崩してしまいます。そのため、外力を頼りに自らの強ばりを探し、見つけ次第すぐにブリージングをするようにします。そして強ばりが解けた際に生じる動きを認識し、それに従い続けるようにするのです。こうして力みが解けた瞬間、自分でも思いもよらなかった動きが生まれるのが、プッシュ＆ムーブの醍醐味と言えるかもしれません。

●プッシュ＆ムーブ＋ポジショニング

次のエクササイズでは、マーシャルアーツ的にきわめて大事な要素が加わります。それは相手との位置関係です。一瞬の攻防においては、ほんの1センチ立ち位置が違うだけで命運が左右されると言っても過言ではありません。それほど重大な意味合いを持つにも関わらず、ついついおろそかにしてしまいがちなのがポジショニングです。人の身体は二本足で立つバランスを最優先にしていきます。そのため目先の安定を求めて、戦略的に無意味な場所に足を置いてしまうのです。これを改善するには、適切な位置関係を知ることと、バランス感覚の向上が必要です。それもまたプッシュ＆ムーブによって養うことが可能です。

【位置関係をキープするプッシュ&ムーブ】

❶Aは拳を前方に向けるようにして立ちます。
❷BはAをプッシュします。Aは押された力を用いて、Bに向けて1歩踏み出します。この時、Bの側面もしくは後方から、Bを自分の両拳の間に挟むような位置関係になるようにします。
❸そのまま適切な位置へ移動します。この時、バタバタと何歩も歩いてしまうのは禁物です。バランスを崩しそうになったらブリージングをして、姿勢を立て直すようにしましょう。慣れてきたら実際に拳が触れる位置に行くようにします。

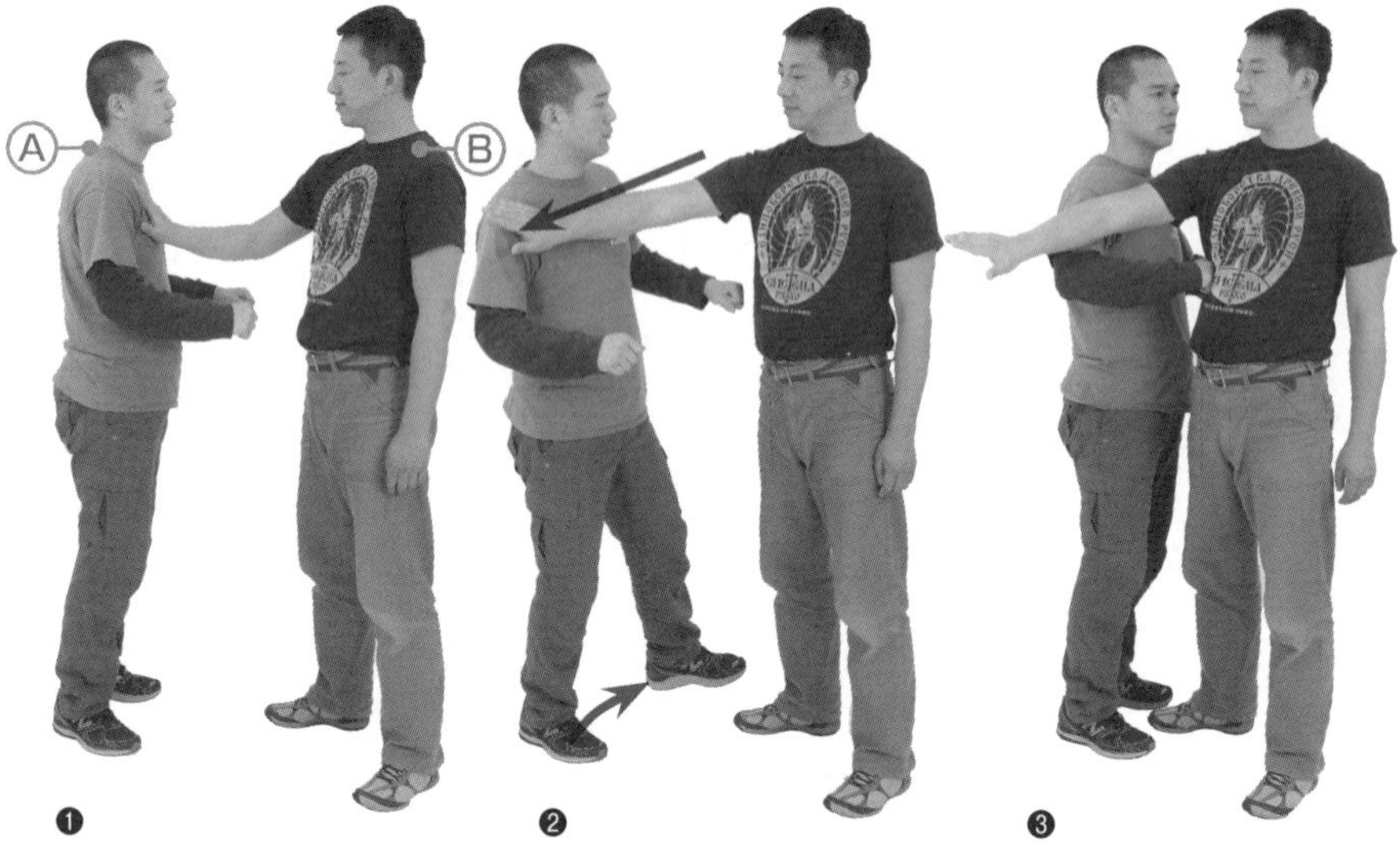

❶ ❷ ❸

ポイントは力の吸収と位置取りの二つの作業を同時に行うこと。二つの要素が同時に行われることで、相手に動きを読まれにくくなります。ですから、動きを吸収してから相手に向けて移動するといったように動きを二つに分けてしまわないようにします。踏み出した際、つい反射的に足を置きたくなるのをブリージングでこらえ、適切な位置に足を置くようにして下さい。

❶ ❷ ❸

“相手のプッシュを吸収して→動く”と分けないようにして下さい。

●位置関係は「距離」と「角度」

ここで言う適切な位置とは、「相手の攻撃が当たらず、なおかつ自分が相手をコントロールしやすい位置」のこと。これは「距離」と「角度」の二つに分けて考えることができます。側面に回り込めば攻撃を受ける危険が減りますし、後に回ればさらに危険は減るでしょう。しかし、相手を避けようとして距離を取りすぎてしまうとこちらの攻撃が当たらず、なおかつ相手に再び攻撃を仕掛ける余裕を与えてしまうことになります。

また、どれだけ安全な位置を取ったとしても、接近している以上、攻撃を受ける可能性がゼロになるわけではありません。それに相手の動きによって適切な位置は常に動き続けています。ですから状況の変化に対応できるよう、相手に接近した後もリラックスした、動きやすい状態を保ち続けなくてはいけません。この間合いは他の打撃系格闘技に比べると近い印象がありますが、これは相手に自分の動きを悟らせないためでもあります。接近することで身体の多くの部分が相手の死角に入り、目で見て反応することが困難になるのです。このためには相手に警戒させず、気づかれることなく接近する必要があります。それが身体の力を抜き、全身を意識することで複数の動作を同時に行うということなのです。次のエクササイズでは「吸収」と「移動」にさらにもう一つ「攻撃」の要素を加えます。エクササイズ自体は先ほどのものとほぼ同じ。ただ構えた拳で相手に触れるようにします。

【ポジショニング＋反撃】

❶Ａは拳を前方に向けるようにして立ちます。
❷ＢはＡをプッシュします。Ａは押された力を用いて、１歩でＢの側面ないし背面に移動し、拳をＢにタッチします。
❸Ｂは向きを変えて再びＡをプッシュします。
❹Ａは前と同様にプッシュの力を用いて、適切な位置へと１歩で移動し、拳を当てます。

この時、腕を伸ばして拳を当てるのではなく、拳が当たる位置に自分が移動するように心がけて下さい。こうして「回避」「移動」「反撃」の三つを、相手の動きと同時に行えば、四つの要素が同時進行することになります。さらに移動した先が相手の死角であれば、行動の予測がさらに困難になるでしょう。それは死角から不意に現れる「ステルスストライク（見えないストライク）」にも繋がります。

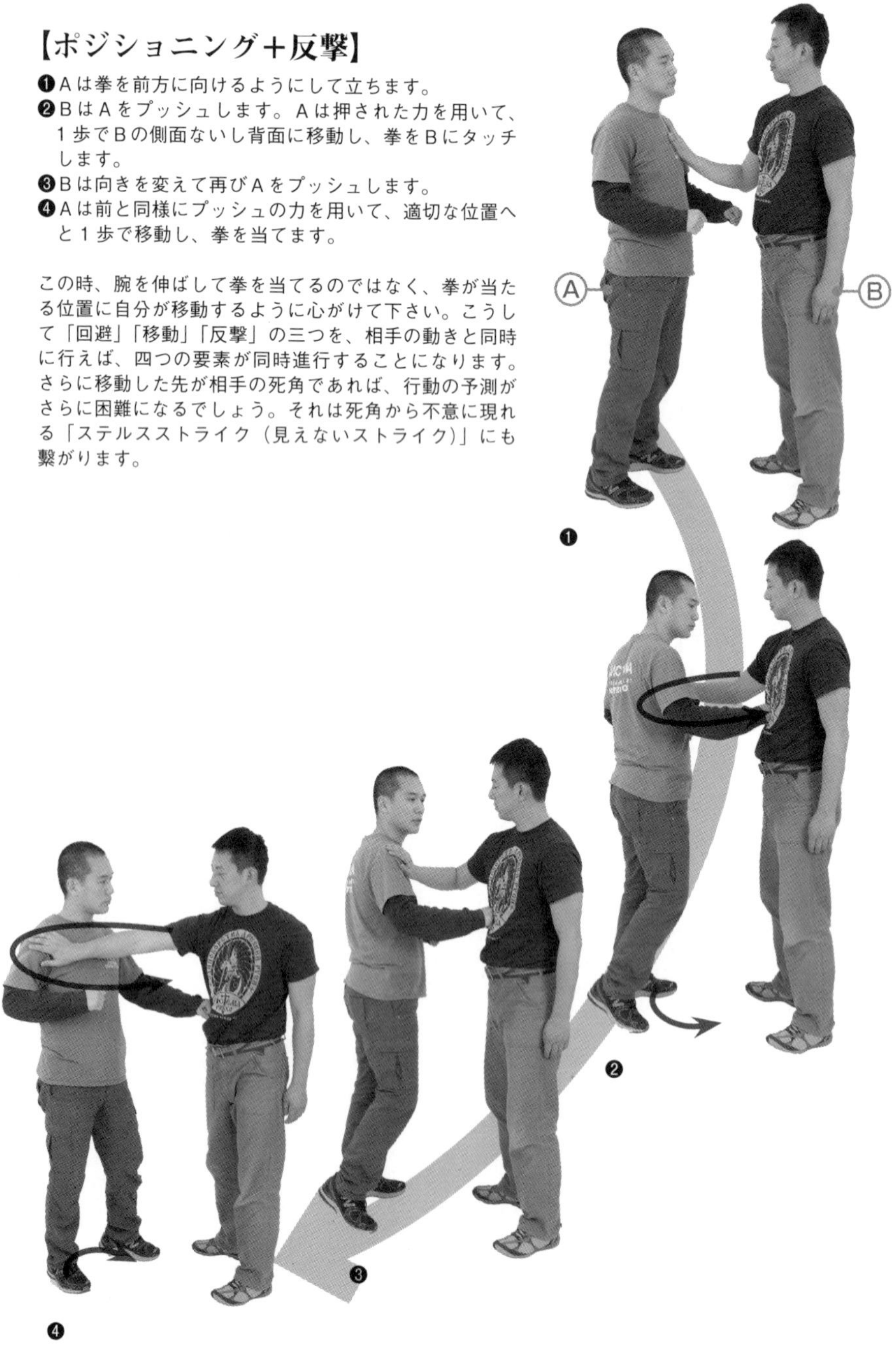

外力を拳に流す

前のエクササイズで行ったのは、相手の力を用いて当たる位置まで拳を移動させる方法です。この拳に力を与えるためにも、相手の力を最大限活用することになります。そのために必要なのは、相手との接触面から拳への力の流れを見いだしていかなくてはいけません。

その感覚を掴むエクササイズとして、次のようなものがあります。

【力を握り込む】

❶Aは力を抜いて立ちます。
❷BはAの肩に拳を落とします。この時、Aは衝撃が肩から手へと伝わるのを感じます。これを何度か繰り返したら、Aは手に衝撃が伝わってきた瞬間、その衝撃をキャッチするように軽く拳を握ります。両方の腕で行って下さい。

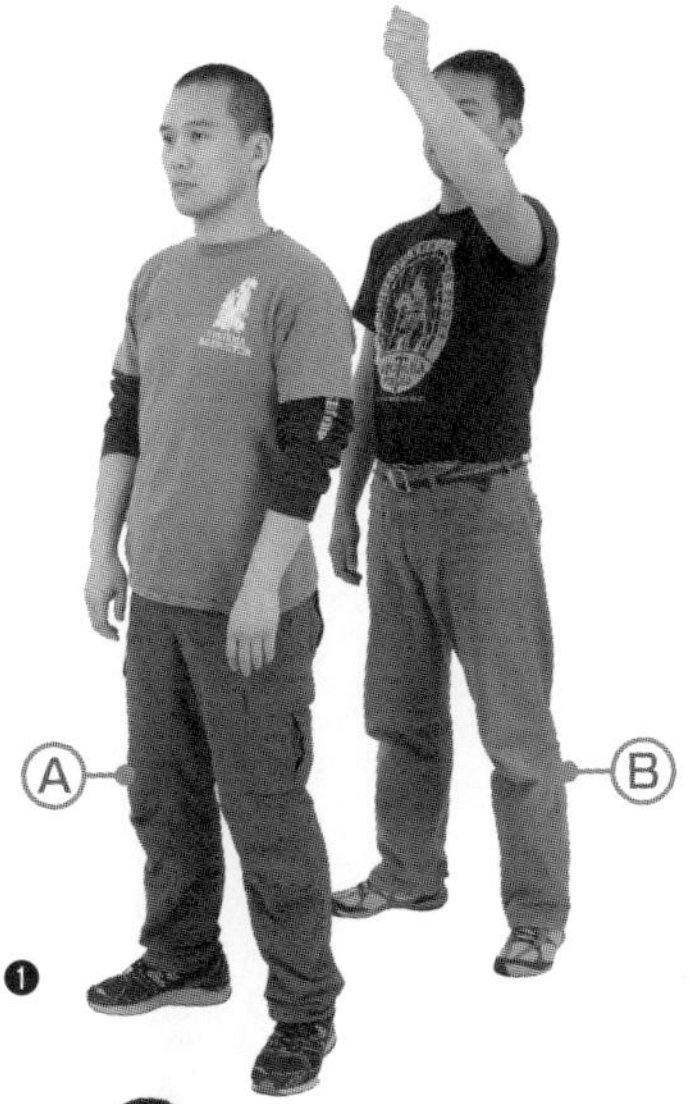

❶

❷

【プッシュ＆ムーブで力を握り込む】

❶Aは力を抜いて立ちます。BはAをプッシュします。Aは通常のプッシュ＆ムーブの要領で力を分散させますが、この時、手に伝わってくる力を感じるようにします。
❷手に伝わる力が感じられたら、Aはその力を握り込むようにします。
❸これに慣れたら、Aは力を握り込むと同時に拳を相手に向けるようにします。最初は立ち位置を固定したまま行います。
❹さらに慣れてきたら、足の動きを加えると良いでしょう。BはAの身体の様々な部位を色々な角度でプッシュするようにします。こうして相手の力を手に伝える感覚を掴んだら、いよいよ相手にその力を返します。

【プッシュ&ムーブのラリー】

❶ＢがＡをプッシュします。
❷ＡはＢからの力が手に伝わるのを感じ、その力を用いてＢをプッシュします。これを交互に繰り返します。やはりお互いに立ち位置を変えないように注意して下さい。
❸〜❹慣れてきたら、拳で同様に行います。この時、手をダランと垂らすことなく、始めから手を相手に向けておくと良いでしょう。

このエクササイズではつい、相手のプッシュに対して反射的に押し返してしまいがちです。しかしそれではラリーが成立しませんので、スピードをセーブし、力の流れを丁寧に感じながら行うようにしましょう。

手のひらや拳でのプッシュに慣れてきたら、ストライクでも同様に行います。パンチを受けるという精神的なストレスや痛みが加わる分だけ難易度が上がりますが、注意点はまったく同様です。キャッチボールを楽しむようなつもりで取り組むと良いでしょう。

足を開いて行います。

横に並んで行います。

●プッシュ&ムーブのバリエーション

プッシュ&ムーブには他にも様々なバリエーションがありますので、ぜひ試してみて下さい。

・二人が横に並び、お互いにプッシュ&ムーブや開脚してのプッシュ&ムーブ……　足の動きが封じられる分、力を逃がしにくくなります。

・三人以上でお互いに押し合うプッシュ&ムーブなど……　こうしたエクササイズを続けていくうちに、自分が受け取った力を別の人にパスしていくなど、様々な力の流れが生まれてきます。

その他にも工夫次第で色々な方法がありますので試してみて下さい。

●技術の根源としてのプッシュ&ムーブ

システマを学ぶ人のなかには、仕事の都合で通常のクラスに出られない人もいます。こうした人たちからプライベートクラスを頼まれることがあるのですが、そのなかの一人が私にこうリクエストして来ました。「私は不器用でたくさんのテクニックを覚えきれそうにありません。だから大事なことを絞ってそれだけを深めさせて下さい」。そこで二時間ひたすらプッシュ&ムーブばかりのクラスを一ヶ月ほど続けたところ、その人は長足の進歩を遂げてしまったのです。

システマのクラスには、その国の文化やインストラクターの個性などが色濃く反映されます。また創始者であるミカエルが今なお進化を遂げていることから、練習内容も大きく変化し続けています。そのスピードはミカエルが自ら「五年も本部に来なければあまりに練習内容が変わっていて、まったくついて来られないだろう」と語るほど。しかし、プッシュ&ムーブはこうした変化のなかでも変わることなく、常に重視される数少ないエクササイズの一つです。それはやはり、このエクササイズが普遍的な価値を持つからに他なりません。システマを続けていくうえで、徹底的に突き詰めていきたいエクササイズと言えます。

３人以上で行います。

マスターズ・ヴォイス

「ストライクの意義」

answered / コンスタンチン・コマロフ

Q. 銃撃戦など戦闘の最前線での経験を多数お持ちのあなたにとって、ストライクのトレーニングはどのような位置づけなのでしょうか？

A. 私が言える意見としては、システマはワーク一つ一つに、非常に深くて強いテーマが存在しています。システマ自体で考えれば、ストライクを扱うワークは、最も大きな部分を占めているわけではありません。実際には、ストライクの技術がなくともシステマのワークを行うことが可能だからです。ストライクで大事なのは正しい場所に拳を向けることと、相手の身体に正しい角度で手を当てることです。相手の身体の状態を壊してしまうことが大切なのです。ただ力任せに人を殴ってはいけません。反対に自分にストライクが向かって来る際に正しい動きを習得できていれば、身体の状態や動きを乱そうとして繰り出されるストライクは、単に姿勢を乱すだけのものでしかないのです。

私はシステマの基礎部分を習得するための五つの段階について教えています。ストライクはその四番目になりますが、それにはきちんとした理由があります。

この五つの段階はピラミッド状です。一番下にある基礎の部分が一番目のステップ。ここではリラクゼーションやブリージングなど、自らの身体をどう認識し、どのような状態が適切であるかを学びます。それを理解したうえで少しずつ身体を動かし、立ち上がり、腕の使い方を学んだ先にストライクや、道具を扱うワークが出てきます。この順序には意味があるのです。

Q. そのピラミッドの頂点には道具（武器）を使ったワークがありますね。つまりストライクとは、道具を

扱うための準備でもある、ということですか？

A. 大きく考えればそう言えます。ナイフを使った場面と拳を使った場面では、動きはまったく同じだからです。実際にその動きは一致します。スティックを使って攻撃をする際にも、拳でストライクを打つ際にも、動きのダイナミクスは実質的には同一のものなのです。

面白いことにシステマにおいて、一つ一つの道具を使えるようにするために、個別のテクニックを学ぶ必要がありません。例えば道具を手に取るとしましょう。どのような道具でも構いません。それで自分の身体と道具を一体化させようとします。身体のダイナミクスと道具のダイナミクスを一致させるのです。それから自分の精神状態とも一致させます。ただそれだけです。道具を扱うにあたっての、特別な方法論はありません。自分の身体に道具が加わった際に、体勢をどう持ち直すかということなのです。どんな道具であっても変わりありません。サーベルでも短剣でも同じです。ミカエルが物を扱っているビデオなどを見てみるのも良いでしょう。例えば日本でのセミナーでミカエルは、刀を使った動きを披露しましたね？　刀を手にした彼は重さを感じたり、自分との繋がりを感じたりなど、しばらく感触を試していたと思います。その後「繋がったな」と判断したら、すぐに使い始めました。初めて触れる日本刀であっても関係ありません。もうあたかも自分のもののように使えるのです。

Q. 一部の人たちはシステマのストライクに対してロマンというか、現実離れした幻想のようなものを抱いているように思います。そうした観念に陥ることなく、実生活に活かせるようなストライクのトレーニングを行うために、何かアドバイスがありますか？

A. ストライクとは、恐怖を取り除き、精神状態を確立するために重要なものです。ストライクを上手に打てる、打てないは中心的な問題ではありません。ストライクを用いることで、恐怖にとらわれてしまった精神状態を自由に立て直せるようにするのです。

また距離感の問題もあります。動きとは、体勢を作るためのものです。適切な距離感を保ち、目標とする箇所に向けて肩と腕をどう動かしたら良いのかを観察するのです。常に肩と腕はリラックスできていなくてはいけません。そのうえでようやくストライクを打つことができるのです。すべてこの順番で行っていきます。何事も、前段階が不十分なままでは理想形に近づくことはできないのです。

Q．ミカエルの第一印象を教えて下さい。

A．はっきり覚えていませんが、初めて会ったのは1997年か1998年頃でした。

ある時私がトレーニングルームに行くと、今日はスペシャリストが教えてくれるらしい、と聞かされたのです。私は辺りを見まわして、一体誰がそのスペシャリストなんだろう、と探したのですが見分けがつきませんでした。そのくらい、ミカエルは「普通」だったのです。

それでも最初のトレーニングで、私はそこそこ良い動きができていたのでしょう。ミカエルは私をトレーニングの相手に選びましたが、15分後、私は床に肩を打ち付け、その後三ヶ月間は腕が思うように動きませんでした。でもその後、彼とは技術的な話もする間柄になり、良い関係を築くことができました。

当時、行われていた私たちのトレーニングは、ストライクに多くの時間が割かれていました。そこでミカエルはことあるごとにストライクの耐え方について教えてくれました。しかし打ち方の見本を見せることはほとんどなかったのです。

ある日、行われていたミカエルのクラスでのことです。その時、ミカエルは生徒たちを一列に並ばせて、一人ずつ順番にストライクを打っていたのですが、携帯電話に電話がかかってきたのです。それがちょうど、私の前の人を叩いていた時です。この人はとても大柄で頑丈な人だったのですが、電話に集中していたミカエルは、次の私に対してもうっかり前の人と同じようにパンチを打ち込んで来たのです。

その途端、私の目の前は真っ白になりました。気づいた時には、部屋の隅で寝かされていたのです。その件があってからストライクへの恐怖心が抜けず、一年くらい、ストライクに関わらない時期がありました。受ける重要性は知りつつも、二度と試したくないという気持ちが勝ってしまうのです。何度も何度も説得されましたし、〝嫌だけれどもやらなければならない〟

と、自分を説得したりもしました。

Q．その恐怖心を克服できたのですか？

A．ストライク自体は怖いですよ。見知らぬ人が殴り

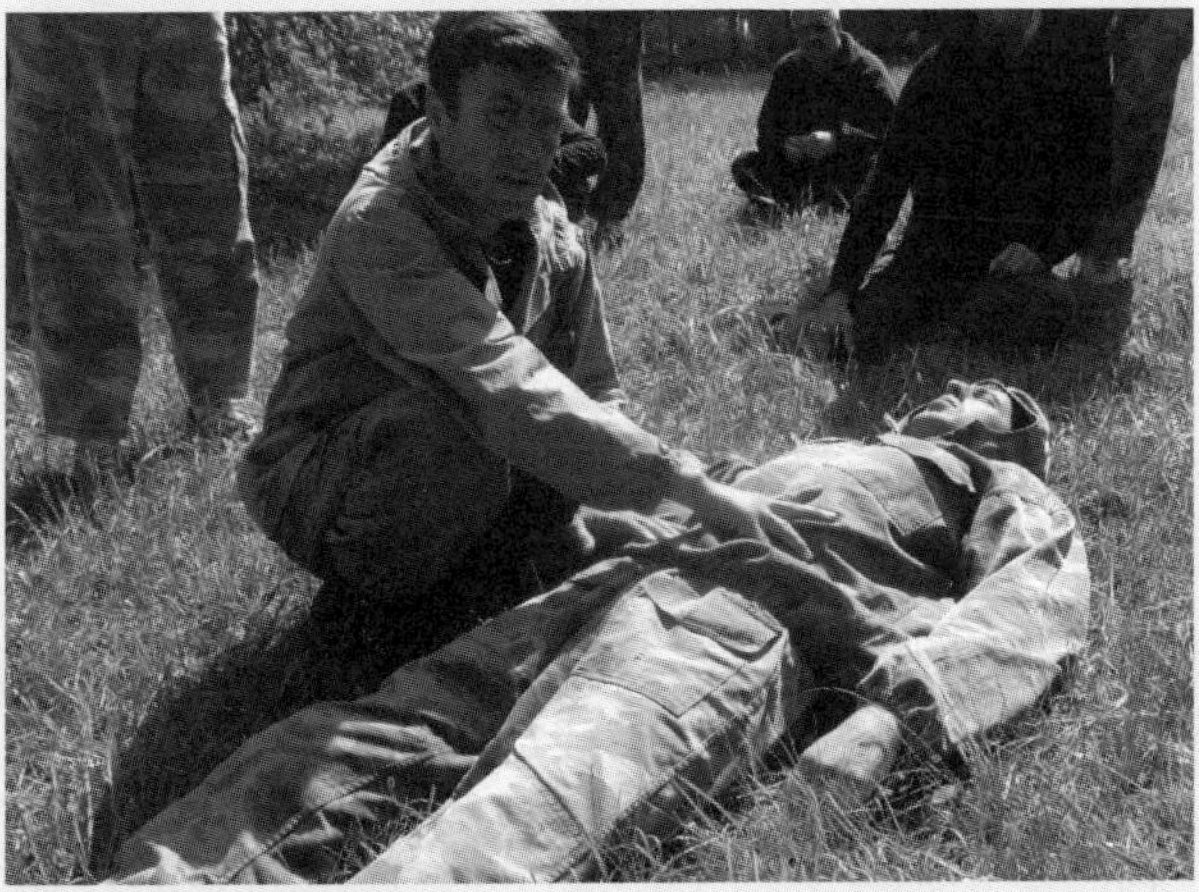

野外で指導を行うコンスタンチン。

掛かってくるような場面は、誰にとっても常に怖いはずです。けれどもミカエルよりも強い人間はいないと、自分に言い聞かせています。そのような人がいるとは聞いたことはありませんし、あの時以上のことがあるとは思えないのです。

武道や格闘技など、色々な技術を持った人のストライクをこれまでに何度も受けました。でもミカエルほど痛く、深くはありません。ヴラディミア・ヴァシリエフも凄まじいストライクを打ちます。この二人と他の人たちは雲泥の差で、近いレベルのストライクを打てる人を私はまだ見たことがありません。だから今でもストライクを受けるのは嫌いですが、怖いと思ったこともありません。あまり肯定的な気分でストライクにアプローチするのは好きではありませんが、今言ったような意味では恐怖心はなくなっています。

Q．軍隊や警察での指導と一般人向けの指導ではどのような点で異なりますか？

A．軍隊や警察に関しては、あまり長い時間をトレーニングに割くことはできません。そのため彼らは、シ

ンプルなテクニックを短時間で習得することを求めます。そのため教えられるのはシステマのごく一部です。その部分だけできるようになりますが、それ以上のことはできるようにはなりません。

具体的には、例えば警官が路上でどのように行動し、システマによって身の安全を確保すべきかといった事柄です。あとは人ごみのなかでのあるべき行動とか。

もちろん射撃のような軍隊らしいことも行いますし、グラウンドワークなどのフィジカルトレーニングも行います。すべて、サバイブのためのスキルですね。

もう一つ大事なのは万が一事故に遭った時にどう対応するかといった精神面でのトレーニングです。そのためにかなりの負荷を与えることもあります。

それとやはり軍で重要になるのは、回復の方法です。怪我や事故によるトラウマや後遺症からいかにして回復するか。ここに重点を置いた指導をしています。

（2013年10月香港にて）

©Benoit Caire

コンスタンチン・コマロフ
Konstantin Komarov
ロシア連邦軍参謀本部情報総局とロシア内務省の両方の特殊部隊に在籍。武装犯罪や人質救出作戦などに携わり、対テロ戦術の作成にも関わる。現在は退役将校としてロシア軍や特殊部隊の指導とシステマの指導を行っている。心理学の博士号を持ち、恐怖心のコントロールや森林、深夜、水中でのサバイバルに向けた独特のトレーニング法が高く評価されている。

第5章

“いつ、どこに当てるのか？”
相手の動きを止めるストライク

「あなたがどのようにコントロールしているのか、誰にも悟らせないようなやり方で、状況をコントロールして下さい」

by ヴラディミア・ヴァシリエフ

「一番肝心なのは観察です。落ち着いて観察に集中して下さい。襲う側が肉体的な暴力を見せたら直ちにやめさせましょう。いけないことをしている子供と同じです。悪意はないのです。ただ小さくて分かっていないのです」

by コンスタンチン・コマロフ

〝フィストウォーク〟で打つ部位とタイミングを学ぶ

ストライクは当て方によって効果が大きく異なります。同じ重さのストライクであっても、当てる部位や角度、タイミングによってまったく異なる結果をもたらすのです。では、どんな当て方がベストなのか。きわめてシビアな要素ですが、局面は常に急速な勢いで変化し続けています。そのなかでいちいち位置や角度を計算したり、狙いを定めたりするわけにはいかないでしょう。効果的な当て方を動きのなかで瞬時に見いだす。こうしたことを可能にするためのエクササイズが、本章で扱う〝フィスト（拳）ウォーク〟です。どんなストライクをどのタイミングで打てば良いのか。それを頭でなく、身体で見いだすエクササイズと言えます。

セミナーで何気なく常に的確なストライクを入れるヴラディミア。

❶

❷

【基本的なフィストウォーク】

❶Bが壁にもたれるようにして立ちます。
❷〜❹Aは拳をBの身体に当て、下からBの身体を登っていきます。この時、Aはなるべく足をBから遠ざけ、不安定な体勢になるようにします。上下に２回くらい往復すれば良いでしょう。
❺Bは向きを変え、AはBの背面に拳を当てて同様に行います。

ポイントは、Aは足をなるべくBから離れたところに置いて、不安定な状態を保つこと。するとバランスを保つために拳を当てる位置や角度を慎重に選ぶようになるでしょう。その時自ずと、力が相手にしっかり伝わる拳の当て方をしているはずです。それがそのままストライクの当て方に直結していきます。つまり、あえて不安定な状態になることで安定を求める本能的な働きを引き出し、ストライクの指標として使うのです。

❸

❹

❺

【立った相手へのフィストウォーク】

❶Bはリラックスして立ちます。
❷〜❹Aは拳をBの身体に当て、下からBの身体を登っていきます。この時、Aはできるだけ不安定な体勢になるようにします。上下に２回ほど往復すると良いでしょう。
❺Bは向きを変え、AはBの背面に拳を当てて同様に行います。

このエクササイズではお互いのバランス感覚が求められます。Bは棒が倒れるようにもたれかかるのではなく、足腰の力を抜いて背骨が地面と垂直な状態を保つようにします。この時に踏ん張ってしまうと支えきれずにバランスが崩れてしまうでしょう。軽く足踏みを踏むようにすると、バランスをキープしやすくなります。これはそのままストライクの衝撃を散らす練習にもなります。

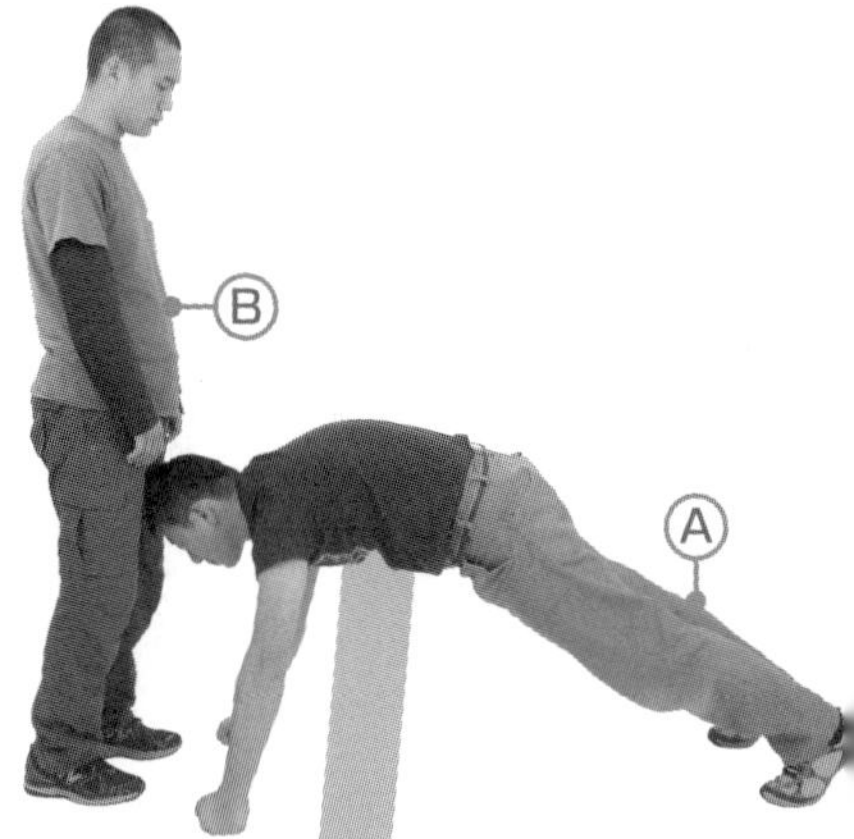

❶

❷

❸

❺

❹

フィストウォークには、色々なバリエーションがあります。

・一人に対して二人が前後からフィストウォーク。
・背中合わせになった二人に対して前後からフィストウォーク。
・ストライクとの組み合わせ。フィストウォークをしながら、Aがストライクを入れます。拳を当てて身体を支える部位に、正確にストライクを入れるようにしましょう。

1対2のフィストウォーク。

ストライクを入れながらのフィストウォーク。

●フィストウォークの感覚を使う

フィストウォークで拳を当てる感覚を掴んだら、次は歩いて来る相手に対して行います。外見的にはただ拳を当てているように見えますが、フィストウォークで得た感覚を使うようにして下さい。自分のバランスを軽く崩しながら当てるようにすると、要領が掴みやすいでしょう。

【歩く相手に拳を当てる】

❶～❷Bは３メートル程離れたところから、Aに向けて歩いていきます。

❸Aはフィストウォークの要領で、Bの身体に拳を当てます。うまくお互いのバランスが取れれば、自然にBの動きが止まるはずです。これを何度か繰り返し、Aは毎回異なる部位に拳を当てるようにします。

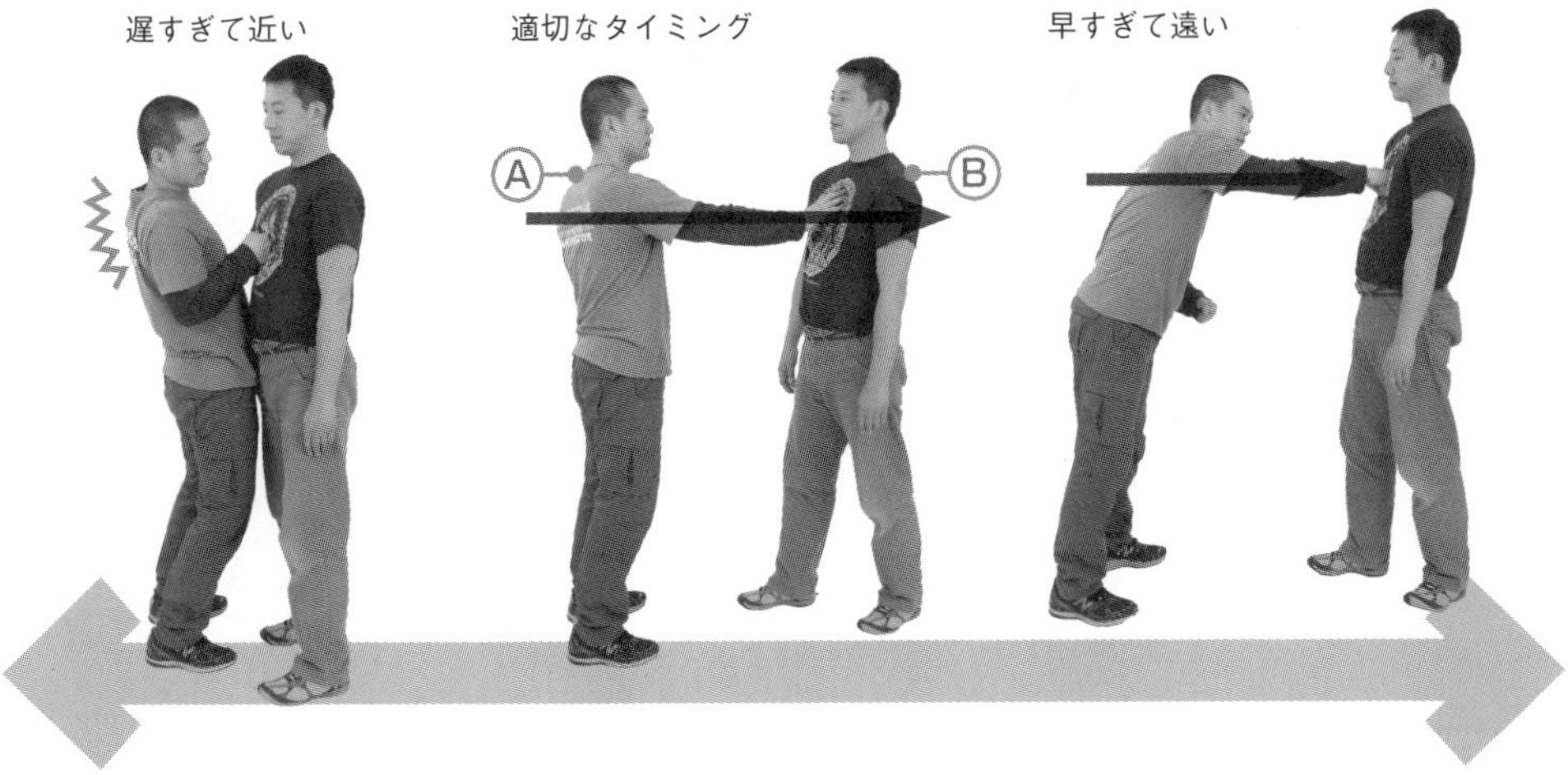

●拳を当てるタイミング

次は拳を当てる「部位」と「角度」に加えて、新しく「タイミング」という要素が加わります。拳を当てるのが早すぎればAの体勢が崩れてしまいますし、逆に遅すぎればBの勢いに負けて押し込まれてしまうでしょう。

どうしてもタイミングがズレてしまう場合は、足腰や肩を力ませていないか確認して下さい。相手を力ずくで止めようとして生じる予備動作によって動きが遅れ、タイミングがズレてしまうのです。タイミング、位置、方向といった要素が揃えば、拳ではなく指先でも相手の動きを止めることが可能です。拳の重さや体重を用いるのではなく、バランスをコントロールしているためです。正しくできているか確かめるために、拳以外の様々な部位を用いてみるのも良いでしょう。こうして相手を止める感覚を掴んだら、次は近づいて来る相手の進行方向を変えていきます。止める動きに方向性を加えることで、相手をコントロールしていくのです。

【歩いて来る相手へのプッシュ】

❶Ｂは３メートルほど離れたところから、Ａに向けて近づいていきます。Ａはあらかじめ拳を相手に向けるようにしておきます。

❷～❸ＡはＢにフィストウォークの要領で拳を当て、踏ん張ったり肩を力ませたりすることなく、プッシュします。これを何度か繰り返します。

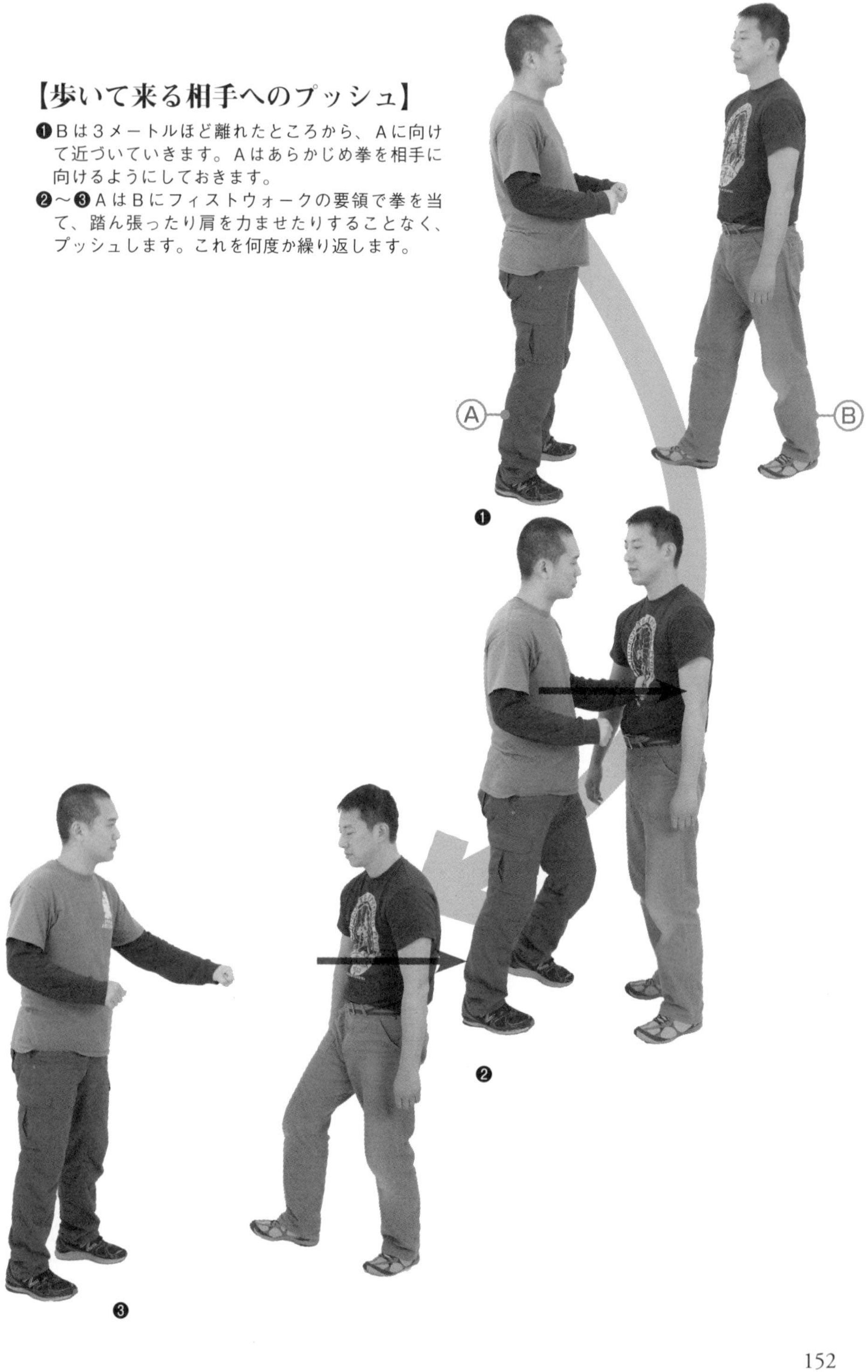

【歩いて来る相手のコントロール】

次はただ押し返すだけでなく方向性を加えます。目指す方向に相手を動かすようにしましょう。

❶前のエクササイズと同じ要領で、ＢがＡに向けて歩いていきます。

❷～❹ＡはＢを拳で受け止めつつ、Ｂが来たのと別の方向にプッシュします。

ＡはＢをプッシュしやすい位置に移動するのも良いでしょう。半歩に満たない僅かな移動でも押しやすさが大きく変わってくるはずです。または側面や後方などに移動するよう心がければ。ポジショニングの練習にもなります。

慣れてきたら上方向や下方向にもプッシュしてみて下さい。相手の重心を上げたり、下げたりといったコントロールは、相手の動きを封じたり、姿勢を崩したりする技術に繋がっていきます。

このエクササイズにも色々なバリエーションがあります。

・三人組になり、二人で一人をキャッチボールのように押し合います。真んなかに立つ人は、全身をリラックスさせて拳を受け入れつつ、バランスをキープするようにしましょう。

・三人以上で一人を囲んで、プッシュするエクササイズもあります。

次のエクササイズからは、近づく側に攻撃の動作が追加されます。外見的には最初に紹介したフィストウォークのエクササイズから遠ざかっていきますが、用いる原理と感覚は同じです。外見に惑わされることなく、これまでと同じことを行うようにして下さい。一つの原理が様々な形に発展していくのも、システマを学ぶ醍醐味と言えるでしょう。

一人を二人で挟んで真んなかの人をプッシュでキャッチボールのように動かします。

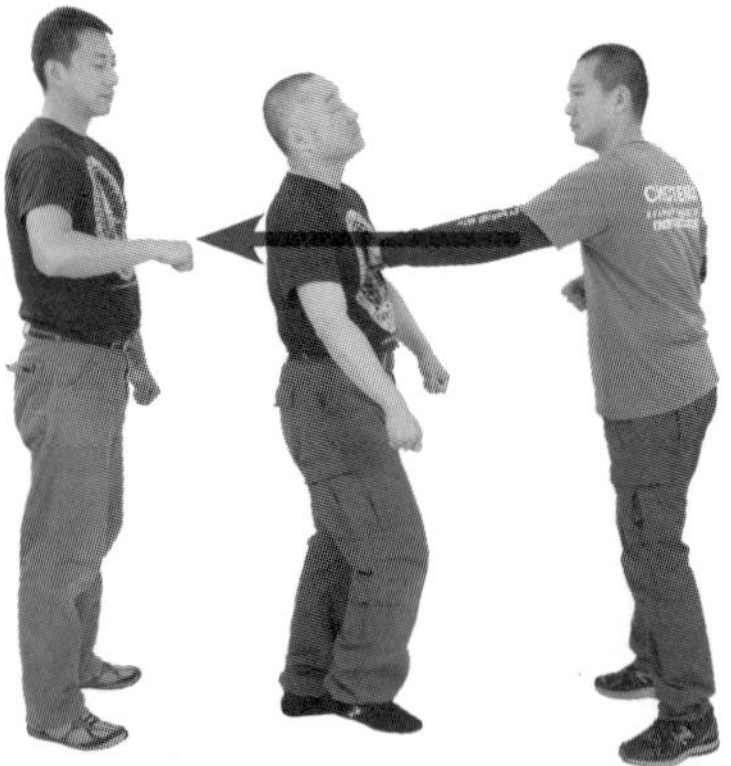

❶

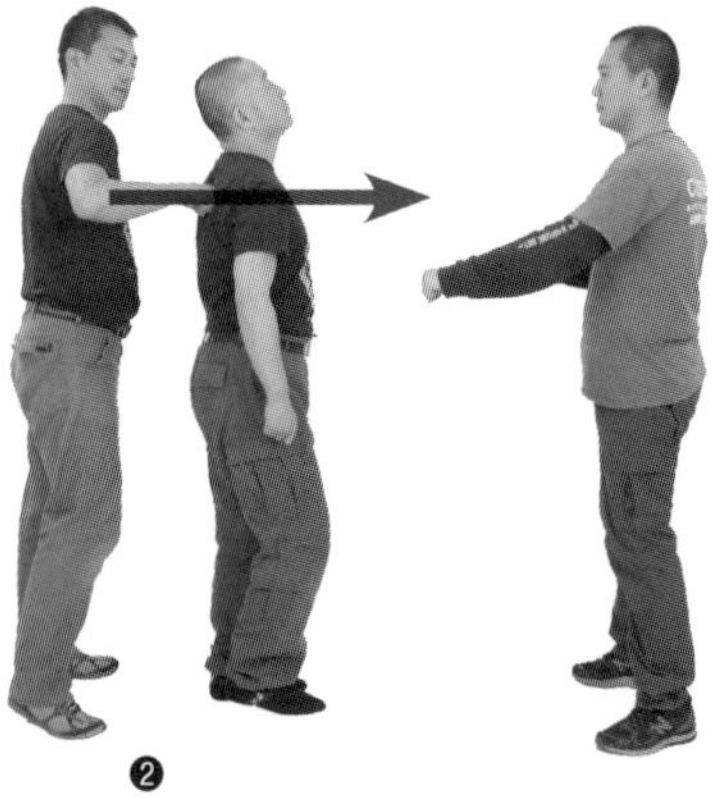

❷

【掴んで来る相手のコントロール】

❶ＢはＡに組み付きます。ここではＢはＡを振り回したりせず、組み付いたまま静止するようにして下さい。
❷ＡはＢの身体に色々と拳を当て、プッシュしやすそうな当て方を探ります。
❸Ａは拳の位置を決めたら、拳を押し込みます。
❹緊張している部位をうまく捉えられれば、相手は姿勢を崩します。

うまくいかない時は拳を当てる位置や角度を調整して、再度トライしてみて下さい。同様のことをタックルやヘッドロックなど、様々な形でも試していきます。慣れてきたら、プッシュをストライクに切り替えて行って下さい。

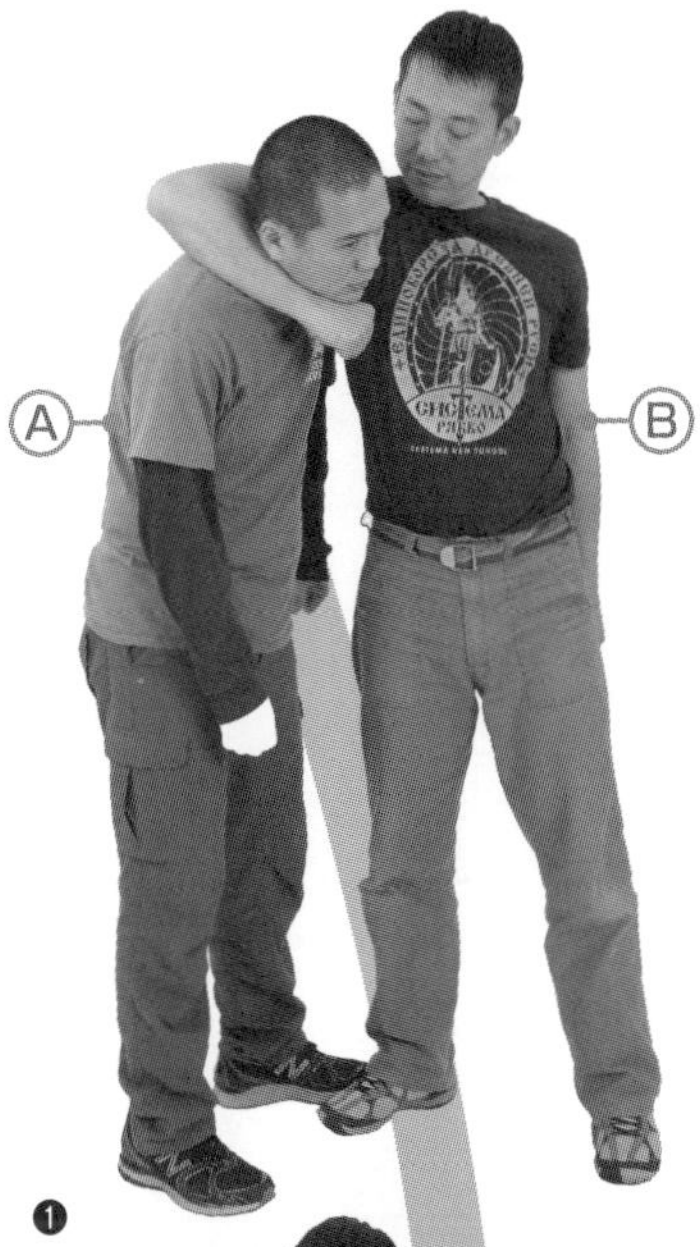

前にも述べた通り、拳を当てる要領はフィストウォークとまったく同じです。

とは言え「相手に組み付かれた」という状況下ではなかなかうまくいかないかもしれません。その一因として考えられるのが、これまでのフィストウォークでは「自分にとって快適な状態を保つ」ために相手に拳を当てていたのが、「相手を崩すため」に拳を当てるようになってしまっていることです。それによって、自分が多少不快な状態になってでも相手を崩してやろうという強引さが生まれ、力みを増大させてしまうのです。

これらの源をたどれば恐怖心に行き当たります。恐怖心が力みを生み、その力みが姿勢の崩れを招いて、動きを雑で表面的なものにしてしまうのです。ですから相手に組み付かれたら、内面に意識を向け、ブリージングによって焦りや不安といった感情を解消するようにしましょう。すると自然に姿勢が整うのが分かるはずです。急いで相手を崩そうとする前に自分の内面を観察し、快適な状態を取り戻すのです。地味なようですが、それが上達するうえでも近道です。次のエクササイズではもう少しタイミングを早めます。相手が組み付こうとしている動的な状況で、同じくフィストウォークの感覚を使って相手をコントロールするのです。

内面に意識を向けて、ブリージングにより恐怖や焦りを解消することで、自然に姿勢は整います

❶

❷

❸

【掴み掛かって来る相手へのプッシュとストライク】

❶Ｂは３メートルほど離れたところから、掴み掛かるような動作とともに、Ａに対して歩み寄ります。
❷〜❸ＡはＢの身体をプッシュします。真っ直ぐ押し返したり、狙った方向に押したりなど方向性も考慮しましょう。
慣れたらプッシュからストライクに切り替えます。もしＢがダメージを負うようであれば、十分に回復させるか、攻守を交代するようにしましょう。

少しずつ精神面への負荷が高まりますが、このエクササイズもなるべくゆっくりと動き続けるようにします。もしパートナーがうっかり速い動きをしてしまったとしても、そのペースに巻き込まれてはいけません。むしろ自分のペースに巻き込むくらいのつもりで、均一なスピードで落ち着いた動きを心がけます。

●相手の「力み」を打つ

フィストウォークから派生したエクササイズのポイントはすべて、「力みを打つ」という一言でまとめることができます。ではなぜ力みを狙うのでしょう?

答えはとても明確です。力みとは、弱点だからです。

それにはいくつか理由があります。まず一つ目は、あらゆる筋肉の緊張はいくつかの部位を経由して背骨に繋がっているということ。人の身体は背骨がほんの僅かに歪んでしまうだけで弱体化します。それを狙うのが力みへの打撃です。力みの繋がりを通じて衝撃を背骨に伝え、歪めることで、相手のパフォーマンスを低下させるのです。ですからモグラ叩きのようにただ力みを打つだけでは不十分です。拳から相手の背骨へと衝撃が伝わっているかどうか、よく感じるようにする必要があります。

もう一つの理由は「固定されている」ということ。力みとは、言い換えれば「硬直」です。つまり、力が抜けている部位に比べて動きが鈍り、もしくは停止しているのです。縦横無尽に動き回るターゲットと静止したターゲットでは、当然止まっている方が狙いやすいでしょう。だから外す心配も少なく、より確実にストライクすることができるのです。

つまり「力み」とは当てやすく、なおかつ相手の力を確実に殺ぐことができる「弱点」なのです。本書のテーマはストライクですので、フィストウォークはストライクの感覚を磨くエクササイズとして紹介されています。しかし、養われるのは一瞬にして相手の弱点を見極め、最短距離で打ち抜く能力全般です。素手の打撃だけではその効果は分かりにくいかもしれませんが、ナイフなどの武器を扱う際には、きわめて大きな効果を生むのです。

次のエクササイズでは、掴み掛かって来る相手に対して連続的にストライクを入れて崩します。力みが弱点となるのは打つ側も同様。リラックスした快適な状態を心がけ、ストライクを打つ際にも身体が力まないよう気をつけます。

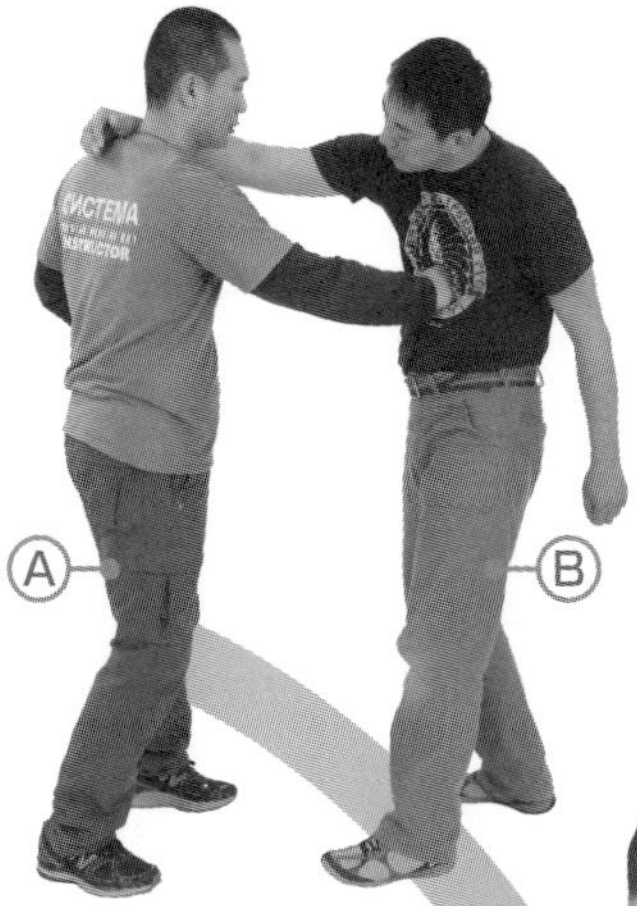

❶

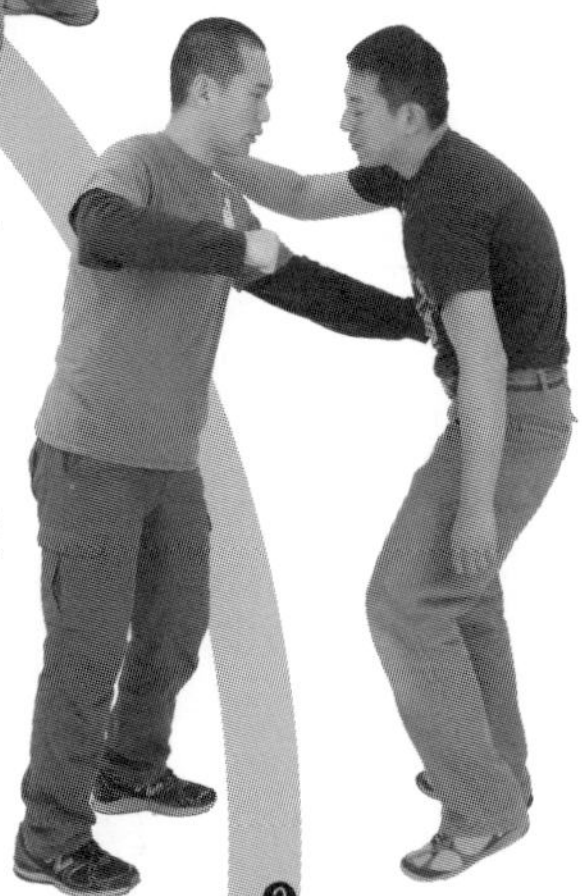
❷

❸
❹

【掴み掛かって来る相手への連続ストライク】

❶～❷ 3メートル離れたところから、BがAにゆっくりと掴み掛かります。AはBの力んだ部位をストライクします。するとBの動きが止まって姿勢が崩れるとともに、新たな緊張が生まれます。

❸～❹ Aは新たな緊張をストライクします。相手が倒れるか、間合いから外れるまで繰り返します。

●最短距離で打つ

攻撃を当てる際の原則は「最短距離を結ぶ」ことと、「できるだけ近づく」こと。最短距離を結ぶ原則は、相手に一番近い自分の部位で、一番近い相手の力みに向けて真っ直ぐ打つということです。

例えば右手より左手が相手に近ければ基本的に左手で、打つことになります。相手が右腕で攻撃を仕掛けてきていれば当然、左半身よりも右半身の方が自分に近く、攻撃を当てやすいことでしょう。そこをストライクして、相手の姿勢が変われば、今度は別の部位が自分の近くに出てきます。これを繰り返し、常に最短距離でストライクを打ち続けるようにします。

打つ時、拳の軌跡が弧を描いてしまうと移動距離が伸び、相手に回避する時間を与えてしまいます。また、自分は常に相手に対して適切な位置へと移動し続ける必要があります。

攻撃が連続せず、一回か二回で途切れてしまう場合は、だいたい足が止まってしまって位置関係の変化について行けず、いつしか適切な位置から外れてしまっている場合が多いようです。

【掴みに対して最短距離で打つ】

❶〜❷離れたところから、BがAにゆっくりと掴み掛かります
❸AはBの最も近い緊張・力みを打ちます。この場合は左手でBの右脇腹を打っています。Aの拳はBの右腕の下に生じた死角を通るため、Bは目視しにくくなっています。
❹衝撃によって姿勢が曲がり、頭が前に出たところにAは右拳でストライクを入れます。先の打撃で右脇腹に意識が向いたことで上半身の左側から意識が抜け、やはり回避しにくくなります。今度はBの頭部が右足方向に傾き、Aの左手の射程圏内に入ります。
❺Aは1歩歩み出しつつ、左手でBの顔を打ちます。これによってBの腹部から下半身にかけてがAの右拳と、両膝の射程圏内に入りましたので、さらに打撃を追加し、Bを崩しても良いでしょう。

●力んだ部位とは？

力みを打つと言っても、どうやってそれを瞬時に見極めるのでしょうか？

数年前にミカエル・リャブコに尋ねたことがあります。その時の答えが、「フィストウォーク」でした。本章で紹介しているフィストウォーク関連のアプローチはほぼすべて、この時に教わったことがベースになっています。この練習を積んでいくことで、いずれは手で触れずとも目視のみで相手の力みを見つけられるようになるはずです。ただ、それでも「力んでいる部位が分からない」という質問を受けることがありますので、力みを見つける簡単な目安を紹介しておきます。それを一言で言うと「姿勢の曲がっている部位」となります。

力みと姿勢の歪みはワンセットです。そのため姿勢の曲がっている部位には必ず力みがあります。それがどういうものかは通常の姿勢と対比させてみることで簡単に分かります。（左頁写真を参照）

まず背骨に注目してみると、一方が前屈みに曲がっていることが分かります。

背骨が曲がっているということは、身体の前面の筋肉が過度に収縮し、背中側の筋肉が余計に引き伸ばされていることを意味します。つまりカーブの内側と外側の両方に、固くなってしまった筋肉があるのです。

また、次に肩とその周辺に注目してみると、腕を持ち上げるために肩から首にかけての筋肉が収縮し、隆起していることが分かります。さらに胸をすぼめるような姿勢を取っているため、胸の筋肉もまた収縮し、隆起していることが分かります。つまり、ノーマルな状態に比べて縮んだり、伸びたり、盛り上がったりといった部位のすべてが「力み」ということになります。これらはフィストウォークにおいても、拳を当てやすい部位です。

ただ、こうした解説はあくまでも補足でしかありません。いちいち目で見て、頭で考えて判断しなくても、然るべき位置へと勝手に拳が飛んでいく。フィストウォークとは、こうした動きを可能にしてくれるまたとないエクササイズなのです。

【力んだ部位を見分ける】

通常の姿勢と見比べると、肩や腰など力んだ部位がよく分かります。

ノーマルな状態

力んだ状態

最初はゆっくり、正確に動く

ここから先のエクササイズはさらに、マーシャルアーツ的な色合いが濃くなってきます。こうした練習では上級者の動きへの憧れや焦りによって、つい雑に動いてしまいがちです。しかしブリージングによって常に自らを落ち着け、ゆっくりと制御された速度で動くように心がけるのが、上達への近道です。マスターのコンスタンチン・コマロフもまた「ゆっくりとできないことが、速くできるわけがない」と教えています。ではなぜゆっくりと動いた方が、上達が早いのでしょうか？

その例として分かりやすいのが、パソコンのキーボード操作です。パソコンを初めて買った人は一見でたらめに並べられたように見えるキー配列にまず戸惑いを覚えるでしょう。最初はメールを打つのも一苦労。ほんの数行の短い文章に一時間以上かかってしまうかもしれません。それでも続けていくうちに少しずつスムーズになり、数ヶ月後にはブラインドタッチへと到達します。そのプロセスに例外はありません。このように最初はぎごちなくとも正確さを優先して丁寧に作業をする。その積み重ねによって、速度は自ずと上がっていくのです。そのうえ正確性も向上します。これに対して、最初から速度を求めてしまうとどうでしょう。見かけの速度は速くても、タイプミスしては書き直しの繰り返しで、結局、遅いのと同じことになってしまいます。しかも一度身につけてしまった悪い癖は、なかなか直すことができません。ゆっくりと正確に動いていくのは、こうした回り道をしないためなのです。しかし、のんびりと練習するのとも異なります。気をつけるべきことが多すぎて、ゆっくりとしかできない。そのくらい密度の濃い練習を心がけて下さい。

【キックへの応用】

フィストウォークの原理は、キックにも応用できます。主に狙うのは大腿部です。この部位にある大きな力みをキックして、相手のバランスを崩すのです。

❶Ｂが３メートルほど離れた場所から、Ａに向けて歩きます。Ａはただ待つのではなく、当てやすい位置にさりげなく移動します。また手は相手に拳を向けるような形をキープします。

❷～❹Ａは近づいて来たＢの大腿部を当てるタイミングや角度など、色々と試行錯誤しても良いでしょう。また練習では相手の膝を正面から蹴らないように十分注意して下さい。

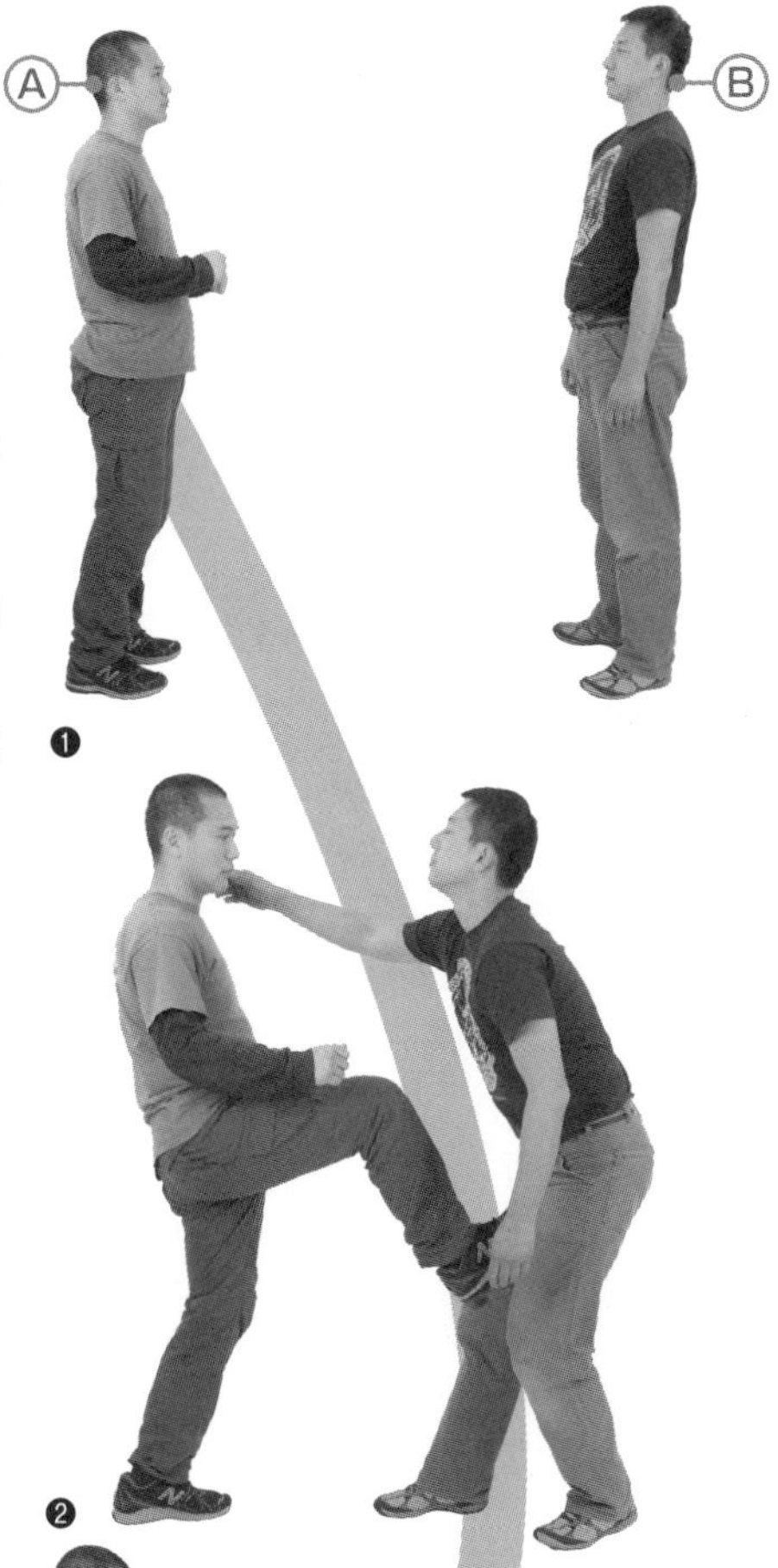

距離によっては膝を用いるのも良いでしょう。

キックもパンチも同じ「ストライク」、基本は同じです。肩の代わりに腰を、肘の代わりに膝をゆるめるようにしましょう。

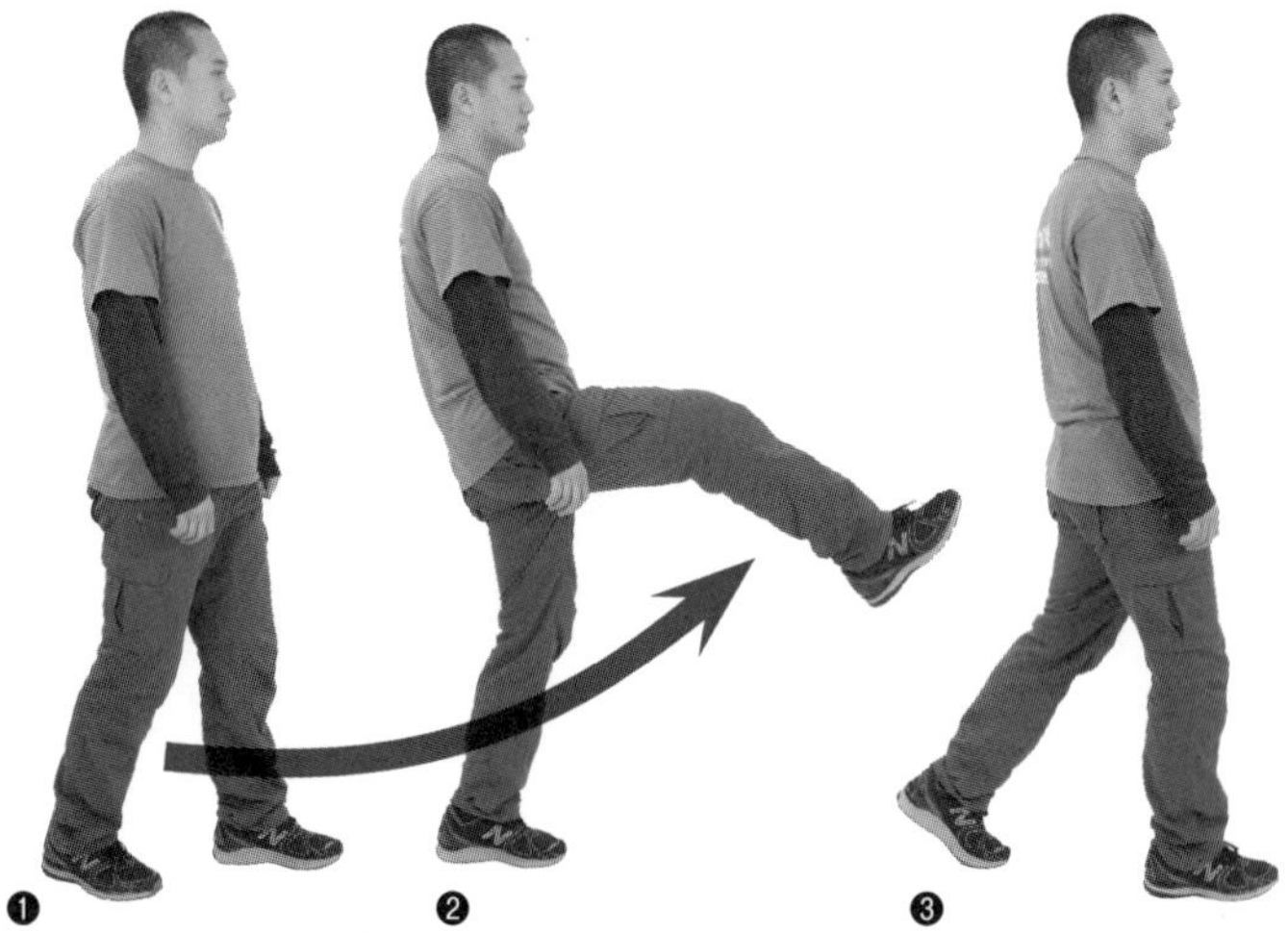

足でのタッチに慣れたら、これまでのエクササイズと同様、タッチ↓プッシュ↓ストライクの順で進めることができます。キックは蹴り込むのではなく、大きめの段差を乗り越えるような動作で当てます。足の力を抜き、蹴った後もすぐ歩き続けられるようにしましょう。また、くれぐれも練習では膝を正面から蹴り込まないように注意して下さい。タイミングや角度を誤ると、軽い力でも大怪我をさせてしまうことがあります。

●手足のコンビネーション

攻めて来る相手の力みを打つ。その原則に則って手足でストライクを打ち込めば、連続攻撃になります。ここではいくつかの例を紹介しますが、決して真似をする必要はありません。これまで紹介した原則を元に、同じパターンは二度繰り返さないつもりで色々試してみると良いでしょう。

【キックとパンチの組み合わせ】

❶Bは殴り掛かる動作をしながら、Aに近づいていきます。
❷AはBの軸足にキックを入れます。するとBの足が止まり、上半身が前のめりになります。
❸〜❹Aは蹴った足でBの足を崩しつつ、前に出て近くの手で相手の頬を打ちます。するとBは身をよじるような体勢でバランスを崩します。そのままAは軸足を踏みつけ、Bを崩します。

連続でストライクを打つ際に、つい同じ部位に当ててしまいがちですが、それでは相手に行動を予測されます。相手の意識を撹乱するためにも、“上半身の次は下半身、右半身の次は左半身”と、相手の注意が抜けている部位を狙うようにすると良いでしょう。手の動きはなるべくコンパクトにし、当てにいくのではなく当たる位置に自分が移動するようにします。また、ついリズミカルになってしまうのも禁物。動きを予測されないよう、緩急をつけて意識のすき間を突くようにします。

バリエーションとして、次のような発展形のエクササイズも試してみて下さい。外見的には違いますが、行っていることは同じ。すべてフィストウォークの発展版です。試行錯誤しつつも入念にブリージングし、ゆっくりと取り組みます。そうした練習を積むうちに、あれこれ考えなくても身体が自然に動くようになっていきます。

【キックへの対処】

相手が蹴って来たとしても、原理は同じです。攻撃の種類に惑わされないようにしましょう。

❶～❹Bのキックを A は安全な位置に移動しつつ、フィストウォークの要領で相手にストライクを入れます。

タッチ→プッシュ→ストライクの順でエクササイズを進めるのも良いでしょう。

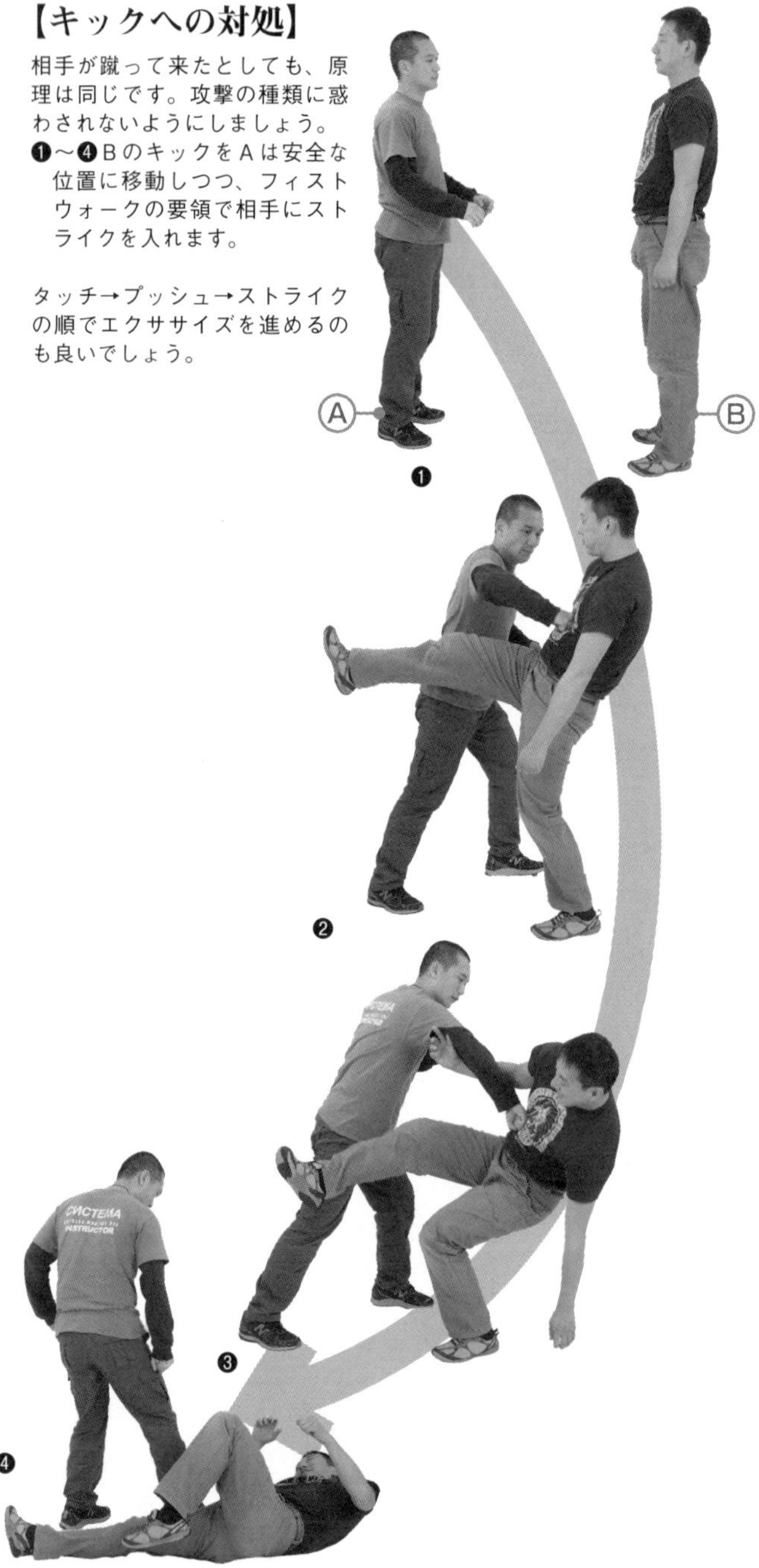

【ナイフへの対処】

武器を持つ相手に対しても同じフィストウォークの原理で対処します。ナイフに気を取られてしまいがちなので注意して下さい。

❶〜❷ＢがＡにナイフで攻撃を仕掛けます。

❸Ａは安全な位置に移動しつつ、フィストウォークの要領でストライク（蹴り）を入れます。

❹ストライクを打った後も接触をキープし、相手の動きを感じ続けます。この例ではキックによって動きを止めた右足をそのまま相手の右腕にスライドさせ、接触を維持しています。

❺必要に応じて追加の打撃を入れても良いでしょう。

❻相手の動きを制します。ＡはＢが予想外の動きをしても余裕を持って対処できるよう、安全な位置とリラックスを確保します。

●ブリージングで動きを繋ぐ

いずれのワークにおいても不可欠なブリージング。しかしストライクを連続的に打ち込む際、打つ度にブリージングをしていては、動作がぶつ切りになってしまいます。そこに生じる僅かなすき間は、相手にしてみたら反撃の機会となるでしょう。これを避けるには、複数のストライクをひと呼吸で行うという方法があります。例えば吐きながら数回ストライクを打てば、ストライクの度にブリージングするよりも滑らかでエネルギーロスの少ない連打となります。こうして連続攻撃を加えつつ、距離を詰めながら一気に鼻から息を吸えば、次なる連続攻撃に移れるでしょう。

これはストライクを受ける際も同じです。連打を受ける時、一発ごとにブリージングをしていたのではとても間に合いません。そうした時は、一度のゆっくりしたブリージングで、複数のストライクを受けることも可能です。もし、自分の動きがぎこちないように感じたら、複数の動作をひと呼吸で繋げるようにブリージングをしてみるのも良いでしょう。すると途切れ目のない滑らかな動きを、手軽に体験できるはずです。

第6章

力まずに動き、打つための秘訣は〝末端にあり〟

「武器は自分の手の延長です。武器の動きに連動すれば、自分の体重のすべてが武器の先端に乗ることになります」

by ミカエル・リャブコ

「戦いを察知した時、まずリラックスし始めて下さい。戦おうとせず、ただ為すべきことを為すのです」

by ヴラディミア・ヴァシリエフ

力まずに動くことができるのか？

特に何も工夫のない「普通」の身体。それが実はとても強いということはすでに解説した通りです。その最大の弱点は、ほんの骨格の僅かな歪みで一気に弱体化してしまうということ。自ら生み出す筋肉の力みや姿勢によって、パフォーマンスを下げてしまうのです。しかし筋肉を完全に弛緩させたまま身体を動かすのは不可能です。特にシステマはマーシャルアーツですので、迫り来る敵を眼前にして、じっとしているわけにもいきません。ではどうやって身体の状態を崩すことなく、動けば良いのでしょうか？

その見本としてミカエル・リャブコが例に挙げるのが、赤ちゃんの動きです。人は成長の過程において、実に多くの力みや強ばりを身につけてしまっています。その源となるのは恐怖心です。人生経験を積み、様々な恐怖を知ることで、身体に強ばりが蓄積されていくのです。こうした恐怖心を抱え込む以前には、どのように動いていたのでしょうか。赤ちゃんの動きはそれを私たちに見せてくれているのです。ではどうやって、その動きへと近づいていくのでしょう。その試みはそのまま、最低限の力みで身体を動かすエクササイズになります。その入り口としてミカエルが教えるのは、次の【末端から「伸ばす」エクササイズ】です。

このエクササイズで大切なのは、指先で生じた動きが全身に伝わる過程を丁寧に感じ、途中で飛んだり切れたりしてしまわないようにすることです。肩や腰に強ばりがあると伝達がブロックされ、腰を捻ったり、足を伸ばしたりといった補助的な動きを加えてしまいます。こうしたことはうっかり無自覚のうちに行ってしまいがちですので、十分気をつけて下さい。このエクササイズはうつ伏せになったところから、背中越しに腕を伸ばしていっても可能です。肩の可動域が狭くなる分だけ難易度が上がりますが、要領は同じです。

【末端から「伸ばす」エクササイズ】

❶仰向けに寝ます。
❷左腕を胸の上を通るようにして伸ばします。この時、指先から先導されるようにして下さい。
❸遠くのものを掴むように指先を真っ直ぐ伸ばしていくと、指先からの張力が手首、肘、肩を通って胴体へと繋がります。
❹手先の動きに導かれるようにして、寝返りを打ちます。背骨の一つ一つが、ねじれていくのを感じるようにしましょう。

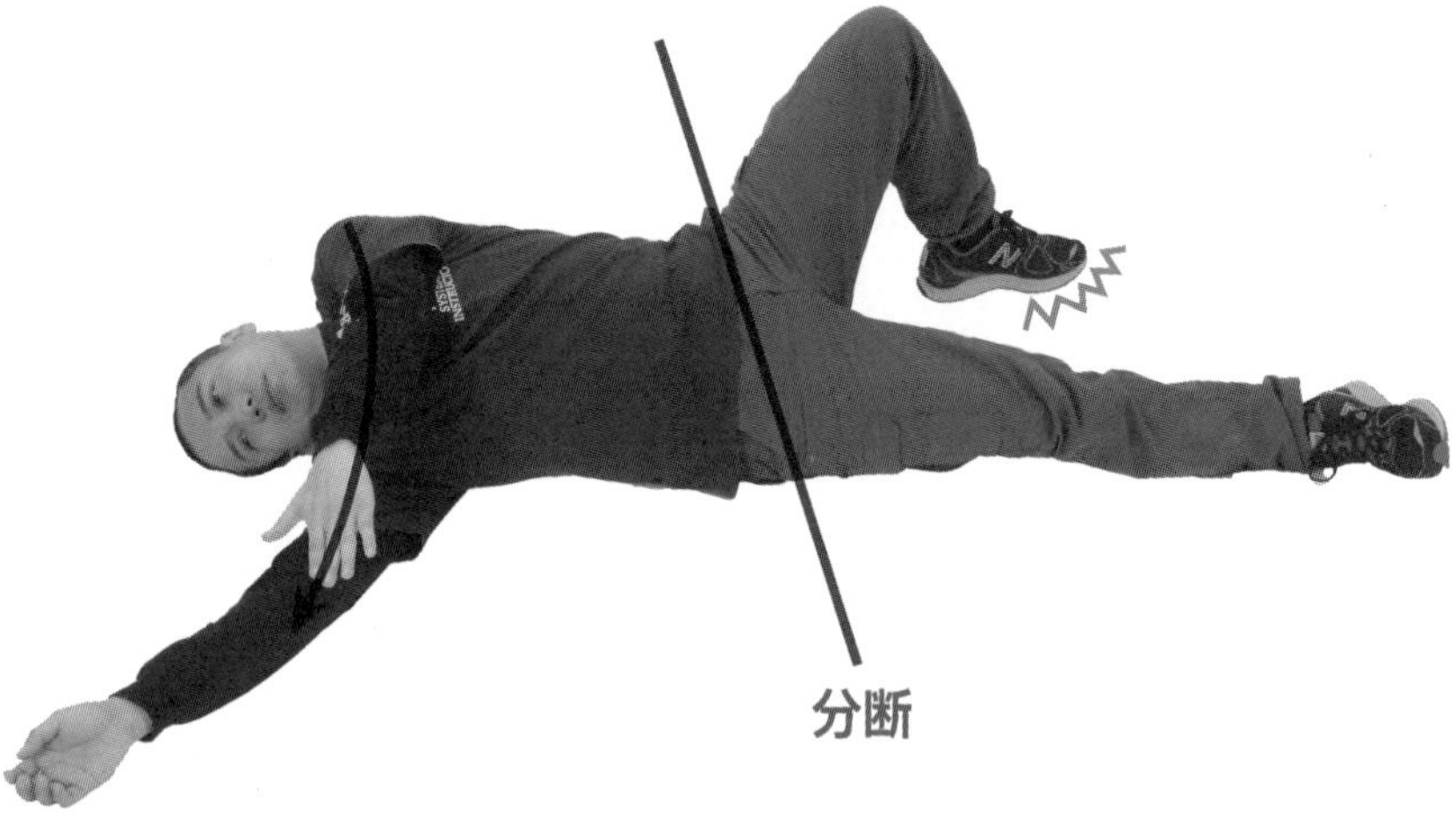

●様々にある末端から動くエクササイズ

このエクササイズには実に多様なバリエーションがあります。そのすべてが末端で生じた動きが全身を導いていくというもの。それによって分断してしまった身体を統合するのです。分断の最たる例は、上半身と下半身です。例えば遠くにあるものを取ろうとして腕を伸ばしても、足腰が踏みとどまっていては目的を果たすことができません。そればかりか上半身と下半身の境目となる腰に大きな負荷がかかり、ゆくゆくは壊してしまうこともあるでしょう。このように身体の分断は、何らかの動きを起こす際の妨げとなります。これがストライクであればどうでしょうか。拳の動きを他の部位が妨げ、威力や命中精度を著しく低下させてしまうのです。こうした分断は、身体のあらゆるところに存在しています。それを一つにまとめていくためのエクササイズが、ここで紹介している「末端から動くエクササイズ」なのです。

【末端から「捻る」】

❶右腕を頭上に伸ばして仰向けに寝ます。
❷指先から前腕、肘、上腕、肩……と捻っていきます。
❸〜❺捻りが背骨、腰、足へと伝わり、寝返りを打つ動作になります。

反対方向に捻るのも良いでしょう。左右の腕でそれぞれ両方向に回転させれば４通りのエクササイズができます。

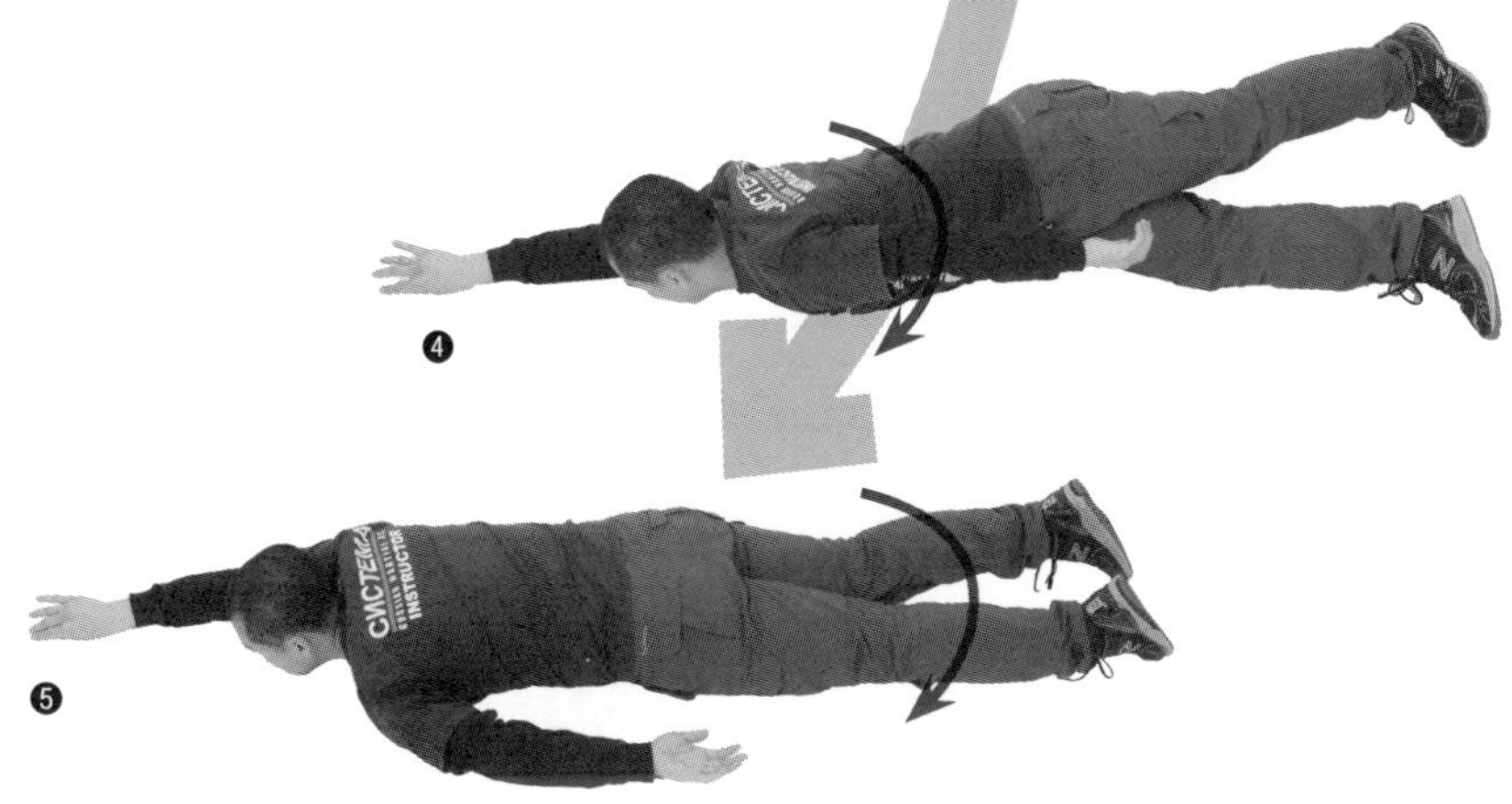

【足を伸ばすエクササイズ】

❶〜❹身体の正中線を交差するようにつま先を伸ばし、それによって生まれた張力を膝、腰を通って全身へと繋いで寝返りを打ちます。仰向け、うつ伏せ、どちらも行うようにしましょう。

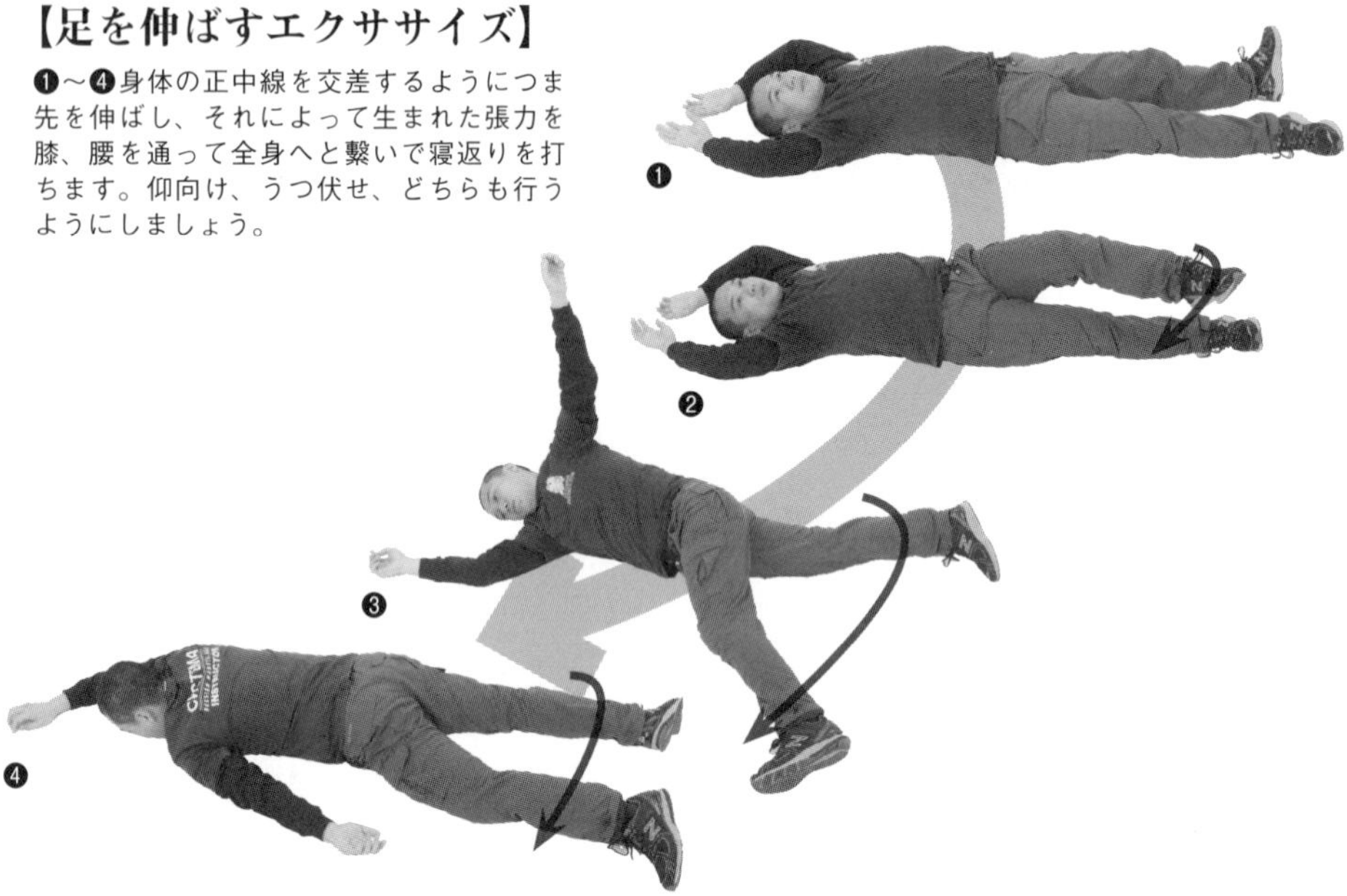

【足を捻るエクササイズ】

❶〜❹つま先から捻った力を足首、膝、腰を通って全身へと繋ぎ、寝返りを打ちます。これも仰向け、うつ伏せともに可能です。

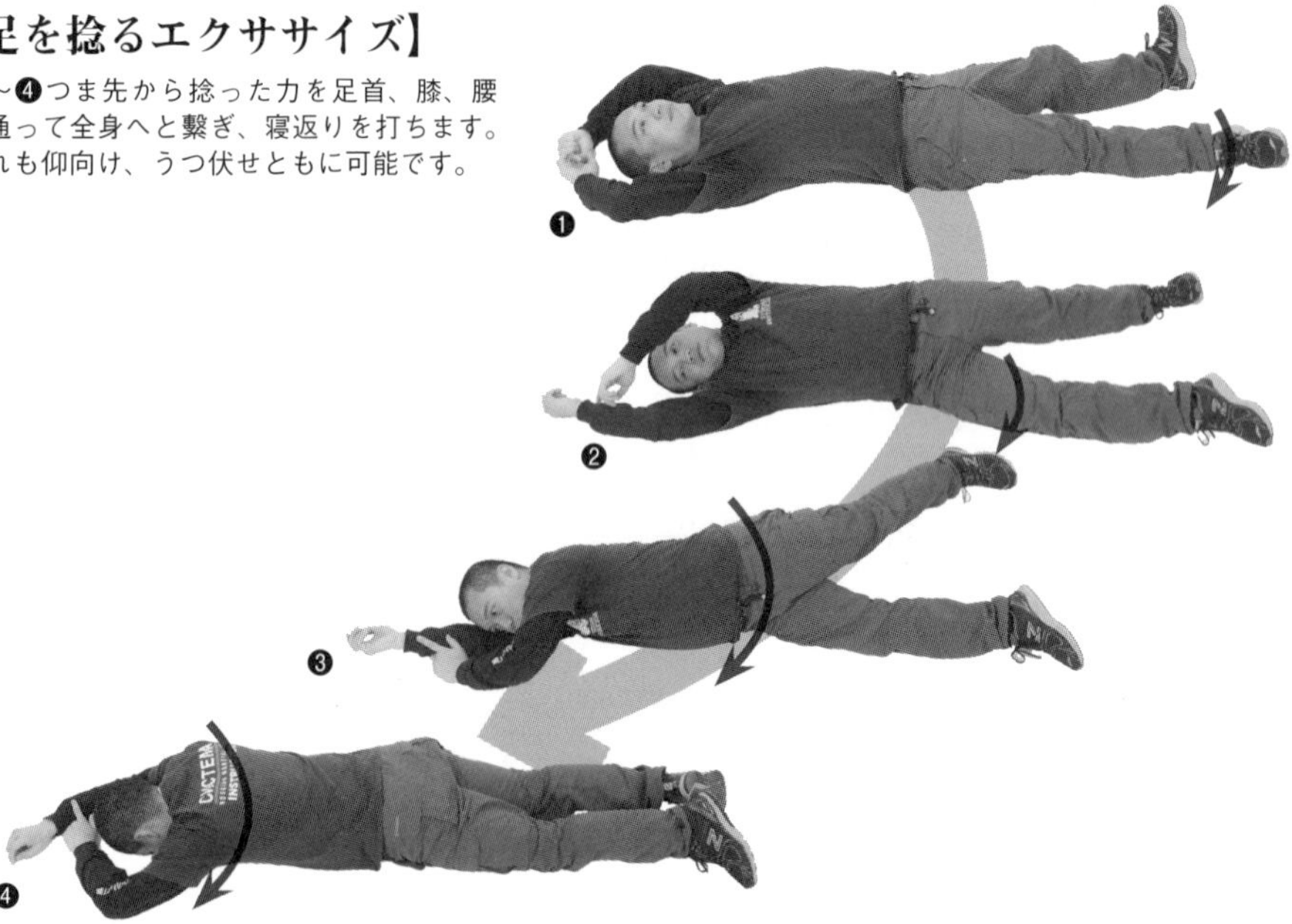

【首を捻るエクササイズ】

❶～❹手足と同様のことを首で行うことも可能です。目線を動かすようにして首を捻っていき、その力を頸椎、胸椎、腰椎と上から順に背骨に伝え、最終的に寝返りを打つようにして下さい。

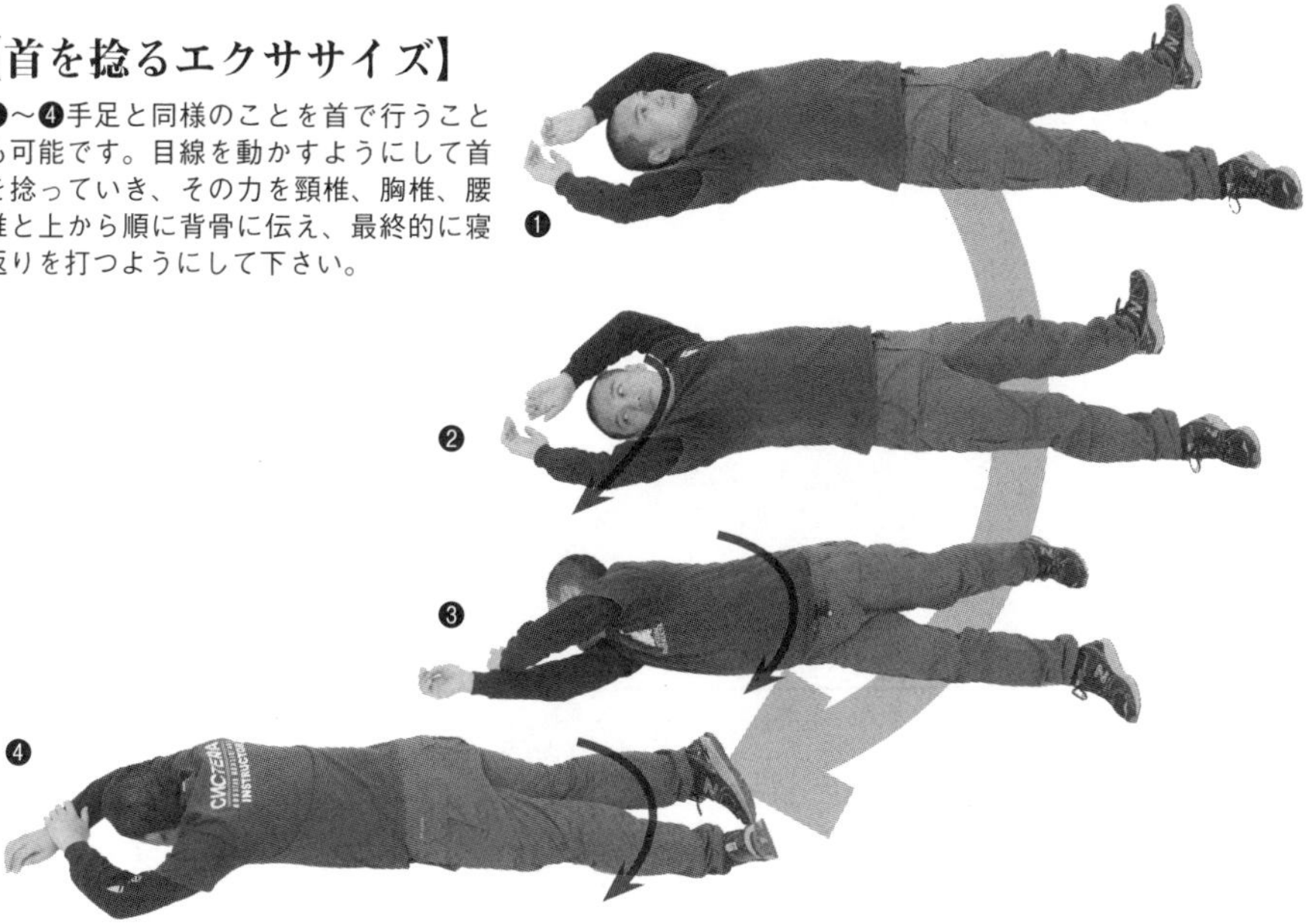

【ランダムに末端を設定する】

❶～❷手足、首で末端から動く感覚を掴んだら、胸、肩、腰など、身体のあらゆる部位に末端を設定し、そこから動いてみるのも良いでしょう。これまでと要点は同じです。末端から全身へと動きが繋がるプロセスをよく感じ、途切れさせないようにして下さい。いずれのエクササイズも、できるだけゆっくりと均一なスピードで行うようにすると効果的です。ここでは胸から行っています。

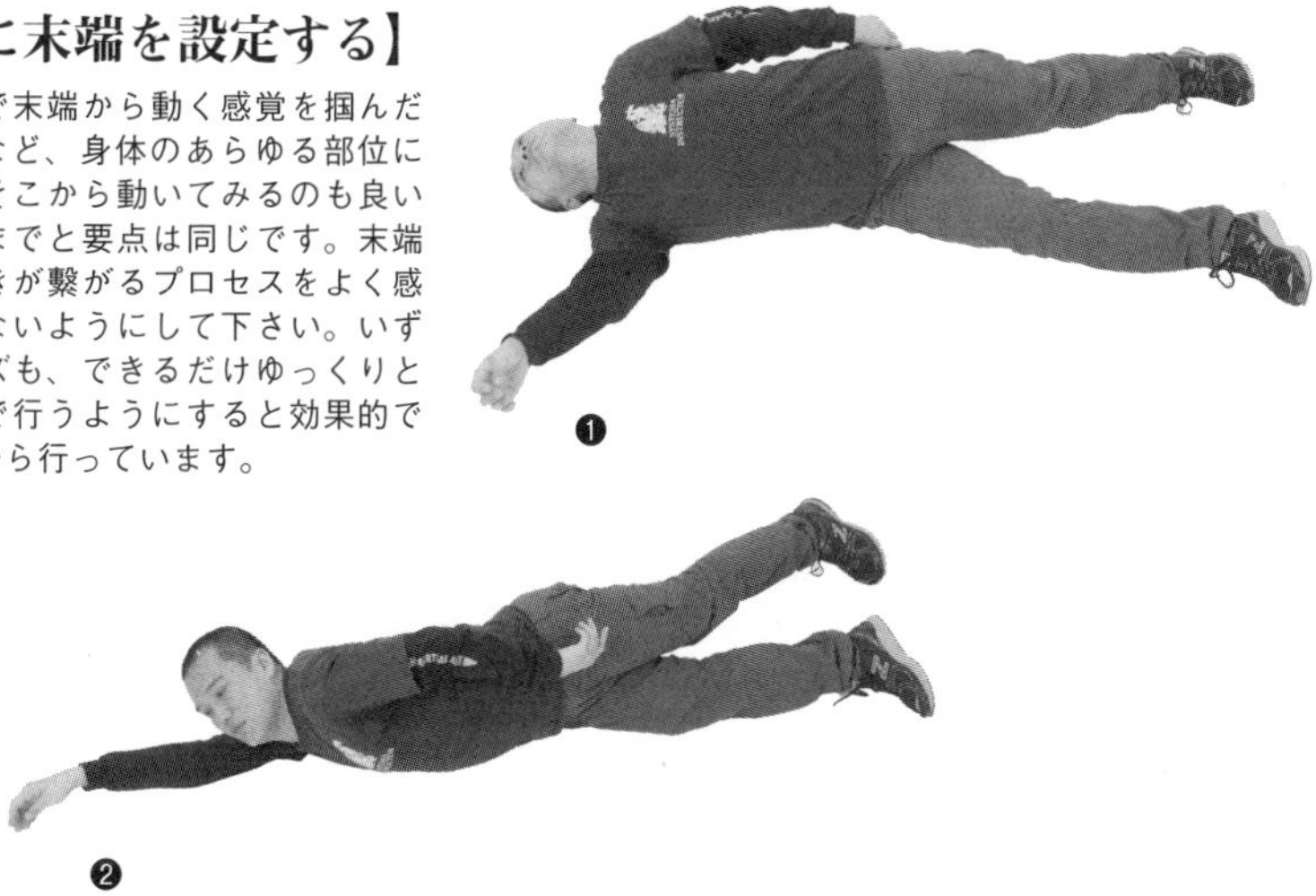

●立った状態で末端から動く

これまで寝て行っていたエクササイズを、今度は立って行います。

【手を伸ばす】

❶〜❹大切なのは真っ直ぐ手を伸ばすこと。肘や肩に力みがあると手先の軌跡が弧を描いてしまいます。動作の起点と到達点を設定したら手先はその直線上を真っ直ぐ移動し、他の部位はそれを妨げることなく真っ直ぐついて行くようにします。これはストライクやナイフワークにおける、相手に最短距離で攻撃を当てる動きに繋がっていきます。

❶ ❷ ❸

❹

・失敗例

腰が曲がってしまう場合、最も考えられる理由は下半身の強ばりです。腰を経由して下半身に伝わる力の流れをよく感じつつ、全身をくまなく連動させるようにしましょう。

【手を捻る】

❶〜❹手を頭上に上げ、回転させます。手先から生まれた動きが足にまで繋がる過程をよく感じるようにして下さい。

【足を伸ばす】

❶〜❸足も同様です。正中線と交差するように足を真っ直ぐ伸ばしていくと、1歩踏み出すような動作になるのが分かるでしょう。

【足を捻る】

❶〜❸足を上げた状態で足先から捻っていっても、方向転換することができます。
あえてゆっくりとやることでバランス感覚の養成にもなります。バランスが崩れそうになったらブリージングを繰り返して身体をリラックスさせるようにしましょう。肩の力みが解消されることで重心が下がり、安定しやすくなります。

【首を捻る】

首、胸、腰、腹部、肩、肘など身体のあらゆる部位が末端になります。指先を末端にするにしても、親指や中指など指によって力の繋がり方が異なってきます。感覚をよく味わいながら色々と試してみると良いでしょう。

●歩きながら末端から動く

歩きと末端からの動きを組み合わせることもできます。

【歩きながら末端を伸ばす】

・歩きながら手を伸ばす

❶～❹手先からの動きに導かれるようにして、方向転換をします。その他も基本は同じなので行ってみて下さい。

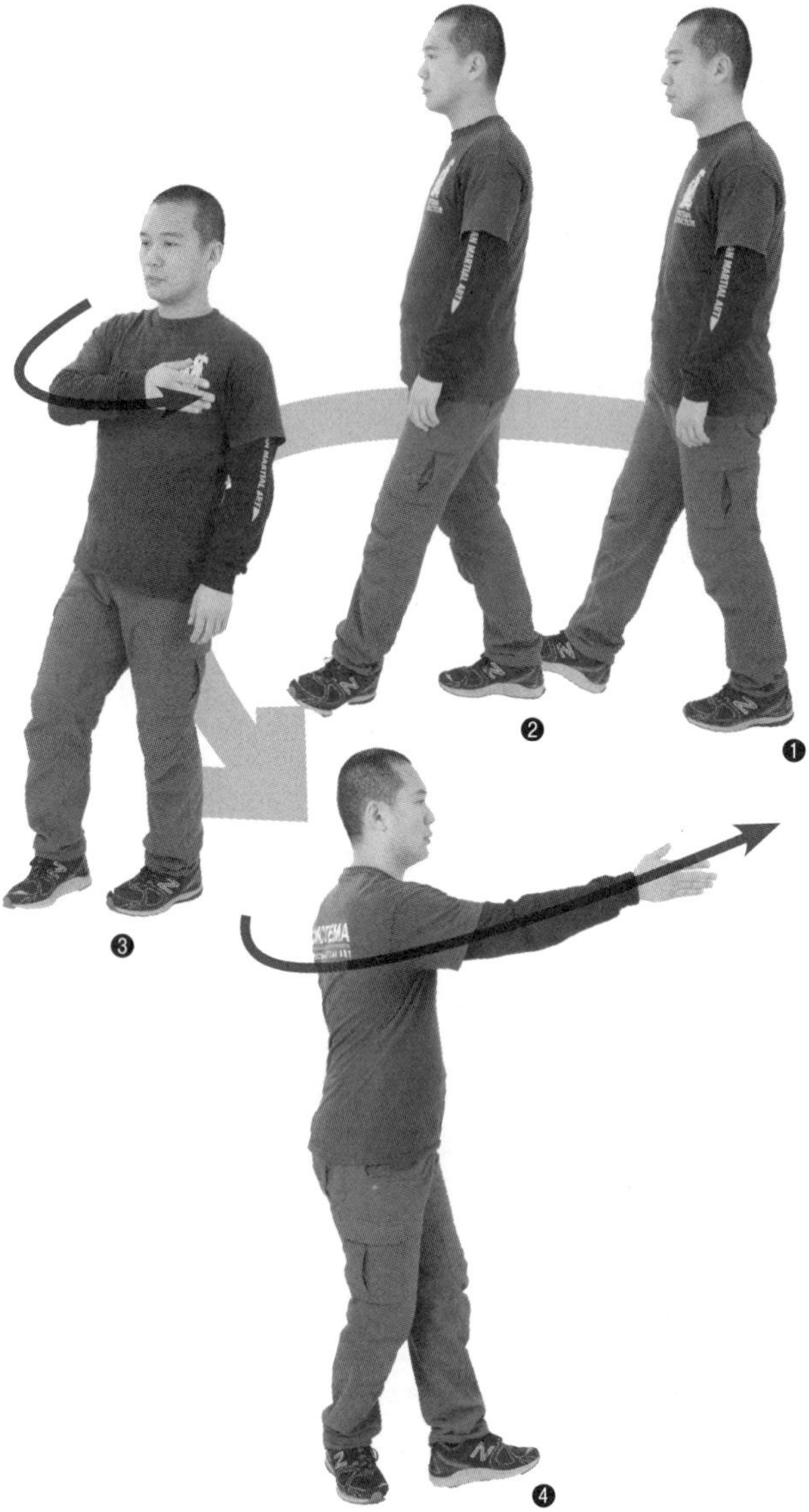

・歩きながら手を捻る

❶～❹頭上に上げた手先からの動きに導かれるようにして、方向転換をします。

・歩きながら足を伸ばす

❶～❸足先からの動きに導かれるようにして、方向転換をします。

・歩きながら首を動かす

❶～❷首の動きに導かれるようにして、方向転換をします。首以外の部位でも試して下さい。

●なぜ動きの原点なのか？

力みのない動きの見本として、ミカエルは赤ちゃんや子どもの動きを挙げます。彼らが成長する姿からは、人が新たな動作を獲得する過程を学ぶことができるのです。

例えば赤ん坊であれば目が開き、外界を認識できるようになると、お母さんやおもちゃなどに手を伸ばすようになるでしょう。しかし腕が短くて目指すところに手が届きません。そこでもっと伸ばします。その弾みに寝返りを打つ動作が生まれます。それがこの章で紹介した「寝た状態で、手を伸ばすエクササイズ」の原型です。ですが寝返りを打ってもまだまだ距離が足りません。それでもなんとか目的地に行こうとしてジタバタしているうちに、いつしか手足を使って身体を移動させられることを発見します。こうしてハイハイが始まりますが、これはシステマのグラウンドワークそのものです。

このように赤ちゃんの動作はまず身体を認識するところから始まります。これは横たわってのリラクゼーションで身体をくまなく意識するプロセスに相当します。そこから寝返りを打ち、ハイハイを経て、立って歩くようになります。この時点では、どの子どもも手を伸ばすために肩を力ませたり、足を踏ん張ったりすることはありません。頭が重く、重心の高い身体のバランスをなんとかキープしながら、成熟とはほど遠い骨格や筋肉のすべてを駆使して動いているでしょう。余分な力みを学習するのは、このずっと後のことです。誰もがかつて行っていたはずの、力み以前の動き。システマのエクササイズとは、この動きを取り戻すためのものと言えるかもしれません。

ストライクとの組み合わせ

第3章で紹介した「拳からのストライク」は、指の動きに先導される形で拳、前腕、上腕が連なって動くというものでした。これもまた「末端からの動き」そのものです。第3章では肩までで止めていましたが、ここでは全身に繋げていきます。ストライクの動きに全身が連動していくようにするのです。

【拳を先端として伸ばす】

❶〜❷仰向けに寝て拳を軽く握り、正中線と交差するように拳を移動させます。
❸〜❹拳をずっと伸ばしていくと自然に身体が寝返りを打ちます。前述した末端から動くエクササイズを拳で行ったまでです。本章ですでに紹介したあらゆるエクササイズはすべて同じように、末端を拳に置き換えて行うことができます。

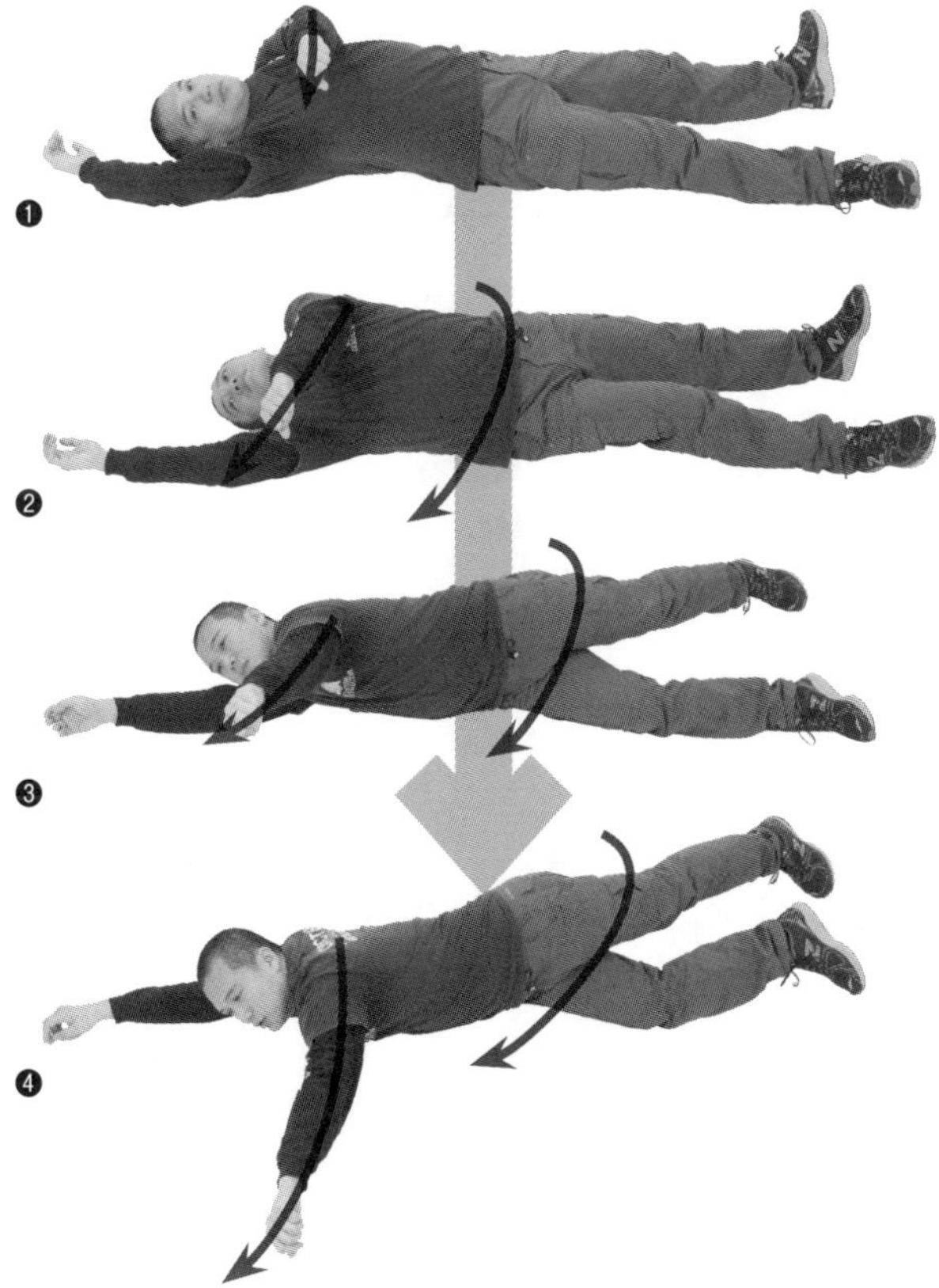

【拳から歩く】

❶リラックスして立ち、握った拳を前に差し出します。
❷正中線と交差するように拳を動かし、その動きが前腕、肘、上腕へと繋がる過程をよく感じるようにします。
❸〜❹肩から背骨、腰、足と動きが伝わるまで拳を止めることなく直進させます。全身に動きが行き渡ると、1歩踏み出します。これを連続的に行うことも可能です。

足腰に強ばりがあると、背骨が曲がってしまいます。拳からの力を全身で感じ、連動していけば自ずと姿勢も整うはずです。

❶ ❷ ❸ ❹

【先端からのシャドースパー】

拳による先導で動く感覚に慣れたら、両手の拳を同時に使って行うのも可能です。
❶左拳をゆっくりと動かし、正面の敵をパンチで打つような動作をします。拳の動きに導かれ、全身が移動するようにしましょう。
❷右の拳で同様のことをします。この時も拳で生まれた力を全身で感じ続けて下さい。パンチ1回につき1歩ずつ移動するくらいのペースだと、感覚を掴みやすいでしょう。
❸慣れてきたら肘や足など、様々な部位を末端に設定して、そこから打撃を放つ動きも組み合わせてみて下さい。ゆっくりであっても決して滞ることなく、全身がくまなく動き続けるようにしていきます。

❶ ❷ ❸

本章で紹介した末端から動くエクササイズはすべて、ナイフなどの武器を用いて行うことも可能です。この時は武器の末端から生じる動きに全身を乗せていきます。木刀、スティック（杖）、シャシュカ（コサック式サーベル）やコサックウィップ（鞭）などを用いても良いでしょう。武器と身体を一体化させるとても効果的なトレーニングです。

【武器の先端から立ち上がる】

❶ナイフを胸の上で持ちリラックスして寝ます。
❷ナイフが空に引かれて行くように上げていきます。
❸〜❺その動きを腕から肩、背骨、腰へと繋げることで立ち上がります。

腕でナイフを持ち上げるのではなく、ナイフに身体が導かれて動くことが大事です。ここまで紹介したエクササイズを武器を持って行うことで、武器を持って使うのではなく、武器と一体化した、武器が身体の動きを自然に導く動きを養うことができます。

●末端からのプッシュ&ムーブ

プッシュ&ムーブもまた、「末端からの動き」という考え方を導入することで、さらにクオリティを高めることができます。相手と自分の接触面を末端とし、そこから全身に伝わる力を感じて動くようにするのです。第4章で紹介したエクササイズに、「末端」という要素を加えて取り組んでみて下さい。プッシュする側も同様です。拳や手のひらが動きを先導するようにしてみましょう。外見上はほとんど変わらなくても、練習の中身が異なってくるのが分かるかと思います。

プッシュ&ムーブの時にも、相手にプッシュされた部分が「末端の起点」になります。意識して行ううちに、段々と動きがより繊細に変化していきます。プッシュする側も、末端を意識して丁寧に行うことが大事です。

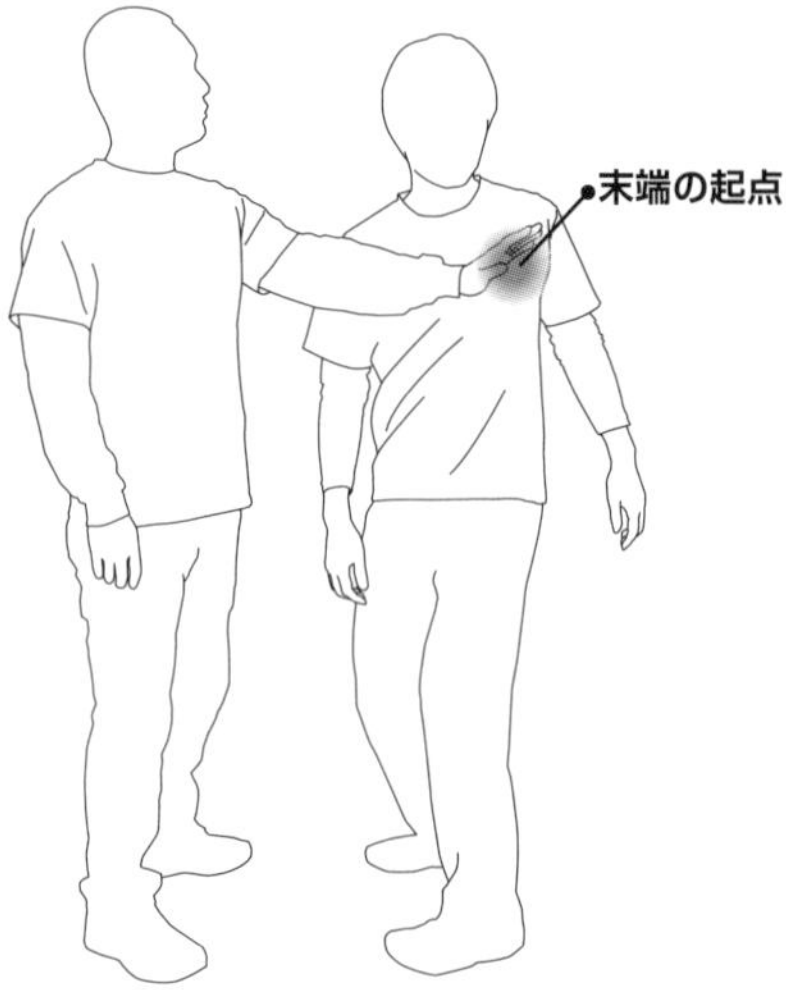

●二つの末端を用いたエクササイズ

手先、足先といった末端から生じた動きが背骨に伝わり、全身の動きを生み出します。この時、反対側にもう一つ末端を設定して二つの動きを拮抗させると、背骨を伸ばすストレッチのようなエクササイズになります。いくつかの例を紹介しますので、これらを参考に自分なりのエクササイズを作ってみて下さい。全身を一つの動きで繋げ、分断を解消するのに効果的です。

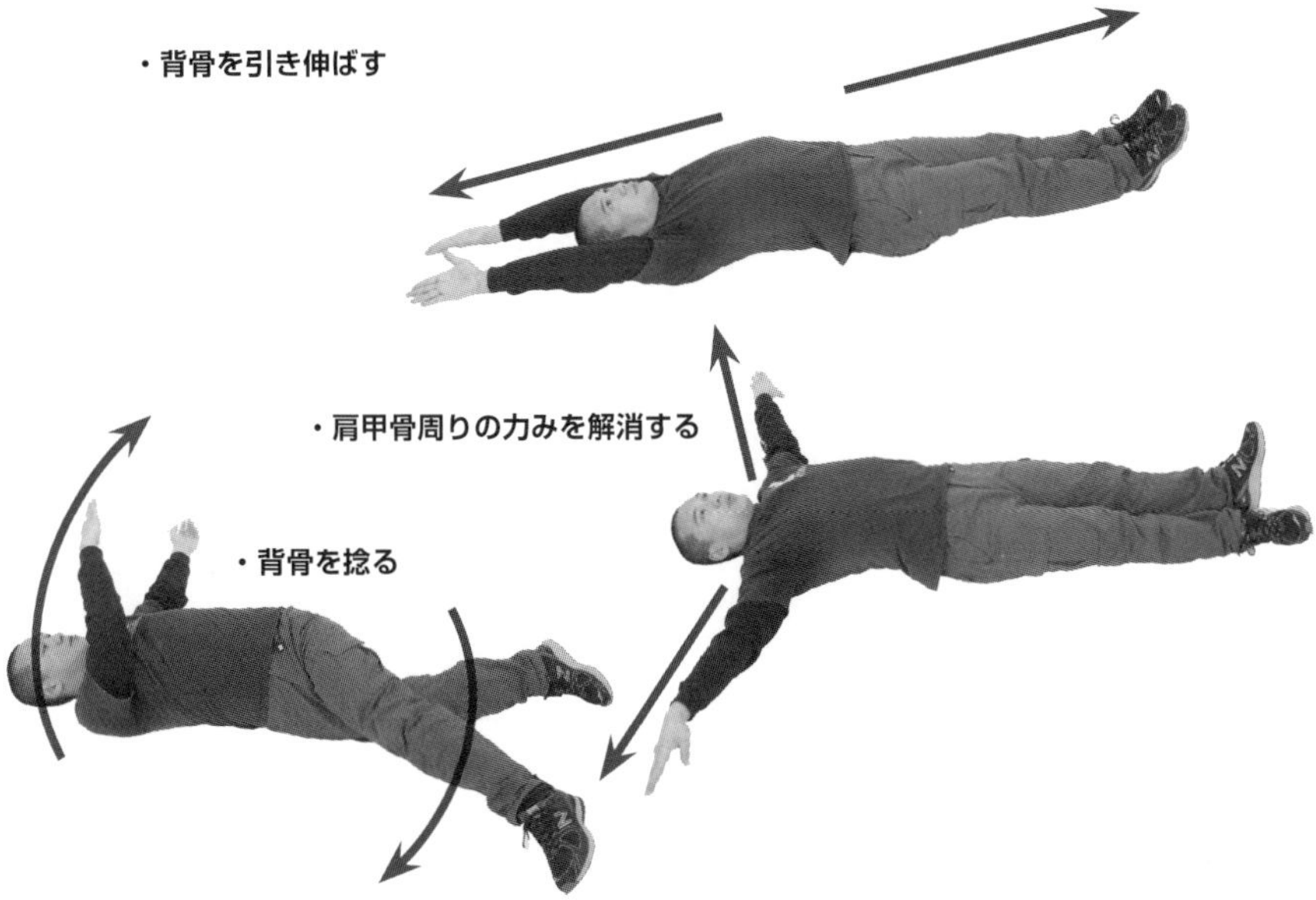

・肩甲骨周りの力みを解消する
・背骨を捻る

・背骨を引き伸ばす……仰向けに寝て、手先を頭上に、足先を下方に力いっぱい伸ばします。上に行く力と下に行く力が繋がって背骨が引き伸ばされるような感覚が得られるでしょう。

・肩甲骨の力みを取る……仰向けになり、腕を左右に広げて手先をそれぞれ反対方向に伸ばしていきます。力の限り伸ばしていくと背骨を中心に肩甲骨を左右に引き離すようなエクササイズになります。背骨と肩甲骨の間にある力みを解消するのにも適しています。

・背骨を捻る……仰向けの状態で右手を左方向に伸ばすと同時に、左足を右方向に伸ばします。すると左右に回転する力が拮抗して、やはり背骨を捻るエクササイズになるでしょう。

いずれも末端から生じた二つの力が体内でどう繋がるのかをよく感じるようにしましょう。

末端の動きとインターナルワーク

２０１３年、創始者ミカエルが「ニュースクール」という概念を提示しました。システマにおけるこれまでのトレーニングを見直していこうというものです。

これはいわば、テクニックを身につける段階から、質を高める段階へのシフトを意味しているように思います。何らかのスキルを身につけたとしても、それだけでは意味がありません。磨き抜くことで、初めて「使える」ものになっていくのです。システマにおける動きの向上とは、余計な力みや歪みを丹念に取り除いていくということ。その作業を行うには、自らの動きやその源にある精神の働きにまで目を向けていかなければいけません。それを重視するのが「ニュースクール」であり、そのなかでも特に重視されるのが「インターナルワーク（内的なワーク）」と呼ばれる練習と言えるでしょう。

本章で紹介した末端からのエクササイズは、２０１２年にミカエルがインターナルワークの先駆けとして教えたものです。ですから「末端から動く」というアイデアは、身体に意識を向けていくための一種の方便にすぎません。大事なのは自分の身体がどのように動き、もしくは動きを妨げているのかをつぶさに感じ取ろうと努めることそのものにあります。そうして感度を高めていくことで、自ずと僅かな強ばりや歪みが感知できるようになります。その結果、姿勢の崩れによるパフォーマンスの低下を最低限に留めることができるようになっていくのです。

目には見えず、機器で計測もできないけれど、確かに感じられる動き。

こうした動きに目を向けていくことで、技術のレベルが変わってきます。上級者と初心者のパンチが同じように見えても効果がまるで異なるのも、インターナルワークの積み重ねが生んだ、目に見えない違いによるものと言えるでしょう。

●インターナルワークの理由

自己を緻密に観察するインターナルワーク。それが重要なのは、システマの最優先事項である「サバイブ」の実践に役立つために他なりません。ストライクやナイフワークといった具体的な技術よりも、インターナルワークの方がずっと「実践的」なのです。ではなぜそう言いきれるのか。

それはどんな訓練を積もうとも、極度のストレス下では大幅にパフォーマンスが低下してしまうことに関連します。こうした状況では思考も身体も硬直し、大幅に能力が低下してしまうでしょう。これを平常時の10分の1と仮定するなら、平常時に10のミスを犯す人はその10倍に達する１００のミスを犯すことになります。同様に１００のミスを犯していれば、いざという時に１０００のミスを犯すことになるでしょう。しかし普段が1のミスであれば10、0・1であれば1のミスで済ませられます。ですが本当にシビアな状況では1のミスですら致命的な事態に発展してしまいかねません。だからこそ普段のトレーニングで厳密さと正確さが求められるのです。それによってたとえ危

背後からナイフを取りにいった筆者に対し振り向くことなく
制するミカエル。(2010年トロント サマーキャンプにて)

機的な状況に陥ったとしても冷静に状況を分析し生還する糸口となる、正確な動きを見いだすことができるのです。しかし、これもまたシステマの一面にすぎません。繊細なだけでも煮詰まってしまうでしょう。し、思い切り身体を動かすことでストレスを発散するのも、トレーニングの大切な役割です。また、プッシュアップを一回もできないようであれば、エクササイズを通して人並みの基礎体力をつける必要があるでしょう。今の自分に何が必要なのかを見極め、それに沿ったトレーニングを積んでいく。それもまた「自分を知る」という作業の一環なのです。

マスターズ・ヴォイス

「スポーツとシステマ」

answered / ヴァレンティン・タラノフ

Q. あなたはロシア代表のスポーツ選手にシステマを教えているそうですが？

A. ええ。私はオリンピック選手養成学校で働いています。競技はサッカーです。サッカー選手たちとワークを行っています。一般的なサッカーとビーチサッカー、両方の選手たちとトレーニングをしています。

選手たちには、専門であるサッカーの練習に加えて、システマのトレーニングをする時間が割り当てられています。サッカーは肉体的な衝突が多いスポーツですし、選手たちはそのなかで戦っていかなくてはいけません。それには相手からの接触をうまく受け止められるようになる必要があるのです。だから私はトレーニングルームに彼らを連れて来て、サッカーの練習とは別に、普通のシステマを学ばせているのです。

Q. あなたは優れたブリージングのエクササイズを指導し、DVDも出しています。そういったトレーニングだけでなく、実際にパンチを打ったり、受けたりといった練習をサッカー選手たちが行っているのですか？

A. そうそう。私たちが行っているのと同じことをやっています。システマのほぼすべてをやっていると言えます。

Q. それは、日本のサッカーチームに言っておかないと、迂闊に乱闘できないですね（笑）。

A. そうですね（笑）ビーチサッカーに関して言えば、私は二年前から選手たちとトレーニングをしていますが、彼らは世界王者になりましたよ。

Q. 効果はどのくらいで出始めたのですか。

A. 彼らは、一日に六時間、トレーニングすることになっています。そのうちの二時間、自分たちの練習をし、残り四時間はシステマのトレーニングをします。そのくらいの努力をしないと成果は出ません。今、私はとても若いチームとトレーニングをしています。子どもたちの練習生もまた、サッカーアカデミーで同じ練習に取り組んでいますよ。世界王者となった選手たちには、もうシステマは必要なくなりました。もう行き着くところまで行き着きましたし、そもそもロシア国外で練習するようになりましたからね。

（2013年9月モスクワ本部
「インターナルディスカバリーセミナー」会場にて）

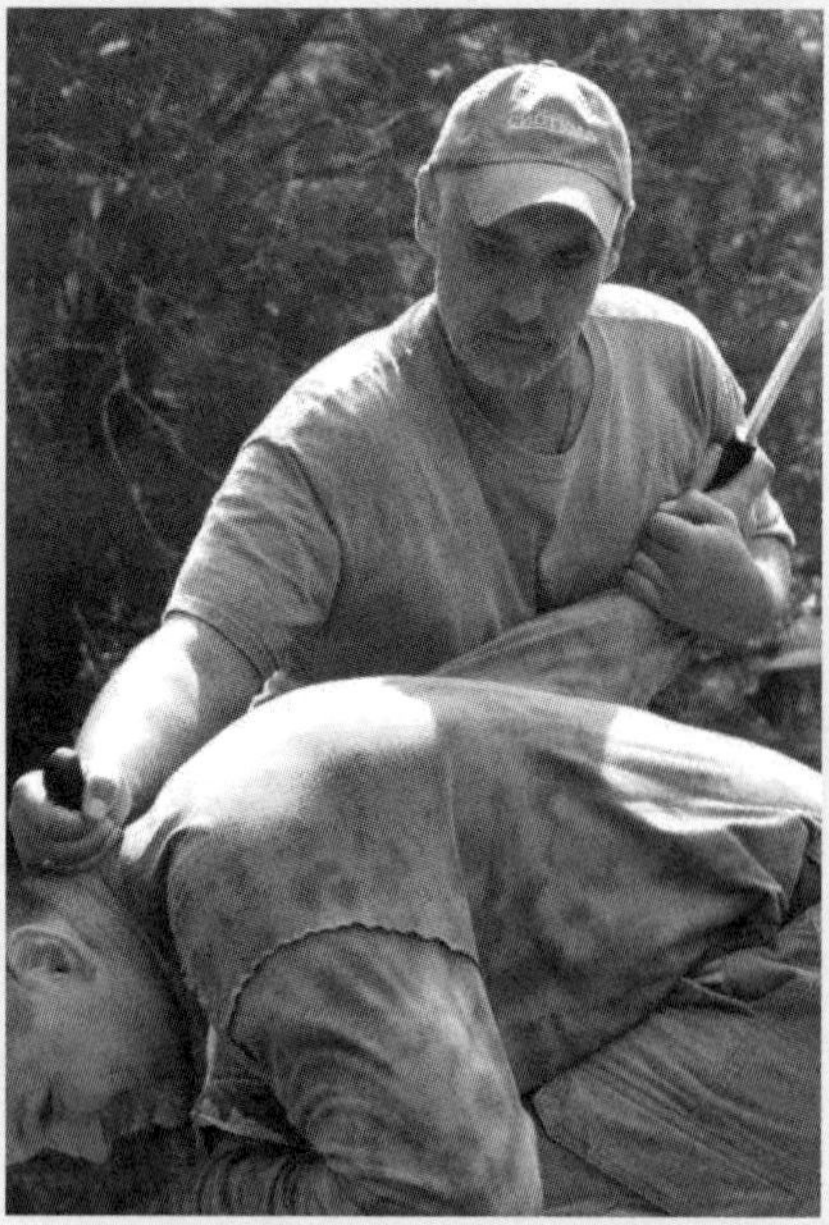

ヴァレンティン・タラノフ
Valentin Talanov

1982年よりミカエル・リャブコの元で学ぶ第一世代の生徒。様々な格闘技で実績を残したが、現在はシステマのブリージングを怪我や病気などに活用する専門家として活動している。システマをアスリートや障害を持つ児童たちへのケアに役立てている。

第7章

“より小さく、速く”発展版プッシュ＆ムーブ

「もしあなたが動きながら反撃したならば、そのストライクはどこからともなく現れたかのように見えるでしょう」

by ヴラディミア・ヴァシリエフ

「ゆっくりできないことが、早くできるわけがない」

by コンスタンチン・コマロフ

“大きな動き”から“小さな動き”へ

システマにおける上達のプロセス。これには「大きな動きから小さな動きへ」という傾向があります。例えば絵を描く際、大まかに輪郭をデッサンしてから、少しずつ細かなパーツを描き込んでいくでしょう。作業が進めば、素人目にはまったく分からないようなディテールにまで凝るようになっていくかもしれません。

システマの技術もまた同様です。トレーニングを始めた当初は身体が強ばり、縮こまったぎごちない動きになっています。ですからまずはそれを解し、全身をのびのびと動かせるようにしていきます。そのプロセスを経てから、少しずつ動きを洗練させ、無駄な動作や力みを削っていくのです。その結果、動きは次第にコンパクトで、目立たないものになっていきます。こうしたトレーニングの極まったものが、目に見えないほどの細かな感覚や動きを対象とする「インターナルワーク」と言えるでしょう。

同じことはシステマの要であるブリージングにもあてはまります。

トレーニングを始めた当初は、それまでの人生で背負い込んでしまった緊張によって、浅く、小さな呼吸になってしまっているもの。だからこそあえて「フーッ」という音が周囲に聞こえるぐらいの、強く大きな呼吸を心がけます。そうして身体が解れ、全身で呼吸できるようになるとともに、自然にコンパクトで目立たない呼吸へとなっていくのです。

デモンストレーションで見せるミカエルの動きは非常にコンパクトで、常に参加者を驚かせる。

そのため上級者と初心者では、一見同じように見える小さな動きであっても、中身がまるで異なります。前者は全身が動員されているのに対し、後者は身体のごく僅かな部分しか動きに関与していません。その違いが、効果の違いとなるのです。ですから初心者が上級者を真似て小さな動きをしても、縮こまった固い動きになってしまうばかりです。同様の効果を得ることはかなり困難であると言わざるを得ません。

この章では本書の核となるエクササイズ「プッシュ＆ムーブ」を用いて、ストライクに関わる動き全般を洗練させていきます。鈍器のストライクから刃物としてのストライクへ。その飛躍もまた、この「コンパクト化」にかかっていると言えるでしょう。

【コンパクト版のプッシュ&ムーブ】

第４章で取り組んだプッシュ＆ムーブを、コンパクトな動きで行います。

❶Ｂは Ａの身体を押します。通常のプッシュ＆ムーブと同じ要領です。

❷～❸Ｂはブリージングをしつつ Ａに押された部位だけを動かして、プッシュをいなします。それ以外の部位はできるだけ動かさないようにします。これを全身くまなく繰り返します。

Ｂはゆっくりと真っ直ぐ押すように心がけましょう。突き飛ばすように押してしまうと、Ａが身体を観察する時間が得られず、練習効果が下がってしまいます。慣れてくるのに従って、徐々に速度を上げていくようにして下さい。プッシュによって生じる緊張を最小限の範囲に留められれば、他の部位は常に自由に動かせます。このエクササイズはプッシュされつつも、自分の自由さを保つ練習と捉えることができるでしょう。同様のエクササイズを寝た状態で行うこともできます。寝ている方が筋肉をリラックスさせやすいため、立って行うプッシュ＆ムーブの準備としても適しています。

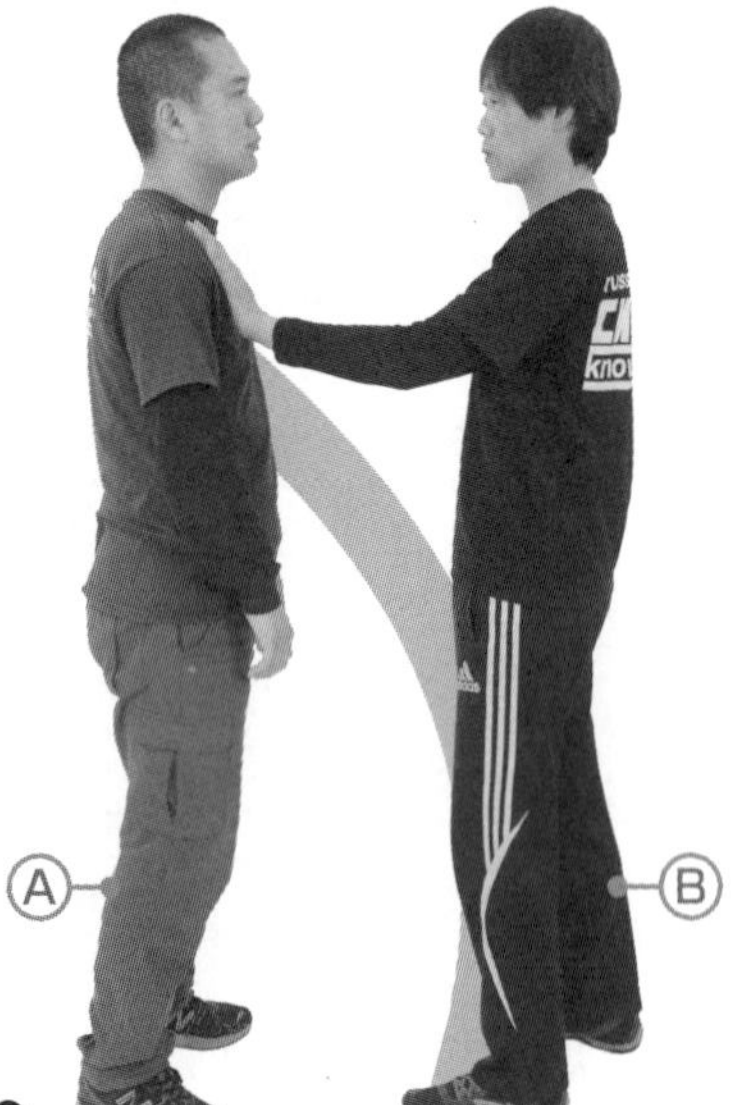

❶

❷

❸

【寝た状態での プッシュ＆ムーブ】

❶Ａは仰向けで横たわります。ＢはＡの身体に手を当ててプッシュします。
❷〜❹Ａはプッシュされた部分だけを動かして、プッシュをいなします。仰向けとうつ伏せの両方行います。Ａはどうしたらより小さな動きでいなせるか、工夫してみて下さい。

これは地面や壁などに追いつめられた場合でも攻撃を吸収し、動きやすい状態を保ち続ける練習でもあります。壁に背面や前面を当てたり、片足立ちになったりなど、動きを制限して行うのも良いトレーニングになります。

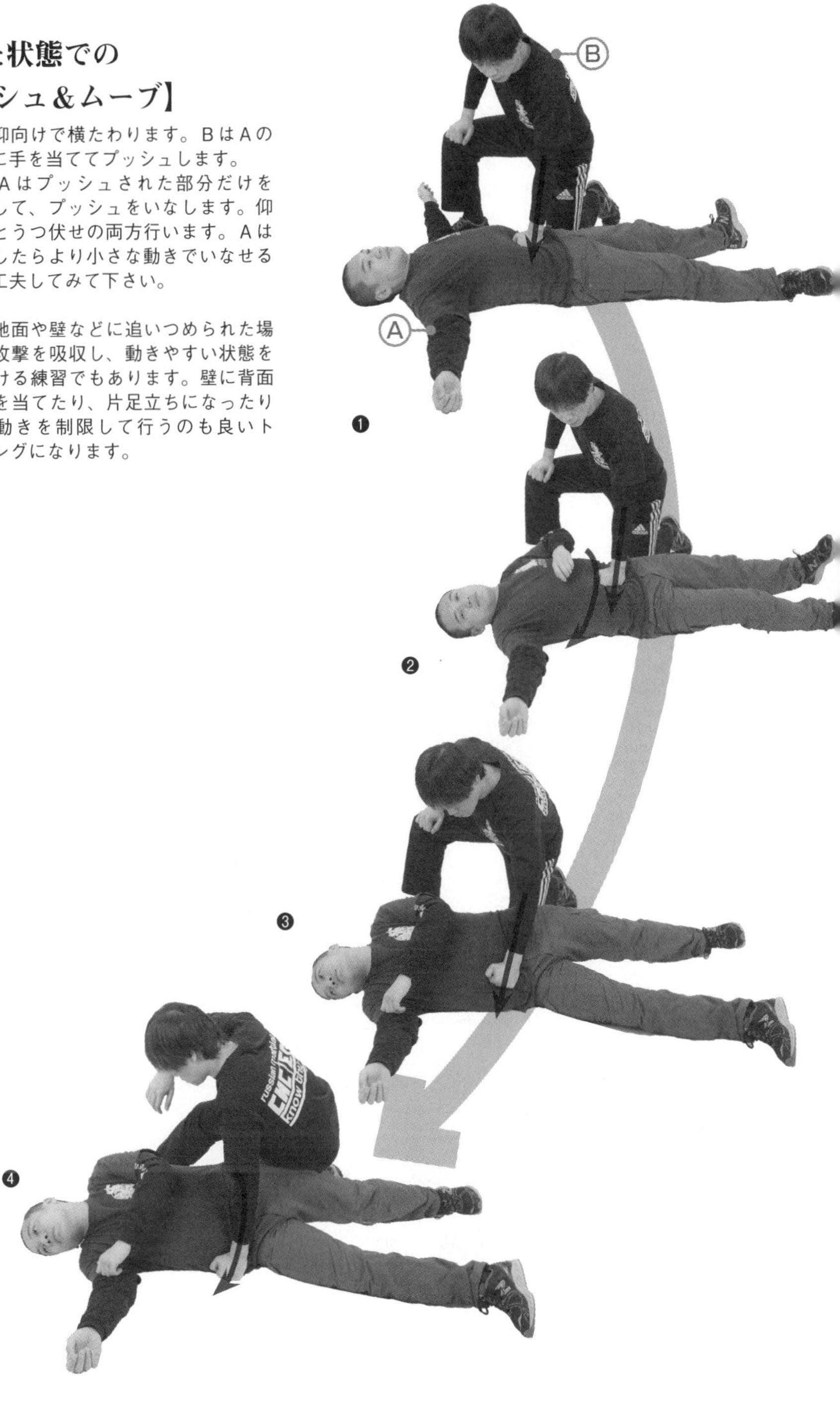

●エクササイズを行いながらのプッシュ＆ムーブ

プッシュアップ、スクワット、シットアップなどのエクササイズを行いながら、プッシュ＆ムーブを行うこともできます。外から圧力を受けつつも、自分のペースで動き続ける練習として適しています。

【プッシュアップ＋プッシュ＆ムーブ】

❶〜❹プッシュアップをするパートナーの身体をプッシュします。胴体だけでなく、手や足、頭部などもむらなくプッシュするようにして下さい。プッシュアップをする人は、プッシュを受けつつも自分のペースを崩すことなく、できるだけゆっくり行うようにしましょう。5〜10回で限界に達するくらいのペースが目安です。

【スクワット＋プッシュ＆ムーブ】

❶〜❹スクワットをするパートナーの身体をプッシュします。押す部位やペースなどに関しての注意点はプッシュアップと同様です。

【シットアップ＋プッシュ＆ムーブ】

❶〜❹これまでと同様に、シットアップをしながらプッシュ＆ムーブを行います。
このエクササイズがもし困難であれば、動きを一回り大きくし、全身の動きでプッシュを分散させるようにしてみましょう。「大きな動きから小さな動きへ」の原則に則ってステップを少し後戻りすることで、動きのネックになっている弱点を解消することもできるのです。

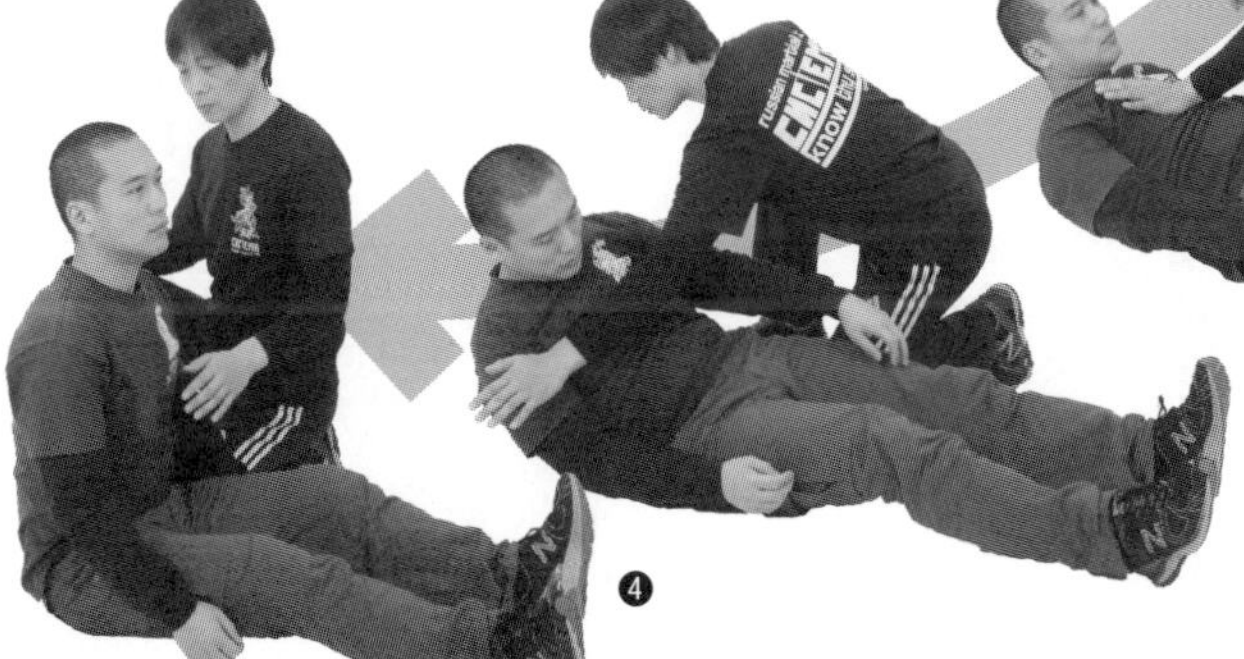

【ナイフを用いたプッシュ&ムーブ】

コンパクトなプッシュ&ムーブを、ナイフを用いて練習するのも良いでしょう。ナイフの軌道を避けつつ、すぐに行動に起こすことができます。
❶〜❸最初はあえて足を動かさずに行います。
❹〜❻慣れてきたら足の動きを加えます。

【プッシュ＆ムーブの発展】

プッシュ＆ムーブは、相手の動きを止めることなく、自分にとって有利になるよう活用するエクササイズでもあります。その発想を発展させれば、攻撃をそのまま相手に返すこともできます。失敗を恐れず色々なアイデアをトライしてみて下さい。

●接近戦への応用

マーシャルアーツ的な意味でコンパクトなプッシュ&ムーブが有効なのは、近距離での攻防です。第4章でも解説した通り、自分の攻撃を当てるには攻撃が当たる位置へと移動することが必須条件となります。しかし確実に当てようとすればするほど接近しなくてはならず、自分が攻撃を受けるリスクも高まります。コンパクトなプッシュ&ムーブはそうした状況でも攻撃を柔らかく受け、自由に動き続ける助けとなるのです。

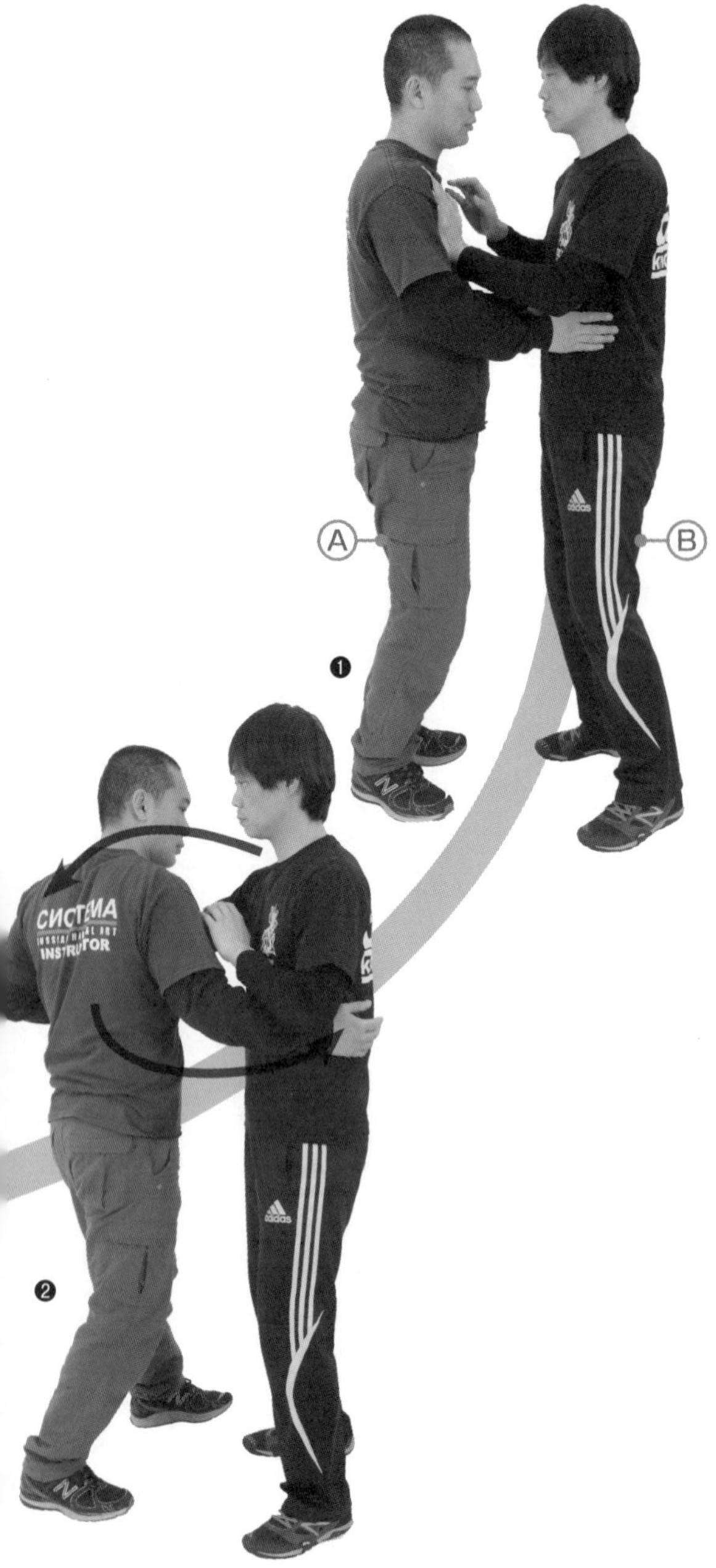

【至近距離でのプッシュ＆ムーブ】

❶Ａは B の正面に立ち、軽く肘を曲げて B の身体に触れます。
❷B は A の身体をプッシュし、A はそれを受け流しながら、B の周囲を移動します。常に両手、もしくは片手が B の身体に触れているようにして下さい。
❸B は足の位置を動かさず、手の届く範囲に A がきたらプッシュします。
❹A は常に B との位置関係を変えながらも、接近した距離はキープします。

慣れてきたら双方とも拳でのプッシュやパンチ、あるいはトレーニングナイフなどに切り替えても良いでしょう。A はくれぐれも B との距離をキープしながら位置を変え続けて下さい。すると自ずと有利な位置関係や不利な位置関係が見えてくることと思います。

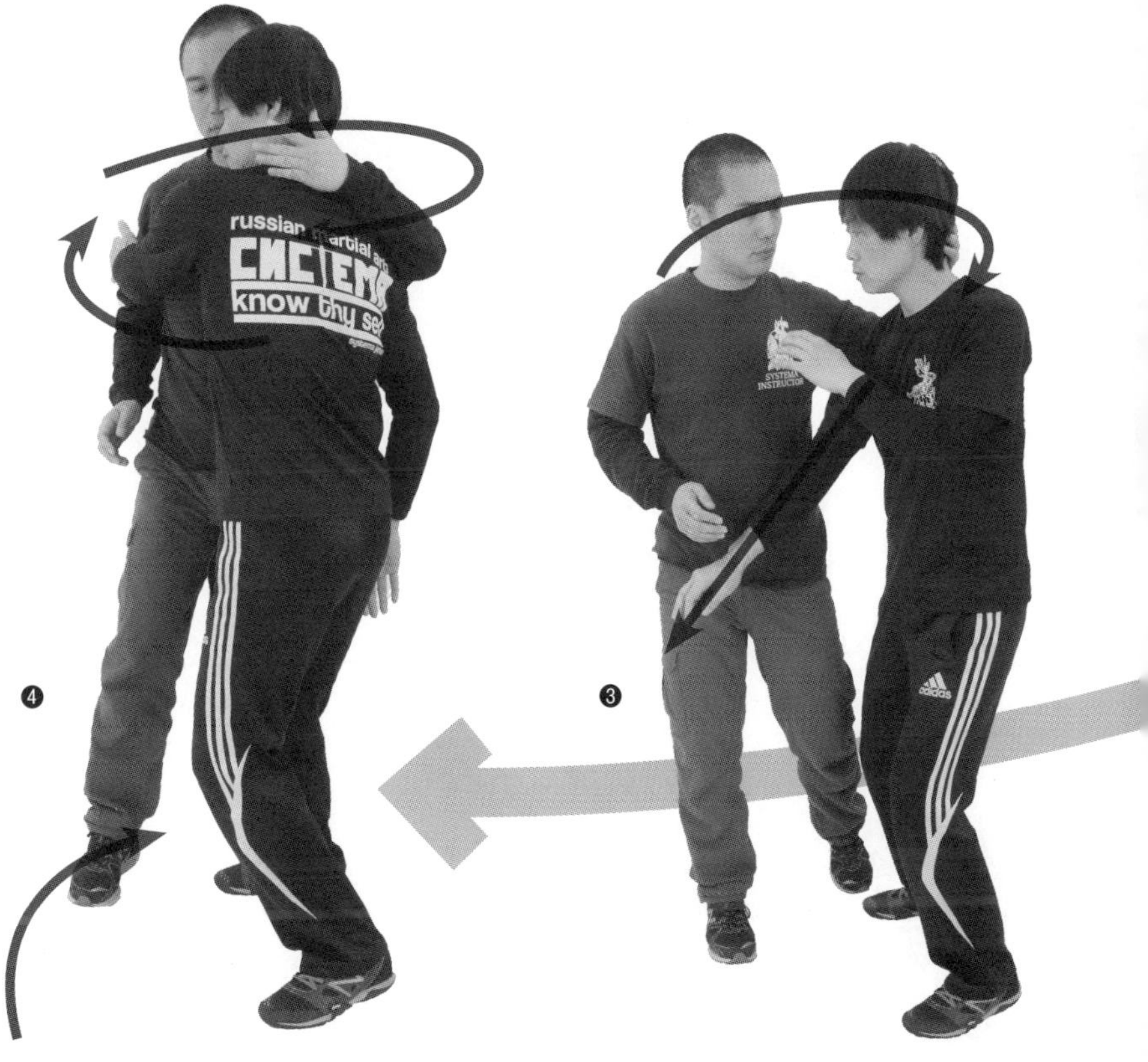

●中心のリラックスをキープする

続いてのプッシュ&ムーブでは、プッシュする側と受ける側の双方により高い精度が求められます。ここで養われるのは、動きのなかで相手の身体にある力みを感じ、そこに正確に力を伝えていくスキル。これは相手との力の繋がりを用いた、「コネクト」と呼ばれるテクニックにも直結します。

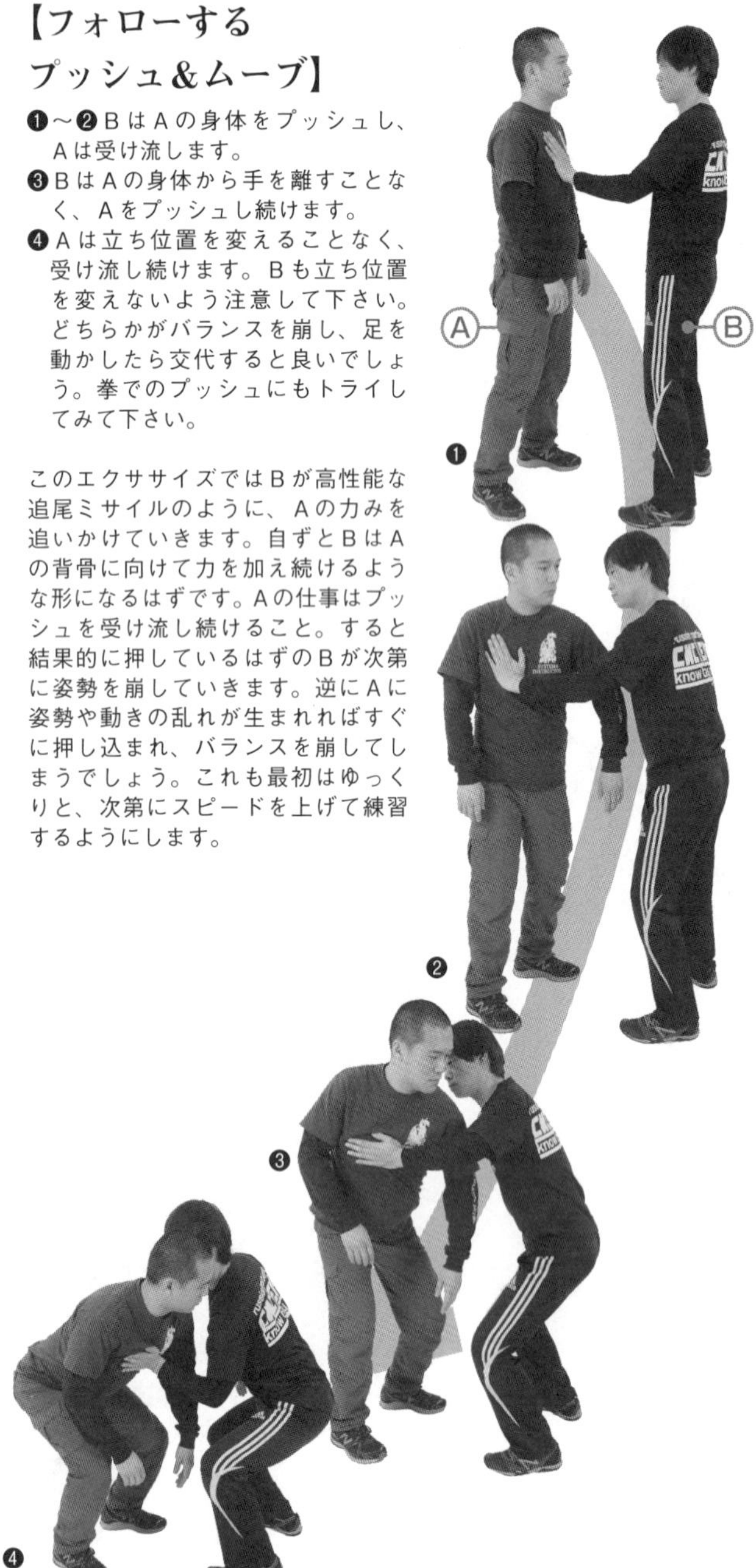

【フォローするプッシュ&ムーブ】

❶〜❷Bは A の身体をプッシュし、Aは受け流します。
❸Bは A の身体から手を離すことなく、A をプッシュし続けます。
❹A は立ち位置を変えることなく、受け流し続けます。B も立ち位置を変えないよう注意して下さい。どちらかがバランスを崩し、足を動かしたら交代すると良いでしょう。拳でのプッシュにもトライしてみて下さい。

このエクササイズでは B が高性能な追尾ミサイルのように、A の力みを追いかけていきます。自ずと B は A の背骨に向けて力を加え続けるような形になるはずです。A の仕事はプッシュを受け流し続けること。すると結果的に押しているはずの B が次第に姿勢を崩していきます。逆に A に姿勢や動きの乱れが生まれればすぐに押し込まれ、バランスを崩してしまうでしょう。これも最初はゆっくりと、次第にスピードを上げて練習するようにします。

●プッシュ&ムーブからの崩し

リラックスしたニュートラルな姿勢が崩れた部位が弱点、もしくはスキとなります。攻撃をする側と受ける側で、最初にこれが生まれるのは、基本的に攻撃を仕掛ける方です。なぜなら先手を打って行動する都合上、先に力まざるを得ないためです。次のエクササイズでは、前に紹介した「フォローするプッシュ&ムーブ」を少し発展させたものです。攻撃する側の力みを誘導し、姿勢を崩していきます。力みというミスを端緒として、相手を自滅へと導いていくのです。

【プッシュを利用した崩し】

❶Ｂは Ａの身体をプッシュします。「フォローするプッシュ＆ムーブ」と同じく、ＢはＡから手を離すことなく、Ａの中心を追いかけるように押し続けます。

❷ＡはＢからのプレッシャーを受けつつ、快適な状態をキープできるように動き続けます。すると自ずとＢの姿勢が崩れてきます。

❸～❹ＡはＢを軽く押して、崩します。うまくバランスを崩せていれば、指一本でも崩すことができるはずです。

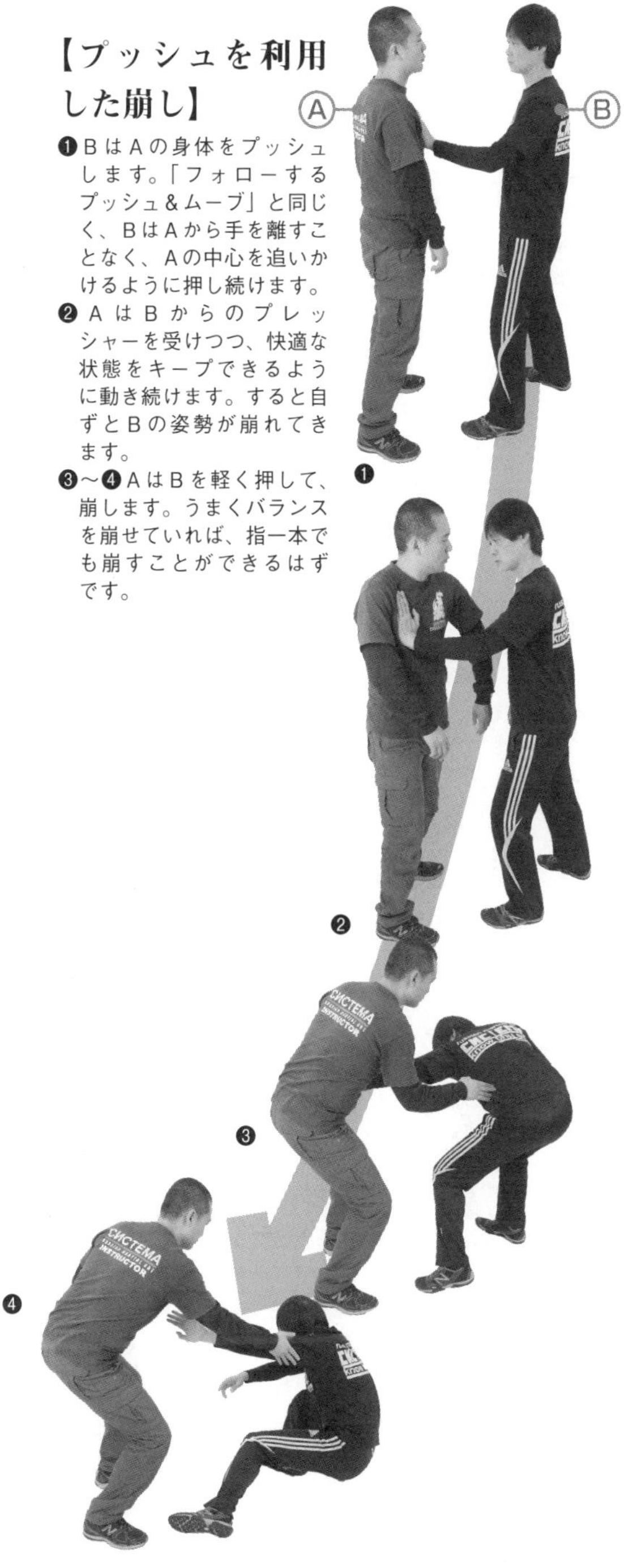

ここでの注意点は、AがBとの間に生じる力の繫がりを断ち切ってしまわないこと。Aが抵抗したり、いなしすぎたりしてしまうと、その繫がりが途切れてしまいます。するとBがバランスを回復してしまって崩せなくなるのです。これを避けるには、Aは快適な状態を保ちつつ、Bとの接触面にある程度のプレッシャーを残しておくようにします。相手を崩す際に拳でプッシュしても良いでしょう。

その発展バージョンとして、手を用いずに相手を崩す方法もあります。

【手を用いずに崩す】

❶前のエクササイズと同じく、BはAの身体をプッシュします。Aはプッシュをいなし、BはAの動きに合わせてプレッシャーをかけ続けます。
❷Aはプレッシャーを受けつつも快適な状態を保ち続けます。
❸〜❹これを続けていくとBの崩れが徐々に大きくなり、バランスを崩してしまいます。

この時、BはAへのプッシュを途中で止めてしまわないように注意します。バランスが崩れてくると力を入れにくくなりますが、止めてしまうと力の流れが途切れてしまってエクササイズが成立しなくなってしまうからです。

●足の動きについて

この章で紹介したエクササイズを含め、プッシュ＆ムーブはしばしば立ち位置を固定して行われます。これは明らかに「呼吸」「リラックス」「姿勢」「動き続ける」というシステマ四原則に反していますし、マーシャルアーツ的にも得策とは言えません。それでもあえて足を固定するのには理由があります。それは下半身のリラックスを促すということ。相手の動きに合わせて機敏に足を動かせば、相手の力を比較的容易に受け流すことができますが、その半面、下半身の強ばりをごまかせてしまいます。その動きに頼ってしまうと、いつまで経っても下半身の強ばりが自覚できなくなってしまうのです。それでも素手のうちはなんとかなるかもしれませんが、刃物が相手となると、こうした下半身の強ばりは致命的です。あえて動きを制限するのは、こうした弱点を早期発見して、ワンランク上の自由を手にするためなのです。

●内面から内面へと働きかけるプッシュ＆ムーブ

次はプッシュ＆ムーブに前の章で紹介したインターナルワークを組み合わせていきます。このエクササイズは初心者にはもちろん、インストラクターにとっても簡単ではありません。ですので、たとえまったくできなかったとしても気にすることなく、気軽にトライしてみて下さい。難しそうに思えても、実際に行ってみると意外に糸口が見いだせるものです。

【インターナルワークでの
プッシュ&ムーブ】

❶BはAをプッシュします。腕力で突き飛ばすのではなく、腕を伸ばして体重を預けるようにすると良いでしょう。
❷Aは外見的にはなるべく姿勢を変えることなく、体内の操作のみでBのプッシュをいなしていきます。
❸〜❹するとズルズルとBの手がズレるようにして、Aの体表から逸れていきます。

「プッシュ＆ムーブからの崩し」と同じく、プッシュの接触面を通じて相手を崩すこともできます。うまくいくと押し込んでいる相手が１人で勝手に崩れていくような結果になります。

相手の内部に方向性を加える

次はプッシュをする側が、相手の内部へと働きかけるようにします。表面的な筋肉ではなく、拳を通じてより深い層をコントロールしていくのです。ただ、こうした内的なエクササイズに進むにつれて、ざっくりとした説明になってしまうことをお詫びします。この類いのエクササイズはあれこれ理屈を仕入れるよりも、実際に感触を確かめながら行った方が、ずっと大きな手がかりを得られます。言葉での説明は誤解を招き、余計な先入観となってワークの妨げとなってしまいかねません。そのため、内的な要素が強いエクササイズに関しては最低限の説明に留め、あえて細かな注意点を記載しないようにしていますことをご了承下さい。

通常、人の意識は身体の表面に比べて内部の方がおろそかになっています。つまり「死角」となっているため、ここに働きかけることができれば、相手に気づかれにくくなります。ここで大切なのは方向性と深さの調節です。力んだ打撃は表面的になってしまいますし、内部に効かせようとしてプッシュ気味になると、力が後ろに抜けてしまいます。ブリージングによってリラックスしつつ、拳を通じて相手の力みや力の伝わりをよく感じながらトレーニングをしましょう。

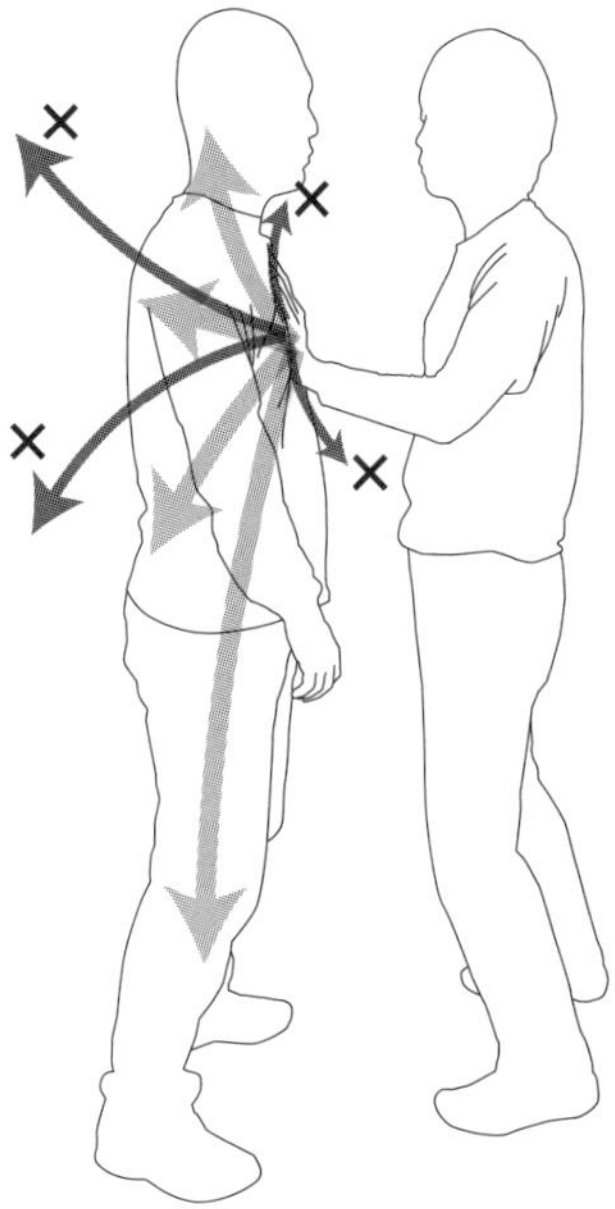

【拳によるインターナルコントロール】

❶Bはリラックスして立ち、AはBの身体に拳を当てます。AはBの内臓レベルにプレッシャーを与え、上方に移動させるようにします。プレッシャーが強すぎると後ろに力が逃げてしまって、かえって行いにくくなりますので、加減を調整して下さい。

❷〜❸Aは同様にして下方に移動させます。上方から下方へ勢いよく落とすと、その衝撃でBが腰を崩すこともあります。同様に左右に動かしたり、あるいは回転させてみたりするのも良いでしょう。

もし難しく感じたら、Bを壁際に立たせて行うのも良いでしょう。壁によって力が逃げにくくなるため、内面に力を伝える感覚を掴みやすくなります。

ミカエルの正確なストライクは、卓越したインターナルコントロールによるものと言えます。

【歩く相手の内部へのプッシュ】

❶ＢはＡに向かって歩きます。
❷ＡはＢの内部を浮かせるようにプレッシャーをかけます。
❸〜❹Ｂが浮いたらＡはＢの内部を一気に落とします。うまくいくとＢは内面が落下するような衝撃を感じて腰を崩すでしょう。
Ｂを浮かしたままにしたり、左右に方向を加えたり、あるいは回転の動きを加えたりと、色々と試してみて下さい。

慣れてきたら、Ｂは掴み掛かったり、殴り掛かったりといった動作を加えます。Ａはストライクでも同様のことができるかどうか、試してみても良いでしょう。
通常、プレッシャーはある程度の圧力と、その方向によって作用が決まります。しかしここでは圧力を最低限に留め、方向性だけを与えるようにして下さい。するとわざわざ自分の力を伝えなくても、相手がもともと持つ動きをコントロールできるようになっていきます。

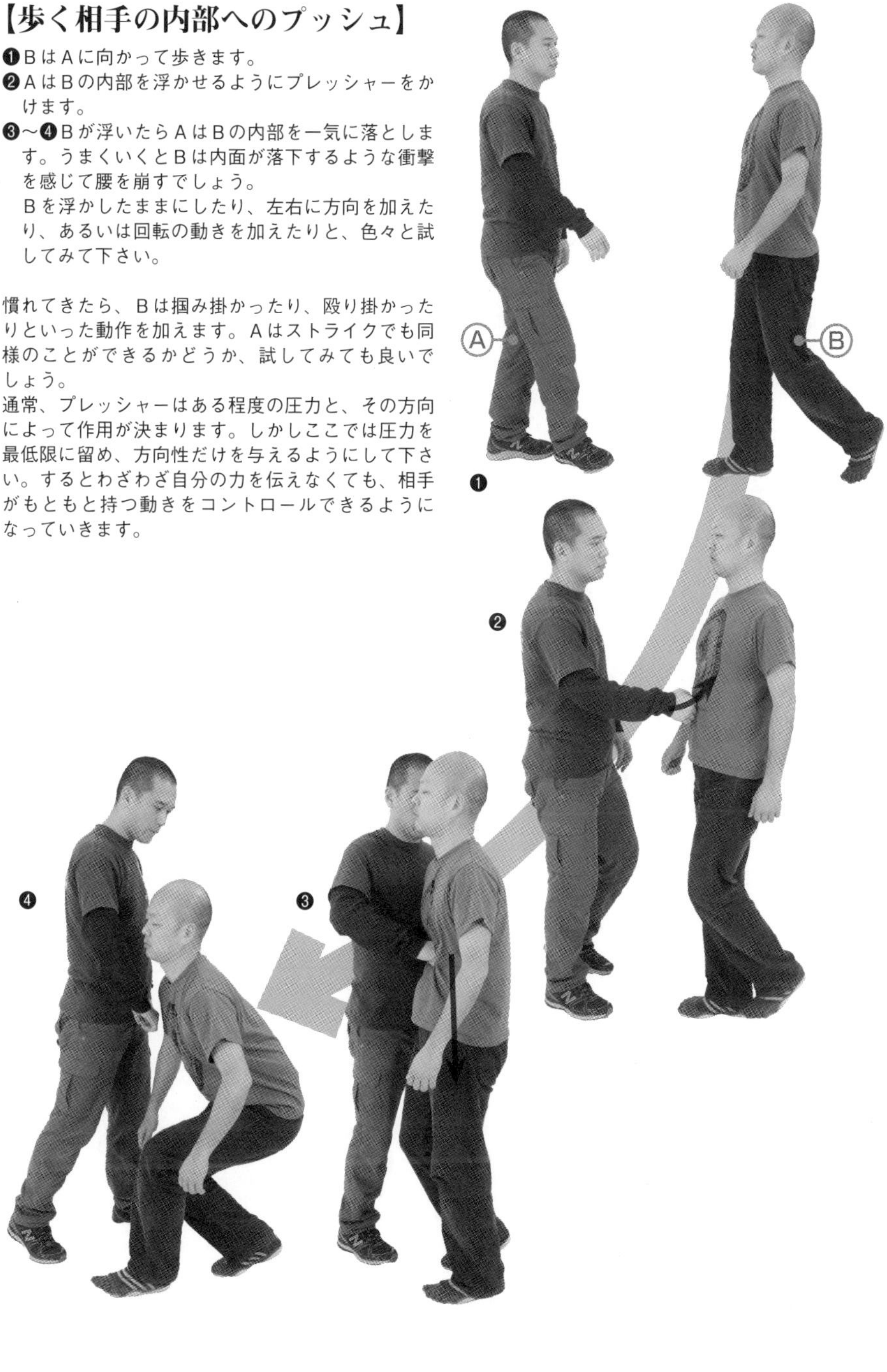

●「受」と「取」について

こうした微妙な感覚を要するエクササイズに取り組む時は、双方が繊細に動きを感じながら動くことが求められます。一方が腕力に頼ってしまううちは、練習を成立させることすらできませんが、かと言って力を抜きすぎてもいけません。日本武道では技をかけられる側を「受《うけ》」、対してかける側を「取《とり》」と呼びますが、システマにおいても、両者の関係性はトレーニングの質を大きく左右する大切な要素となります。

例えば受ががむしゃらに抵抗していたらどうでしょう。特に崩しや投げの練習でしばしば見かける光景ですが、当然、取は技をかけにくくなります。そのためリアルな練習と思われることも多いのですが、残念ながらトレーニングとしては、あまりレベルの高いものではありません。その理由はいくつかあります。まずは、受にとって自殺行為であるということ。なぜならシステマのトレーニングでは、相手が素手であろうが刃物を持っていようが、同じように通用する動きを目指します。相手の眼前で踏ん張り、居着いてしまっては自ら刃物の餌食になる練習をしているようなものなのです。

もう一つは、恐怖心をコントロールするという方向性とは、正反対の動きになってしまうということ。がむしゃらに防ぐ受けの根底にもやはり恐怖心があります。技を受ける際も恐怖心に捉われないように意識し、自らを快適な状態に保たなくてはいけないのです。

他にも理由は挙げられますが、やはり最も大きなマイナスとなるのは、マスターやシニアインストラクターといった、ハイレベルな人々の技を受ける時です。夢中に防ぐばかりでは技を感じるだけの余裕がありません。感じることができなければ、感触から学ぶことも不可能です。ただ逃げ回るだけの経験値が蓄積され、よりレベルの高い動きへと至る道を自ら遮断してしまうのです。

これに関して思い出されるのが、ミカエルがリードを務めたあるセミナーでのことです。この日は参加人数が少なめだったこともあって、ミカエルは一人一人に技をかけ、感触を味わわせようとしていました。ミカエルは相手を恐れさせないよう気遣い、ソフトに技をかけますが、受ける人は踏ん張ったり、逃げ回ったりと防ぐのに夢中で、技を感じるつもりがまるでありません。ミカエルは「よく感じて下さい」と繰り返して伝えていましたが結局、ほとんどの人は受け方を変えることはありませんでした。確かにミカエルの技を恐れてしまうのは、無理もないことかもしれません。ですが感触から学ぶ情報量は、言葉やエクササイズから得られるものとはケタが違います。筆者自身の経験を省みても、上級者から受けた技の感触抜きにレベルアップはあり得ません。創始者ミカエルであればなおのことです。それだけにみすみす学びの機会を放棄している参加者たちと、大切なことを伝えようにも受け入れてもらえないミカエルの双方を、なんともやるせない思いで見るしかありませんでした。

もちろん「実戦の場では、相手が抵抗するに決まっている。だから抵抗するのは当然だ」という意見もあるでしょう。ですがトレーニングにおいて受が抵抗できるのは、どのタイミングでどんな技をかけられるのかが、あらかじめ分かっているためです。現実的という意味で言えば、その方がずっと非現実的であるように思えます。

「今は何を教えられ、何を学ぶべきなのか？」ということを常に考えることで、稽古の質はもちろん、学べる幅は大きく変わります。

しかし、自ら率先して技にかかれば良いわけでもありません。段階によっては受に力を込めて抵抗してもらう練習も必要です。その場においてどのような受けが適しているのか。その見極めは経験を通じて学んでいくしかありません。ただ、確かに言えることが一つあります。

それは良い受けは取と受、双方の上達をもたらすということです。一方の悪い受けは、双方の停滞もしくはレベルダウンをもたらしてしまいます。

目先の技の成否よりも、どうしたら自分と相手がともに上達していけるだろうか。そう考えながらトレーニングに臨むことで、自ずと適切な受け方が見いだされてくることでしょう。

マスターズ・ヴォイス

「速いのか？ ギクシャクしているのか？」

by ヴラディミア・ヴァシリエフ&コンスタンチン・コマロフ

人の目は、ギクシャクした動きや点滅、あるいは万華鏡のようなイメージの変化に、アクティブに反応するようにできています。そのためギクシャクとした動きは速く見え、逆に高速で滑らかな動きは遅く感じるのです。また、私たちの目は静から動への急激な変化は容易に認識できる一方、安定した加速は検知できません。では、ギクシャクして一見速く見えるのに認識されやすい動きと、滑らかで遅く見えるのに実は速い動きとの違いは何でしょう？

・本当に高速な身体の動きは滑らかです。あらかじめ身体を〝整える〟ことなく、即座に動き出します。急ぐことなく安定した加速があり、目標点で最大速度に達します。

・身体がすでにリラックスし、調和している場合、初めに身体を「整える」、あるいは「安定させる」などの余分なステップが必要ありません。身体が落ち着き、いつでも動く準備ができていれば静から動へ変化し、加速するのは、容易で目立たないのです。

・ギクシャクした動きは始めに筋肉を緊張させ、必要な関節を「集合」させます。身体を安定させ、あるいは整えられた後でのみ「爆発的」な筋肉の収縮があり、身体あるいは身体の一部を押し出します。残りの動きは惰性で行われるため、速度は徐々に落ちていきます。

・ギクシャクした動きは過剰な緊張の結果です。従って、自分自身を肉体的にも精神的にも傷つけます。

・緊張した構造体は常に脆弱なので、揺らされたりすると関節や内臓に不必要なストレスが生まれます。

・ギクシャクした動きは注目を浴びるため、自身をより目立つターゲットとしてしまいます。ほとんどの場合、あらゆる戦闘や仕事の動きとして好ましくありません。

・ギクシャクした動きは、精神的な不安定さを示すサインであり、やればやるほど、心理的な強さを阻害することになります。

・過剰な緊張は、疲労を早く起こさせ、戦闘やスポーツ時の耐久力を低下させます。

・ギクシャクした動きは、緊張した筋肉は反応が鈍く対応力が低いため、明らかに精度が劣ります。

・ギクシャクした動きは、力があるかのような錯覚を起こしますが、現実には、滑らかで安定した加速の動きのなかに力があります。もし動きが遅く見えるようならば見直してみましょう。穏やか（Calm）なだけなのかもしれません。

（トロント本部 WEB site「Training Tips」より）

左からヴラディミア、コンスタンチン、ヴァレンティン。
三人のマスターが揃った貴重な写真。

第8章

〝ショートワーク〟

相手に動きを見せずに倒す

「攻撃のラインを避けるだけでなく、相手の注意のライン上から自分自身を消すのです」

by ヴラディミア・ヴァシリエフ

「攻撃的な相手に対処する時、くれぐれも相手をそれ以上、攻撃的にさせてはいけません。正面から拳を構えたり、睨みつけたりするのは禁物です」

by コンスタンチン・コマロフ

テクニックとその背後にある原理

システマのストライクは言わば「ナイフなしのナイフワーク」です。この章で紹介するのは、ストライクを戦略的に使う際のいくつかの要点と、それに関連したテクニックです。大切なのはテクニックを表面的に真似るのではなく、その背後にある原理を理解し、自分なりに発展させることです。どうすれば望む効果を確実に得られるストライクになるのか。細やかな観察と分析に基づいた試行錯誤の積み重ねによって、自分に最適化されたストライクを身につけることができるでしょう。それは人真似のストライクとは異なり、その人の力を最大限に活かせるストライクとなるのです。

●手の位置を意識する

確実に当たる場所に拳を移動させる。それがストライクを当てるための基本です。位置関係が適切であれば、攻撃を繰り出す必要すらなくなります。なぜならその時にはすでに攻撃が終わってしまっているためです。

相手との位置関係は大きく二つの要素に分けて考えることができます。

それは「立ち位置」と「手の位置」です。

「立ち位置」とは相手との位置関係のこと。これについては前述したので割愛し、ここでは「手

・さりげない手の位置

・構えた状態

・ダランと腕を下げた状態

の位置」について解説していきます。

自分が有利な位置に入った時、手の位置が悪ければすぐに行動することができません。準備動作に費やされる一瞬の間に相手は動き、位置関係が崩れてしまうためです。

例えば手の意識が抜け、ダランと下げっぱなしでいたらどうでしょう。適切な立ち位置をキープしたとしても、いざ当てる際には拳を持ち上げる動作が必要となります。ほんの僅かな時間ですが、その一瞬の遅れで攻撃のチャンスを逸してしまうのです。そうかと言って、ファイティングポーズを取るわけにもいきません。相手に攻撃の意思を伝え、無用な刺激を与えてしまうためです。ですから、手を用いる際はさりげなく手を身体の前に持っていくようにします。日常生活においても、鼻の頭をかいたり、指を解したりなど、何気なく手を持ち上げることがあるでしょう。そのくらいのさりげなさで手を身体の前に持って来ておくのです。こうして位置取りに成功すれば、接近と同時にストライクを当てることができますし、懐やポケットに武器になりそうなものが入っていれば、スムーズに取り出すこともできます。相手に警戒されることなく手を上げられるようにするには、日常生活において自分や周囲の人々がどのように手を使っているか観察してみるのも良いでしょう。マスターのコンスタンチンは、セルフディフェンスの要訣について次のように語っています。

「護身の七割は危険人物との距離で決まる。残りの二割は角度。最後の一割は演技力だ」

このなかにストライクや関節技といった戦いの技術は一切、含まれていません。それに勝る技術として、コンスタンチンは「演技力」を挙げているのです。何気なさを装いつつ、手を戦略的に有利な位置へと移動させる。そこにも演技力は欠かせません。意図的に何気なく振る舞うのはなかなか難しいですが、研究する価値は大いにあると言えるでしょう。

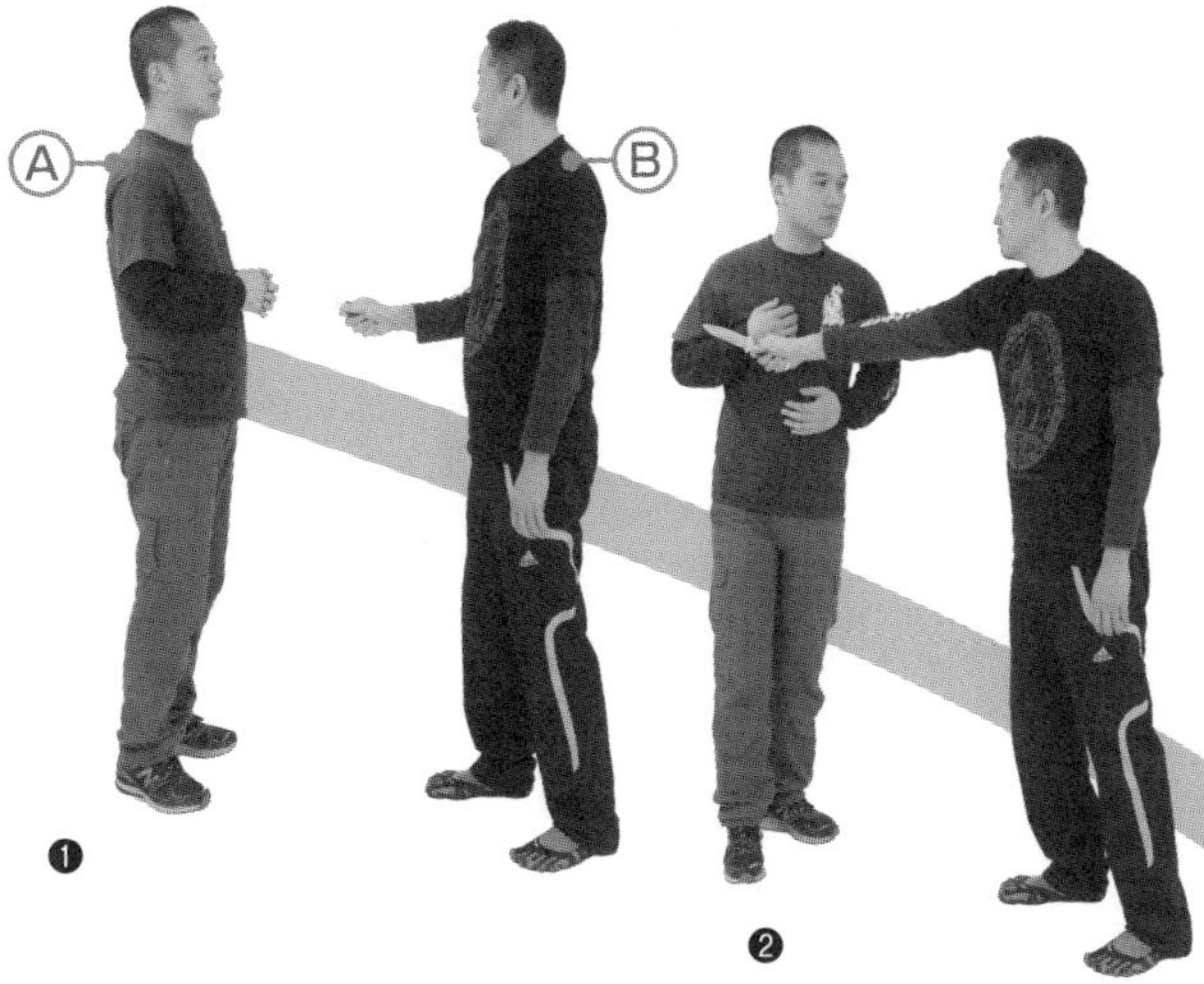

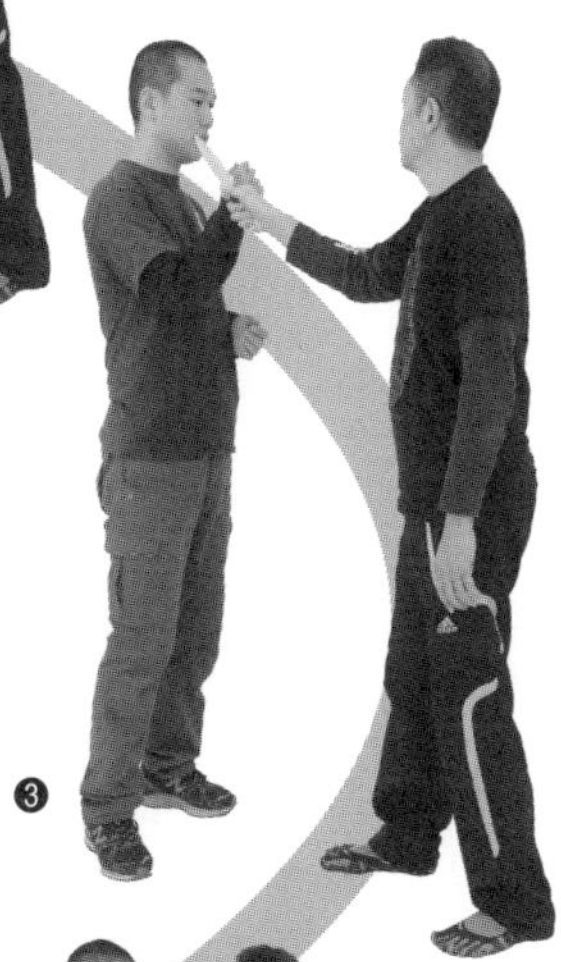

【何気なく手を上げるエクササイズ】

❶Bは A に対しナイフでゆっくりと攻め込みます。
❷Aは回避しつつ何気なく手を上げ、ナイフと自分の間にくるようにします。この時、Bの手を払ったりする必要はありません。ただ手をナイフと自分の間に持ってくるだけ。その位置関係さえ成立すれば十分、シールドとしての効果が得られるのです。突発的な鋭い動きは相手の注意を引いてしまいますので、速すぎず遅すぎない自然な動きを心がけるようにしましょう。
❸～❻繰り返します。Aは毎回、異なる方法を試してみましょう。

●相手の攻撃を手で払いのけない

前のエクササイズではナイフを持つ手を払いのけず、ただナイフと自分の間に手を持ってくるという位置関係のみを重視しました。これは、防御における基本的な動作でもあります。システマにおいて攻撃の手を払いのけるのは厳禁です。払った勢いを利用され、さらなる攻撃を受けることになってしまう恐れがあるためです。これが刃物であれば致命的なミスになってしまいかねません。そのため、攻撃を仕掛けてくる手は払うことなく、軽く触れるようにします。そうして相手の動きをフォローするのです。触れる部位は主に手首の手の甲側です。ちょうど腕時計を着ける辺りと思えば良いでしょう。手首の脈がある側を向けるのも禁物です。動脈を切られる可能性があるためです。もちろん手の甲側を切られるリスクはありますが、太い血管が通っていないため致命傷になりにくいのです。

攻撃をする際も同じことを心がけます。つまり払われた勢いを自分の攻撃に活用できるよう、十分に腕をリラックスさせるのです。ほんの僅かでも相手の力を受け取ったら、その動きを拳に乗せてターゲットに伝えていく。防がれても留まることなく変化し、命中させられるようなストライクを身につけるにはやはり、全身のリラックスが不可欠なのです。

【ナイフを払うことの危険性】

❶〜❷ナイフを持つAの手をBが払いのけます。
❸この時、Bは「ナイフに対して自分の身体をがら空きにしてしまう」「ナイフを持つAの手に運動エネルギーを与えてしまう」「払いのけた際の力みによって、身動きが取れなくなってしまう」といったミスを犯してしまっています。
❹これらのミスによってBはナイフの攻撃を受けてしまいます。

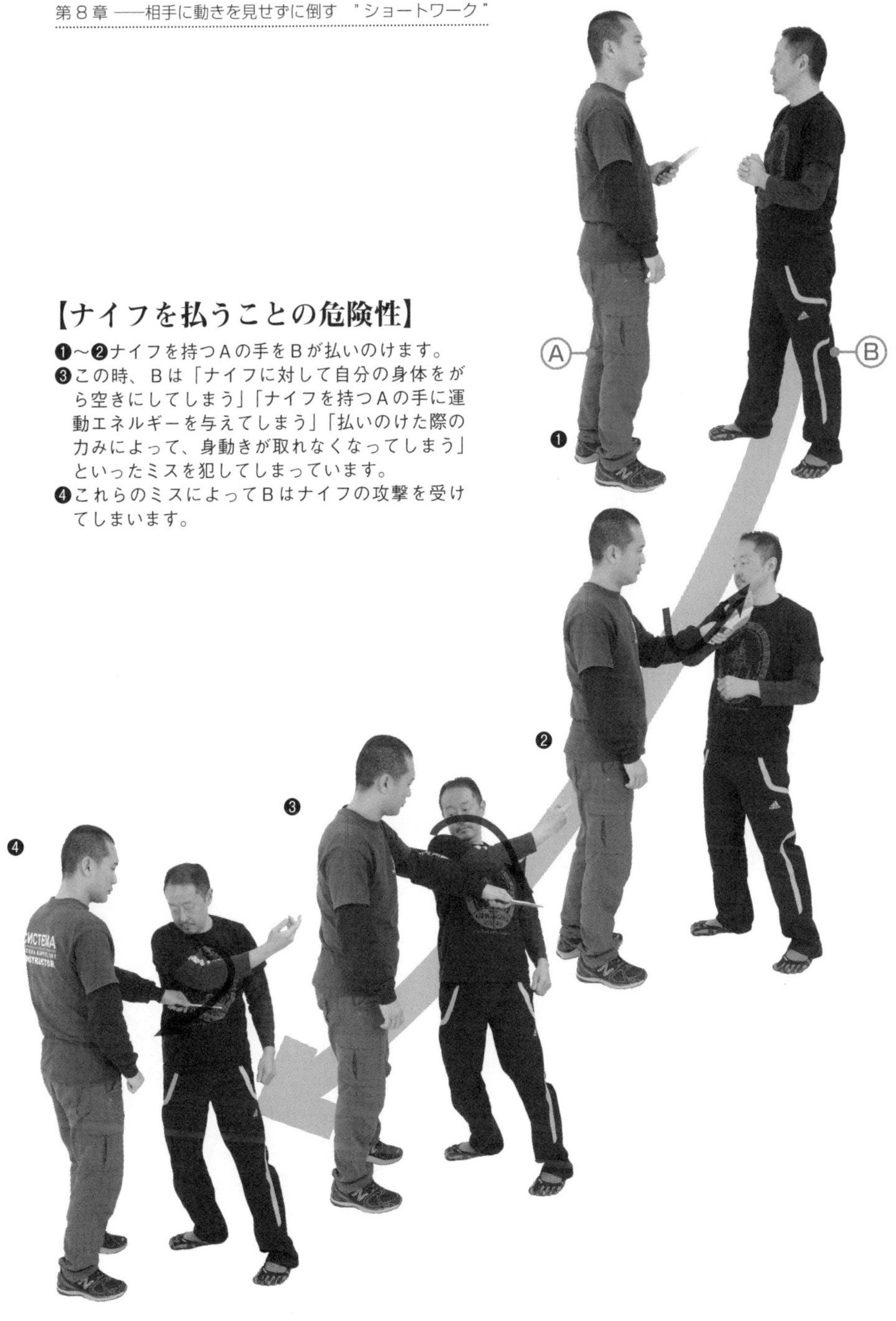

【手首でフォローするエクササイズ】

❶AとBが手首の手の甲側を合わせます。
❷Aは手を動かしながら自由に歩き回ります。BはAを追って、手首を合わせ続けます。
❸〜❻Aはしゃがんだり、ローリングをしたりしても良いでしょう。Bは適宜、左右の手を入れ替えて構いませんが、どんな時も手首が離れないようにします。

手首での接触をキープすることで、情報を読み取り続けるのがこのエクササイズの狙いです。これを続けていくと、攻撃を受けながらも即座に相手に接触し、コントロールする感覚が身についていきます。

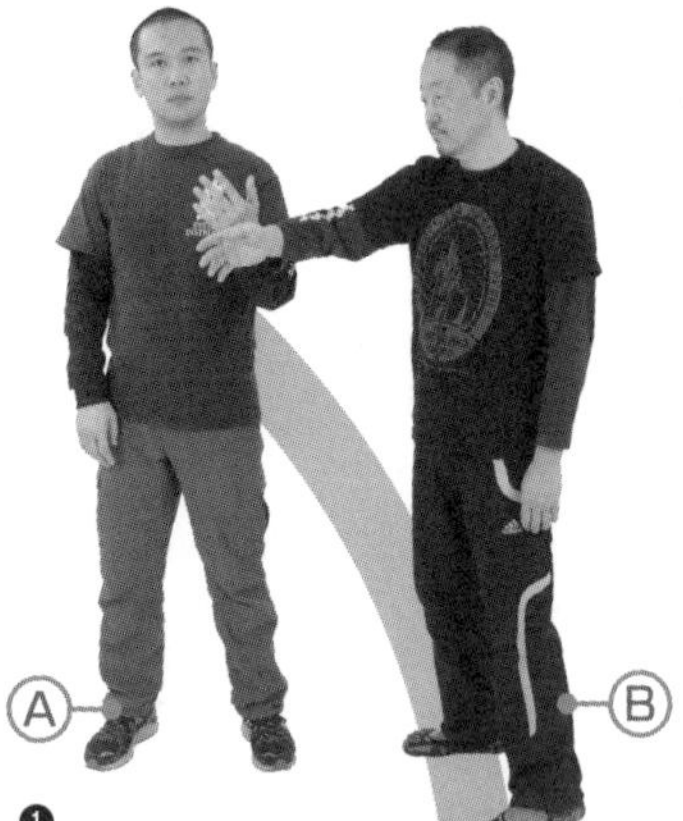

❶

❷ ❸ ❹ ❺ ❻

【ナイフでの攻撃に触れる】

❶～❹Ａは身体の中心を境に、左右の手を入れ替えるようにしましょう。右手を左側、左手を右側といったように、手が身体の中心を超えるまで伸ばしてしまうのはなるべく避けます。身体が捻れて不自由な姿勢になるうえ、反対側の腕の動きを制限してしまうためです。

Ａは極力、軽いタッチでＢに触れ続けるようにし、払いのけないようにします。つい払いのけてしまうのは多くの場合、胴体を居着かせたまま手だけを動かしているため。接触部だけでなく全身を意識し、全身で相手の動きに合わせていくようにします。

❺～❼また、ダミーナイフを使った稽古では、Ｂは時おり手首の内側にある脈の部分を切りつけるのも良いでしょう。Ａが腕を強ばらせていれば簡単に切られますし、そうでなければ腕が反射的に動いて回避できます。腕がリラックスできているか確かめる良いチェックとなります。

相手に近い側の手をあけておけば、すぐに反撃できます。

【相手の払いを利用したストライク】

ナイフの動きをストライクに応用します。払われた力をそのまま拳に乗せて打ち込むのです。

❶Aは軽く腕を伸ばし、拳を前に出します。

❷BはAの腕を払います。

❸〜❹Aは払われた勢いを利用して、Bの顔や身体、腕など手近な部位に拳を運びます。慣れてきたら、ABともに移動しながら行うのも良いでしょう。払われたところから、ストライクが当たるまでの動きをひと繫がりにし、途中で途切れてしまわないように気をつけます。

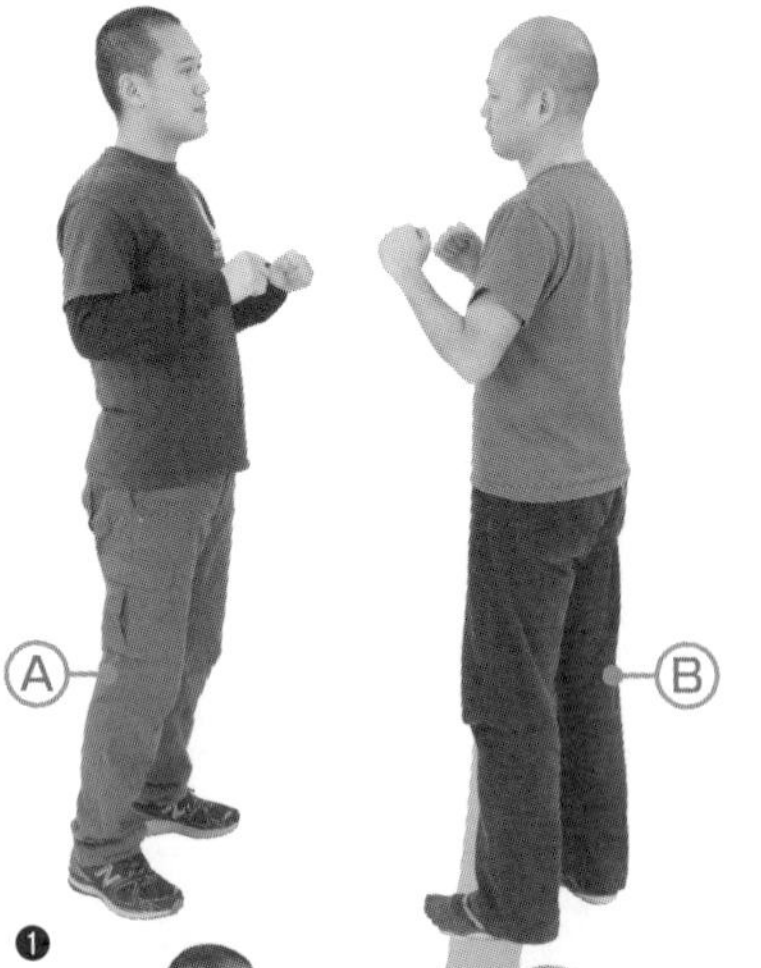

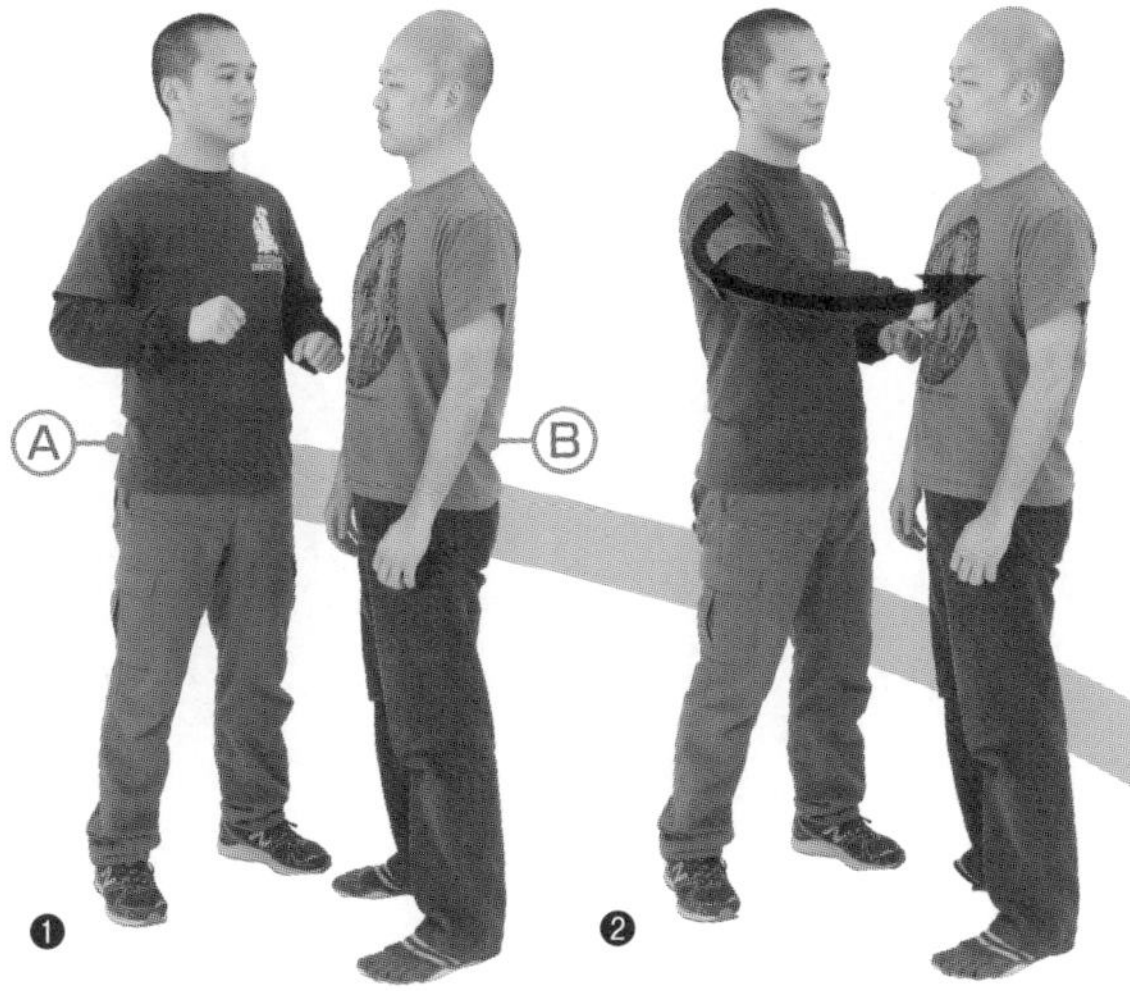

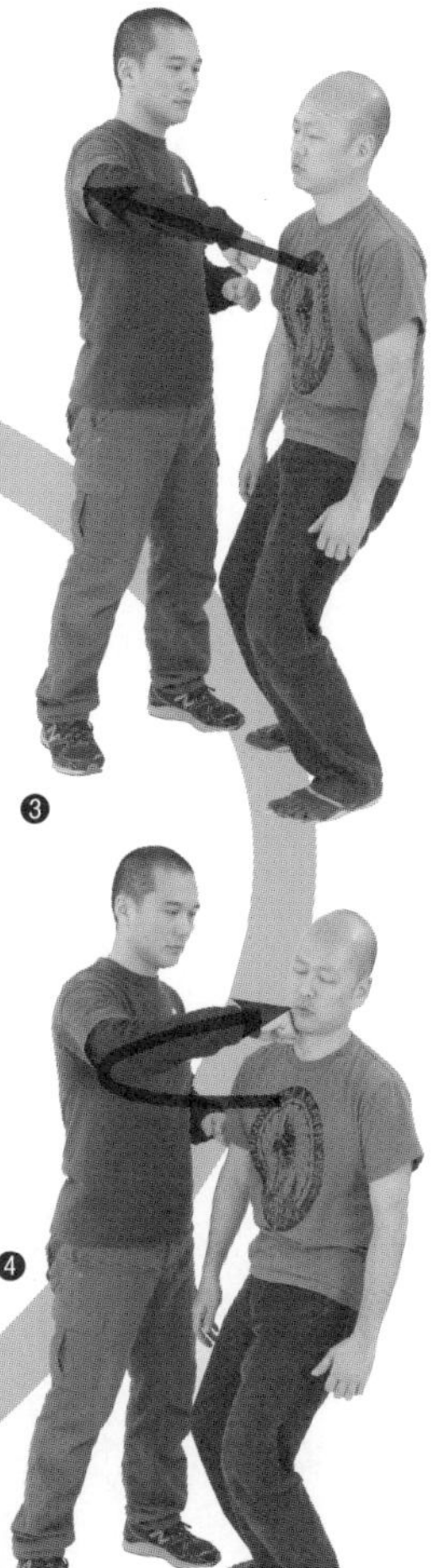

【デュアルヒットストライク】

拳が相手に当たった時も、それで動きを途切れさせてしまってはいけません。相手の身体を拳が弾む反動を利用して、続けざまにストライクを打つことも可能です。

❶～❷Ａは B の身体に軽くパンチを入れます。

❸～❹Ａは拳が跳ね返った勢いをそのまま使って、別の部位にパンチを入れます。

❺～❻ピンボールの玉がバウンドする様に拳を使うことで、腕や顔などいくつかの部位を立て続けに打つことができるはずです。

慣れてきたら、B が掴み掛かったり、殴り掛かったりなどの動作を加えてみて下さい。バリエーションとして、B が攻撃を仕掛けるような構えを取っても良いでしょう。Ａの要領は同じです。

【対多数へのストライク1】

バウンドする拳が特に威力を発揮するのは、相手が複数の時です。上級者であれば周囲の空間を縦横無尽に拳が飛び回るようになります。ここでも大切なのは動きを区切らず、ひと繋がりにすること。どうしてもぶつ切りになってしまう場合は、細く長くブリージングを行いながら動くと、いくつかの動きを一つの動きとして繋ぎ合わせることができます。

❶Aに対し3メートルほど離れたところから、BとCがゆっくりと攻撃を仕掛けます。
❷Aは手近なBに攻撃を打ちます。
❸Aは拳のバウンドによってもう1人を打ちます。

Aは全身をリラックスさせ、拳の行く方向に素直に乗っていくようにします。

第6章で紹介した「末端から動くワーク」をじっくりと練習すれば、この動きも自然と向上していくことでしょう。

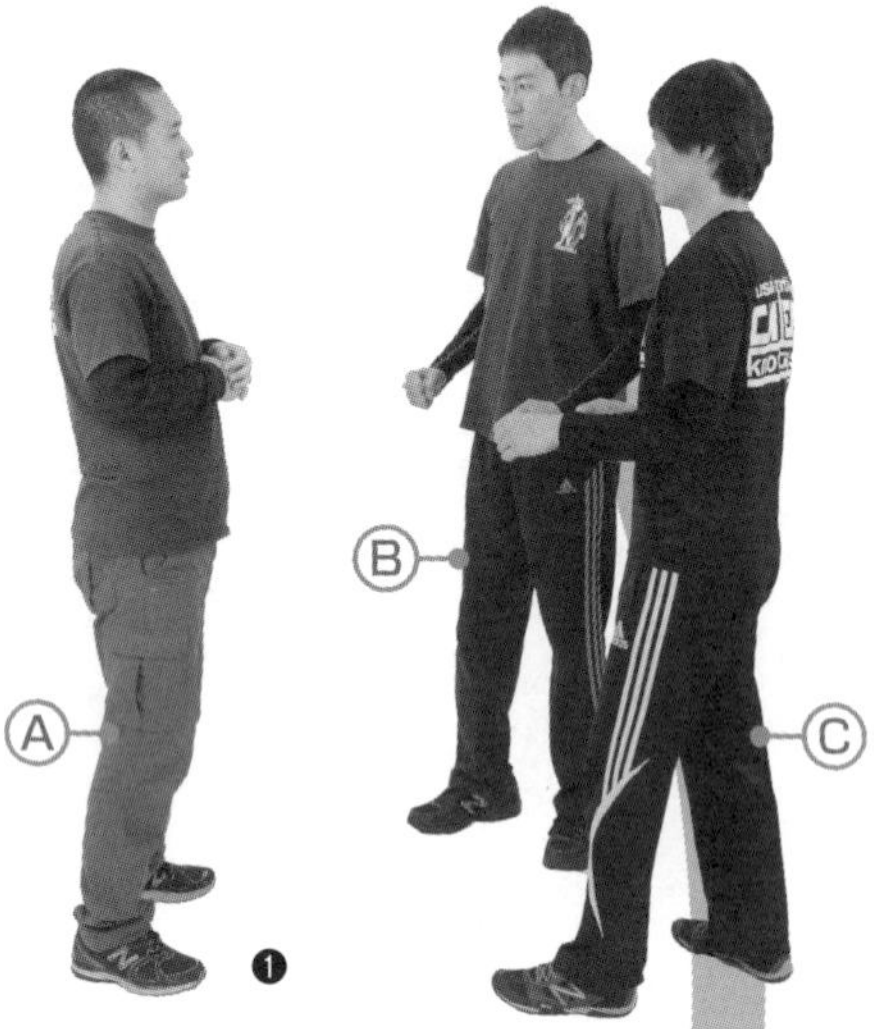

【対多数へのストライク２】

多人数を相手にする時は、１人１人に個別に対応していてはとても間に合いません。そのため一つの動作が、そのまま次の動作に続くようにします。

❶Ａに対し３メートルほど離れたところから、ＢとＣがゆっくりと攻撃を仕掛けます。

❷～❸Ａは手近なＢに攻撃を打ち、そのまま動きを止めることなくＣを打ちます。

❹そのまま勢いを殺さず、再度Ｂを打ちます。

こうしたストライクを打つためには、打ち終わりに身体を硬直することなく、快適で動きやすい姿勢を保つ必要があります。

●接触による情報戦

相手の手を払いのけることなく、ただ触れるようにする。それは相手から情報を得るためであると同時に、自らの情報を与えないためでもあります。身体は僅かな筋肉の力みや姿勢の変化として、実に多くの情報を発信しています。

それが相手に伝われば、行動を先読みされてしまうことに繋がります。ある程度トレーニングを積んだ人であれば、ほんの僅かな接触から相手の全身を読み取り、的確に弱点を攻めることができます。それを防ぐためにも、極力相手に情報を与えないよう心がける必要があるのです。

特に避けたいのは相手の目の前でナイフや拳を大きく振りかぶるような動作です。いつ、どこで、どんな手段で攻撃してくるのかが丸分かりになり、相手に対処する余裕を与えてしまうのです。映画やマンガでは大振りな動作で敵が襲ってきますが、それはフィクションの世界だからこそ。最も効果的なのは予期せぬ攻撃です。同じ攻撃であっても予期されているかそうでないかで、大きく効果が変わるのです。そのためには触覚と視覚、いずれからも情報を与えない方が良いのです。自らの内側を観察し、不要な動作や力みを一つ一つ取り除いていくインターナルワークが重視される背景には、こうした理由もまたあるのです。

●ショートワークとは何か？

攻撃を確実に当てるには、相手に悟らせないことが最優先となります。たとえ凄まじい速度のパンチを繰り出せたとしても、「目も止まらないほど速いパンチ」が見えているようでは、意味がありません。身体の使い方はもちろん、相手との位置関係や意識の操作、タイミングなど多様な要素を加味することで、攻撃の存在そのものを相手に悟らせないようにするのです。

すると自ずと必要となるのが「ショートワーク」です。ショートワークとは、すぐにハグできるくらいの至近距離で相手をコントロールする技術です。この距離だと身体の大部分が相手の視界から隠れるうえ、攻撃を当てるのに必要な時間も最低限で済むため、動きが悟られにくくなるのです。

とは言え、相手の攻撃圏内に入るというリスクも孕みます。そのためできるだけ短時間でやるべきことを済ませなくてはいけません。そこで有効なのが、「ショートストライク」です。コンパクトかつ効果的な打撃によって、相手を崩し、コントロールするのです。ここで紹介するのはその代表格であるショートパンチを身につけるためのエクササイズです。しかし初心者が取り組むのはあまりお薦めできません。なぜならショートワークを見よう見まねで真似しても、縮こまった固い動きにしかならない場合が多いためです。まずやるべきは、縮こまった身体をのびのびと大きく動かせるようにすること。そうして引き出した動きをコンパクトにまとめていくからこそ、高い効果が得られるのです。ショートワークを学びたい方は、できるだけヴラディミアやミカエルといったマスターや、その指導を受けた公認インストラクターのクラスに参加するようにしましょう。

【ショートパンチのプッシュアップ】

❶うつ伏せになり、床に拳を当てます。
❷息を吸いながら、拳で床を押すようにして数センチだけ身体を浮かします。
❸鋭く息を吐くと同時に瞬間的に肘を脱力させ、身体を落下させます。
❹至近距離では、いつでも快適な状態で相手に拳を当てられるとは限りません。窮屈な姿勢でも瞬時に力を抜けるように練習しておくことで、どんな姿勢からでもショートパンチを打てるようになるのです。

ヴラディミアは「ショートパンチのコツは瞬間的な肘の脱力」にあると話します。肘が力んでいると鋭い加速の妨げとなり、パンチをもっさりとしたものにしてしまうのです。また拳の位置は一定にせず、色々と変えるようにして下さい。

【横たわってのショートパンチ】

❶Aが仰向けに横たわり、Bがその上に力を抜いて横たわります。
❷〜❹Aは拳でBをプッシュし、自分の上からどけます。

どうすればより軽い力でどけられるか、拳の当て方や姿勢などに気を配りながら行ってみて下さい。寝転んでエクササイズを行うのは、足腰の力を封じて拳の動きを引き出すためでもあります。そのためここでは床に足を着かないようにします。脚力が身体の力みを生んでかえって動きにくくなりますし、スタミナ消耗の原因にもなるためです。拳から生まれる力をよく感じ、それによって動きを生み出すようにしましょう。

【組み付かれた相手へのショートパンチ】

前のエクササイズと同様のことを、立った状態で行います。

❶Bは A に組み付きます。A はブリージングによって身体をリラックスさせ、組み付かれることで生まれる精神的な動揺を軽減します。
❷Aは拳をBに当て、より快適になるように位置や角度を調整します。
❸〜❹Aは拳を当てた状態からBを拳でプッシュし、崩します。

もし崩れ方が不十分であれば拳を当てる角度や部位を変えて、2度、3度とプッシュすると良いでしょう。慣れてきたら、ショートパンチで崩すようにします。

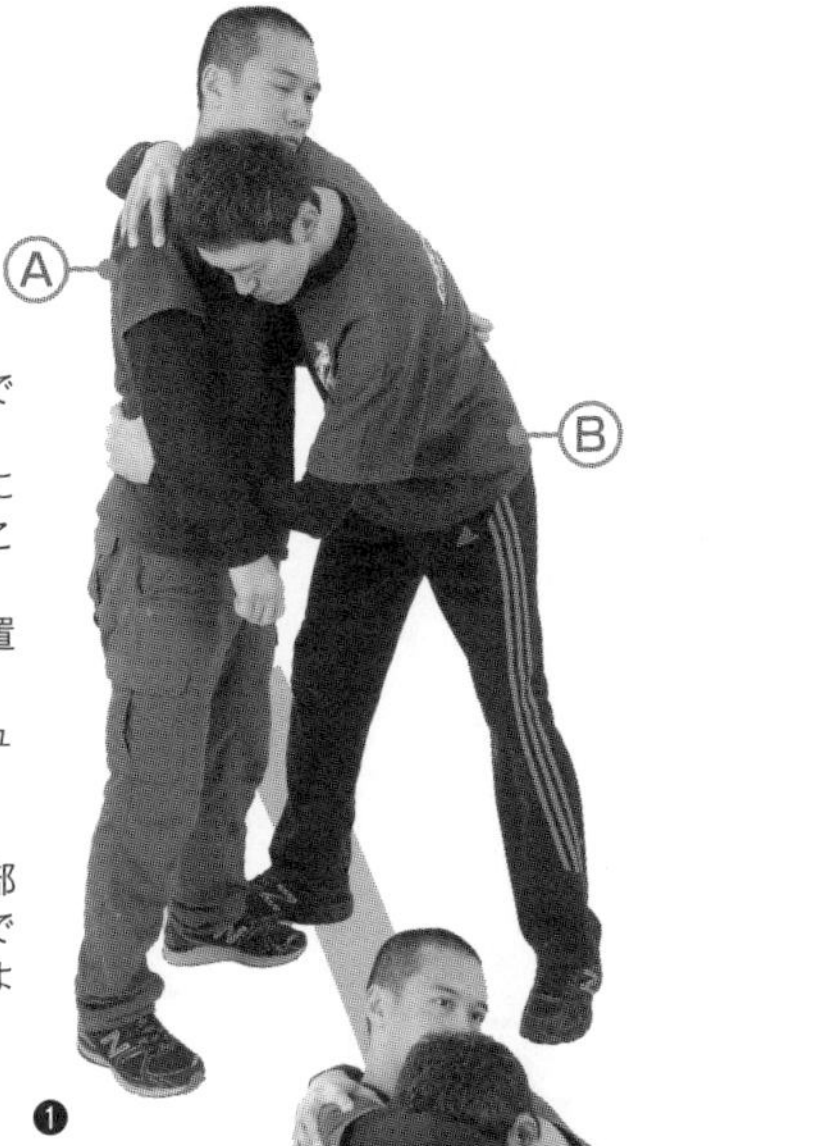

●見えない攻撃〝ステルスストライク〟

影も形も見せることなく、気づいた時にはすでに打たれている「ステルスストライク」。傍目にはただのゆっくりとしたパンチにも関わらず、なぜか避けられずに倒されてしまう。ミカエルがこうしたパンチを成功させてしまうのも、周到に計算されたステルス効果が拳に上乗せされているためと言えるでしょう。ですが主な原理自体は次に挙げる通り、意外にシンプルです。

・予備動作の解消

肩や腕の力みによる姿勢の崩れによって、相手に行動を先読みされてしまいます。こうした動作を消すことによって、気配が悟られにくくなります。

・死角に入り死角を打つ

相手が近づく、もしくは自分が近づく。いずれの場合においてもさりげなく相手の死角に入り、相手の死角を打つようにします。しかし死角には物理的に見えている肉眼の死角と、意識の死角の二種類があります。両者のうち格段に広いのは意識の死角です。たとえ肉眼で見えていても、人はそのほとんどを認識していません。ステルスストライクで使うのは、この意識の外にある死角です。

原理そのものはシンプルにも関わらず、高等なテクニックとみなされるのは、流動する状況のなかでこうした原理を正確に守るのはとても困難なためです。ここではステルスストライクの一例を紹介します。あくまでも一例にすぎず、繰り返し練習すべきパターンではないことを踏まえたうえで参考にして下さい。

【ステルスストライクの例】

❶Bが右手に持ったナイフでAに襲い掛かります。

❷Aは普通に歩く速度でBの右側に移動。同時にさりげなく右手を胸の前に出します。この手でBの攻撃を牽制し、次の攻撃の準備をしています。この時、Aの左腕はすでにBの死角へと移動していますが、Bは自分の攻撃に意識が集中しているため気づいていません。

❸AはBの右アゴを打ちます。Aの左拳はBの死角から死角へと移動するので、Bは思わぬショックを受けることになります。まだBが立っていたら、Aはもう一度左拳で打つ構えを見せつつ、立ち位置を移動して新たな死角から今度は右拳を打ち込みます。死角から死角へ攻撃を繋げていくことが大事なのです。

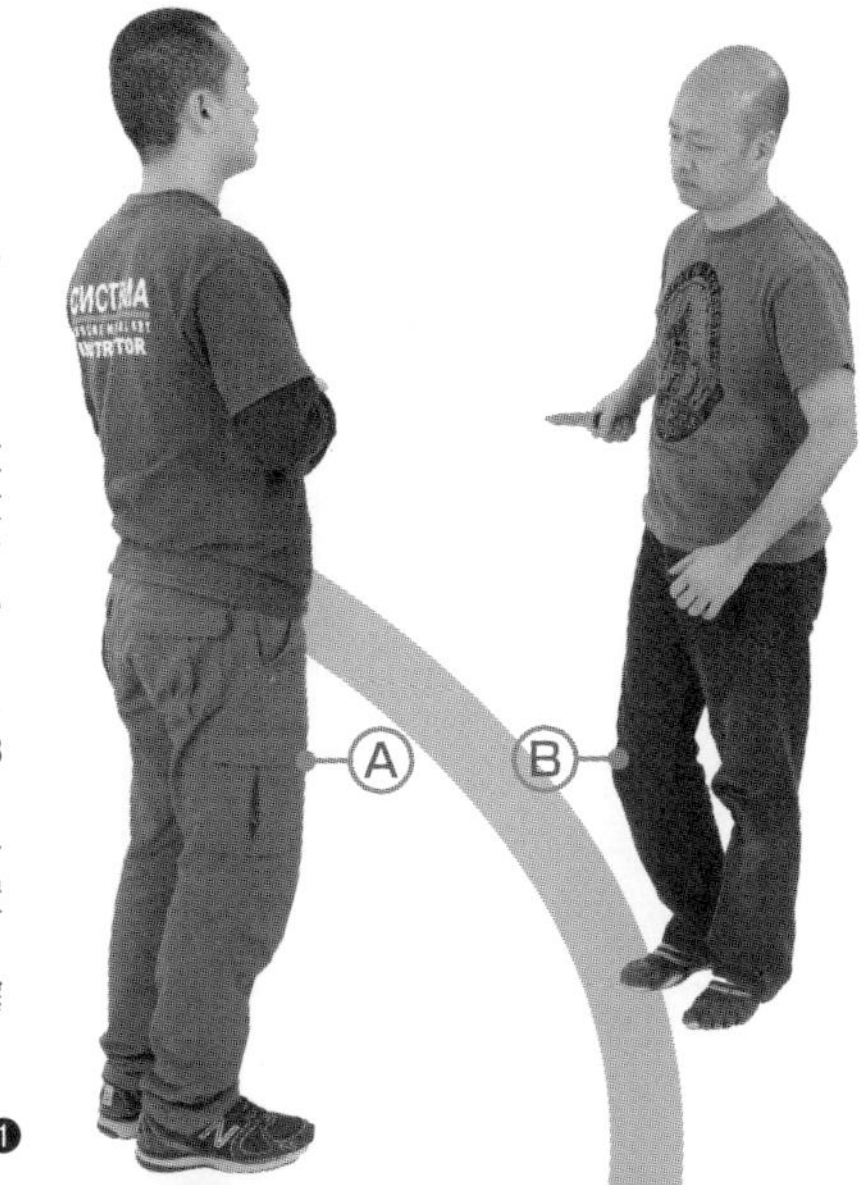

❶

❷

❸

●複数の要素を同時進行させる

ステルスストライクの例からも分かる通り、トレーニングが進むに従って一つの動きが複数の役割を担うようになっていきます。それは複数の動作を順番に行うよりも同時進行させた方が、結果的に早く目的を達成できるためです。傍目にゆっくりな動作に見えても、確実に相手を捉えてしまうような攻撃は、一つの動作が複数の働きを備えているためと言えます。人は複数の要素が同時進行すると個別の動きを認識しにくくなるのです。ここでは参考としてシンプルなストライクを例に動きの要素を分解してみましょう。

【シンプルなストライク】

❶Bが右手でナイフを持ちAに襲い掛かります。
❷Aは攻撃を回避しつつ、Bにストライクを入れます。

このたった2ステップの動作にはどれだけの要素が含まれているのか。分解していきましょう。
※次の頁からA・Bを省略しています。

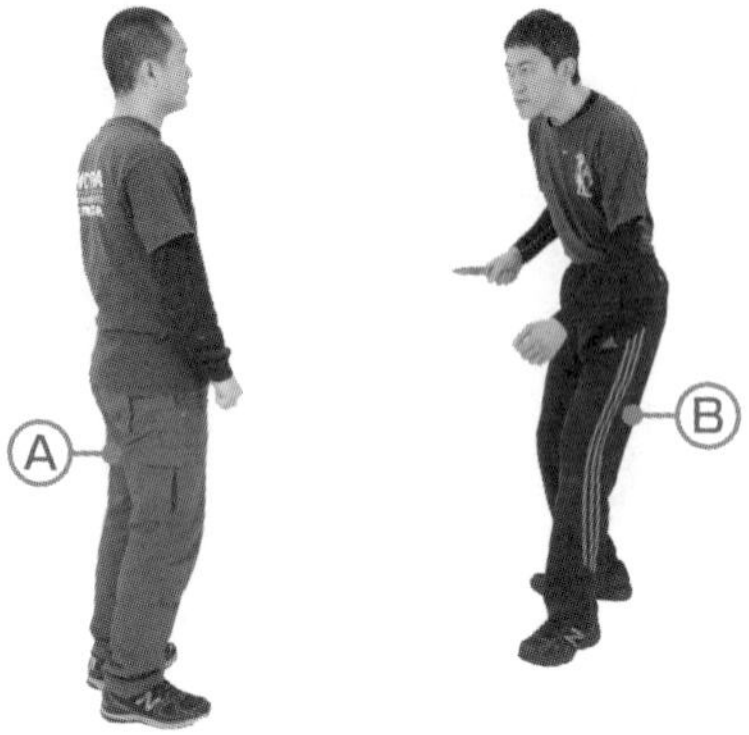

❶

❷

分解１.「回避」
Ａは迫るＢの進行方向から外れます。

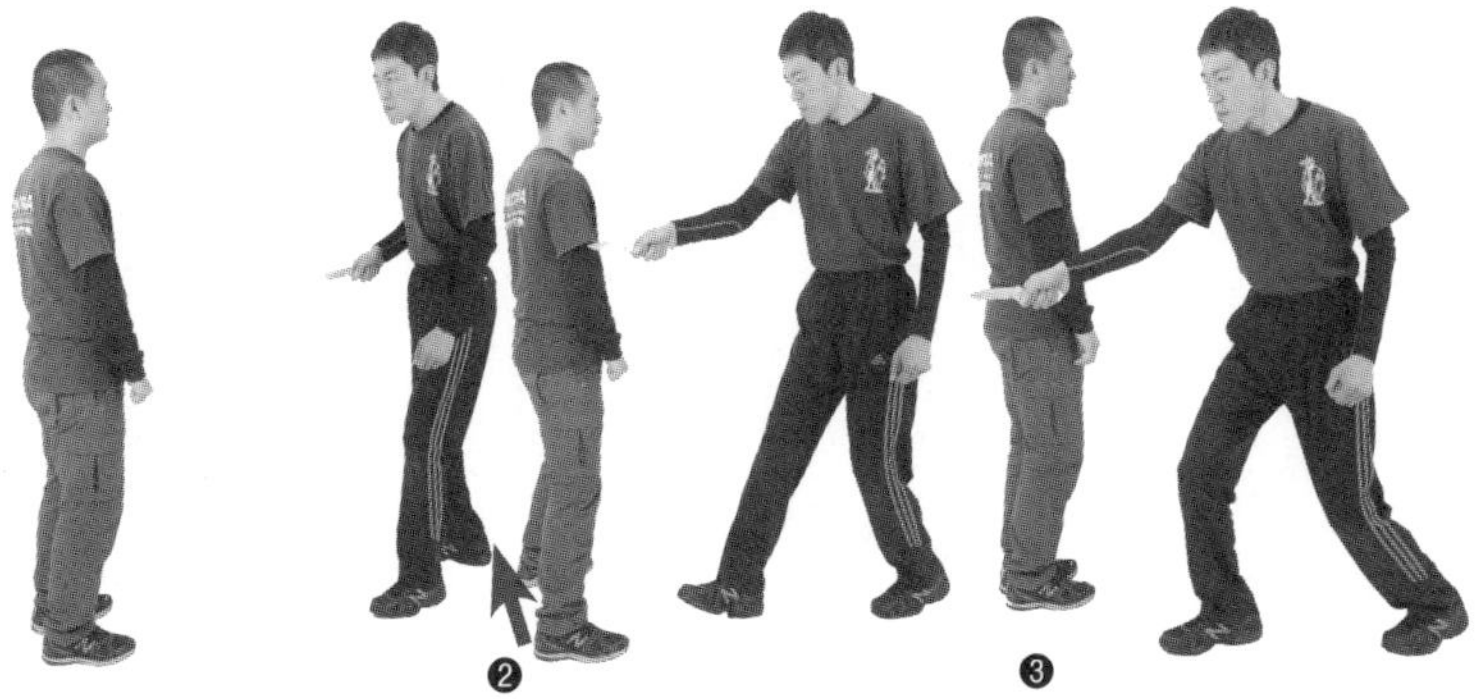

❶ ❷ ❸

分解２.「回避＋位置取り」
Ａは斜め前に１歩踏み出すようにしてＢの進行方向から外れ、同時にＢの死角へと移動しています。

❶ ❷ ❸

分解３.「回避＋位置取り＋方向転換」
ＡはＢの死角へと移動しながら身体の向きを変え、Ｂの方を向きます。この時点でＡはＢに対して有利な位置を取ることに成功しています。

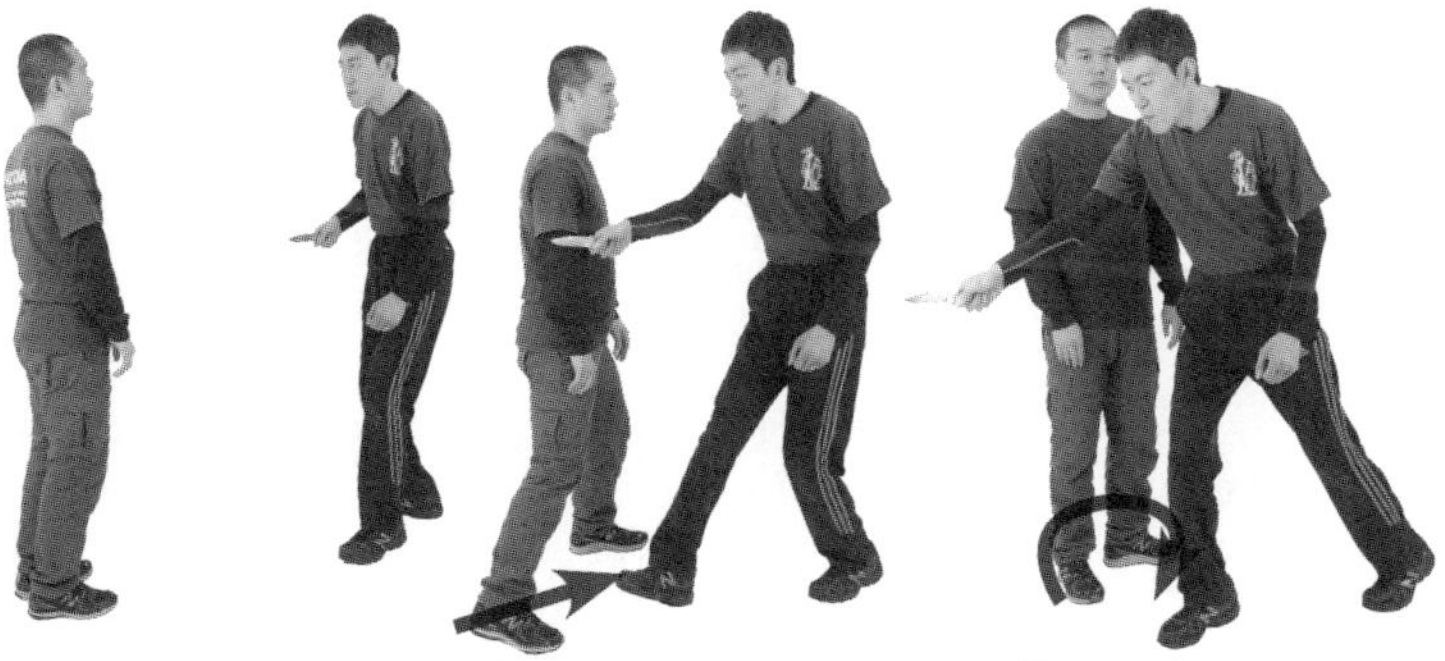

❶ ❷ ❸

分解4.「回避＋位置取り＋方向転換＋防御」
ＡはＢに対して有利な位置を取りつつ、相手の身体から遠い方の手で攻撃してきた手に触れます。これはＢによる連続攻撃の軌道を封じると同時に、Ｂの気配を読み取る意味合いがあります。くれぐれも払いのけないように注意します。

❶ ❷ ❸

分解5.「回避＋位置取り＋方向転換＋防御＋ストライク準備」
ＡはＢの腕に触れつつ、相手に近い方の手を持ち上げて攻撃の準備をします。手とＢの間はごく僅か。打とうと思えばいつでも打てる距離です。

❶ ❷ ❸

分解6.「回避＋位置取り＋方向転換＋防御＋ストライク準備＋ストライク」
ＡはＢに対して有利な位置に入りつつ、牽制し、なおかつ打撃を入れます。相手から遠い右手で牽制したのは、近い左手を使って最短距離で攻撃を行うためです。

❶ ❷ ❸

ここに挙げた例では最終的に、六つの動作が同時に行われていますが、マスターと呼ばれる人々はさらに多くのことを同時に行っています。だからこそミカエルらシステママスターたちの動きが、傍目にはゆっくりと見えても、実際に前に立つと手も足も出ないという現象が起こるのです。それもあらかじめ型が決まっているわけではなく、その場に応じた動きを生み出さなくてはいけません。そのため、とても複雑に感じられるかもしれませんが、実はブリージングやリラックスといったシステマの原則を厳密に守るトレーニングを積むことで自ずと身についていくものなのです。やはりものを言うのは、ゆっくりと、しかし全力で自分の動きを観察しつつ、新たな動きを臆せず試みていくトレーニングです。そのトライ&エラーの積み重ねに勝るものはありません。

●両手を同時に使う

先ほどの分解では相手から遠い方の手で攻撃する手を牽制しました。

そうして作った瞬間的なスキをついて、本命のパンチを当てるのです。これら二つの打撃は順番にではなく、ほぼ同時に両手で行わなければ効果がありません。体幹ではなく手先から動く、システマのストライクならではの技術と言えるでしょう。

そのトレーニングとしては、次のようなエクササイズがあります。

【両手でのストライク】

❶Bは A に対してゆっくりと攻撃を仕掛けます。掴み掛かったり、打撃を仕掛けたり、あるいはナイフなどの武器を持っても良いでしょう。

❷〜❸ A は攻撃を回避しつつ、両手で同時にBに触れます。この時、Bの身体から遠い方の手を攻撃してくるBの手に触れさせ、近い方の手は身体に当てるようにしましょう。これを逆にしてしまうと両腕が交差した窮屈な姿勢になってしまうはずです。位置関係によっては、両手ともに身体に当ててても良いでしょう。また、ここでの狙いは正確なタイミングと動きを身につけること。そのため触れるだけに留め、払いのけたり打ったりしないようにして下さい。

❹〜❻Bは異なる方法で再びAにゆっくりと迫ります。Aは同じように両手を当てます。これを繰り返します。慣れたら、Aは徐々に動きを鋭くし、パンチを打ち込んだり足を使っても良いでしょう。

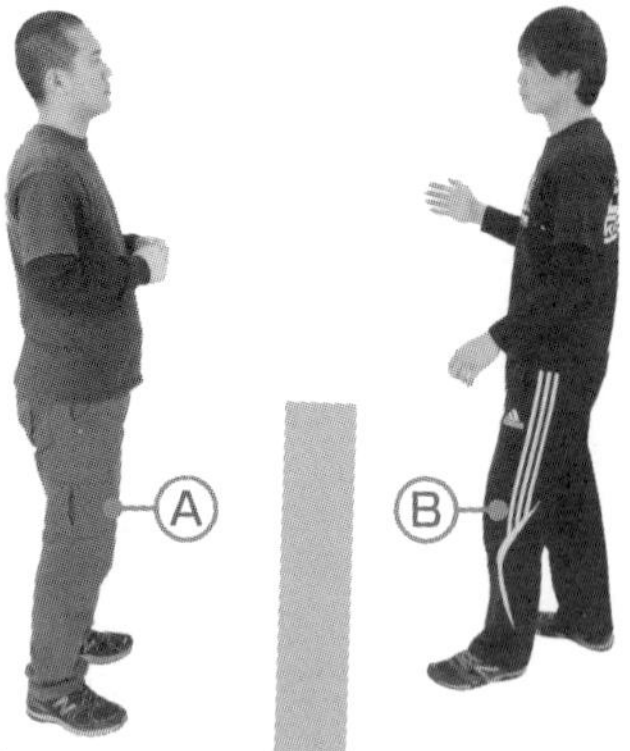

❶

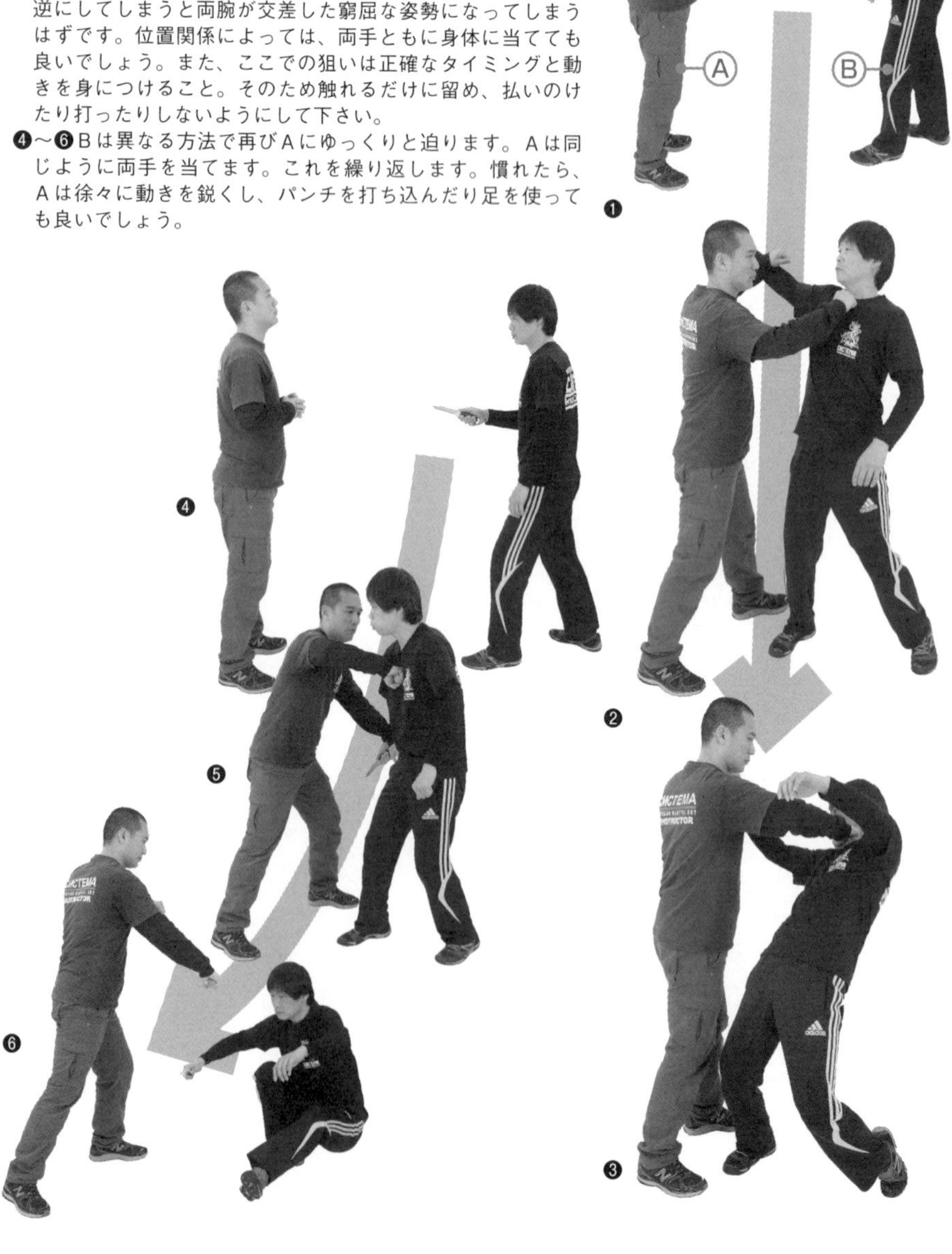

●相手の意識をコントロールする

システマのトレーニングが扱うのは、物理的な領域だけに留まりません。相手が何を意識し、何をしようとしているのか。そして自分の意識がどこに向き、どのような行動をしようとしているのか。こうした実際の行動以前に生じる意識の働きにも目を向けていくのです。これもまたストライクの重要な要素となります。例えば目の前に不意に拳が現れれば、多くの人はその拳に意識を集めるでしょう。それは同時に、他の空間への意識がすっぽりと抜け落ちてしまうということを意味します。こうして生まれた「虚」の部分に的確に攻撃を入れれば、避けるのは困難です。それは攻撃を仕掛ける側も同様です。攻撃しようとする時に狙った部位に意識を奪われすぎると、やはり周囲への意識がおろそかになり、自ら危険を招くことになるでしょう。

このように私たちの意識は常にゆらぎ、濃淡を生み出しています。これを認識し、使いこなしていけば、物理的な行動が起こる前の段階で、自らのアドバンテージを確保できるようになっていくことでしょう。マスターと呼ばれる人々は、多くの人々が見落としてしまうような意識のゆらぎを察知し、操ることができます。だからこそ触れた時にはすでに制圧されているような結果が起こるのだと言えます。こうした感覚を身につけるにはやはり、普段の練習をより注意深く行うことが求められます。身体の動きや感覚だけでなく、相手の意識もまた精緻に観察し、感じるようにするのです。こうして少しずつ感性を研ぎ澄ませていくことこそが、目に見えない領域へと足を踏み入れていく道となります。

【意識を分散させる例】

❶Ｂは Ａに接近します。
❷Ａはやや大振りなモーションでＢの顔を打つ動作をします。
❸〜❹Ｂの意識が顔へのストライクに集中した時、意識の抜けた腹部にストライクを入れて崩します。

❷' Ａは接近するＢに対し、股間へ膝蹴りを入れるモーションをします。
❸' 股間への攻撃に意識が集まった際、不意に顔へと打つモーションを見せます。するとＢの姿勢が崩れ、一瞬硬直します。
❹' 硬直したＢの頭部にストライクを入れます。

❷及び❷'、❸' でモーションを見せる際、もし相手が反応しなかったらそのまま打撃を打ち込めるような動作でなくてはいけません。初めから打つ気がないと動作に「嘘っぽさ」が生まれ、反射的な反応が起きないためです。

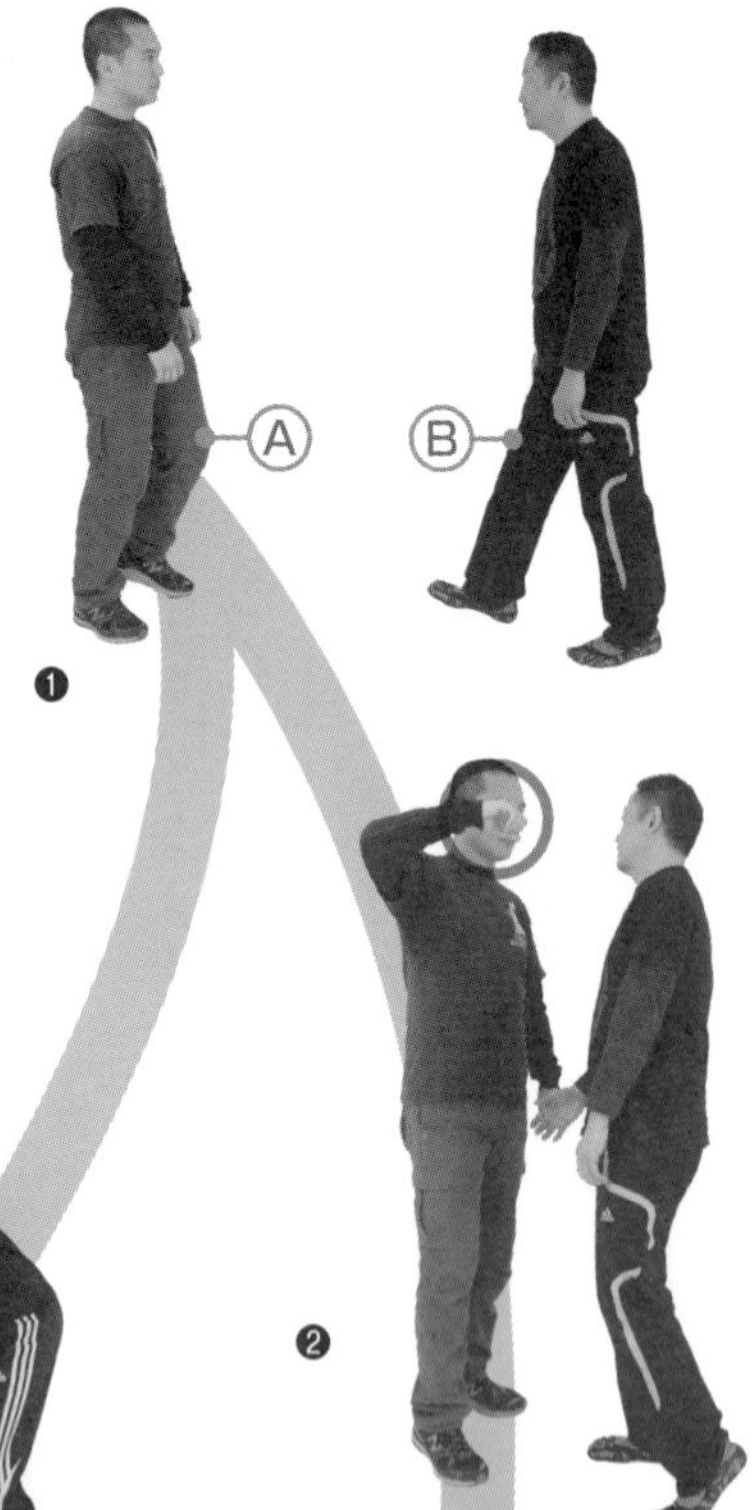

●腕の急所へのストライク

飛び道具でない限り、攻撃を仕掛ける相手は手を出してきます。その手にある急所を打つことで、攻撃を封じることができます。瞬間的に鋭い痛みを与えれば、次の攻撃を出すのに心理的な抵抗が生まれます。また、反射的に生じる姿勢の崩れを使ってコントロールすることもできますし、急所に意識が集まるのを利用し、おろそかになった他の部位を攻めることもできます。急所への攻撃は人によって効き方が大きく異なるため、確実さにはやや欠けるものの、主導権を奪うきっかけ作りにはとても便利です。ただ腕は常に動いているため、力みによる動作の遅れがあると正確に当てることはできません。ここでもやはり不可欠なのが拳から生まれる動き。瞬時にトップスピードに至るストライクによって、小さなターゲットを鋭く打ち抜くのです。腕にある主な急所は実際に自分の身体を押して、部位と感触を確認するようにして下さい。

【腕の急所】

腕の急所は手の甲側と平側それぞれにあります。自分の腕を押して場所を確認して下さい。

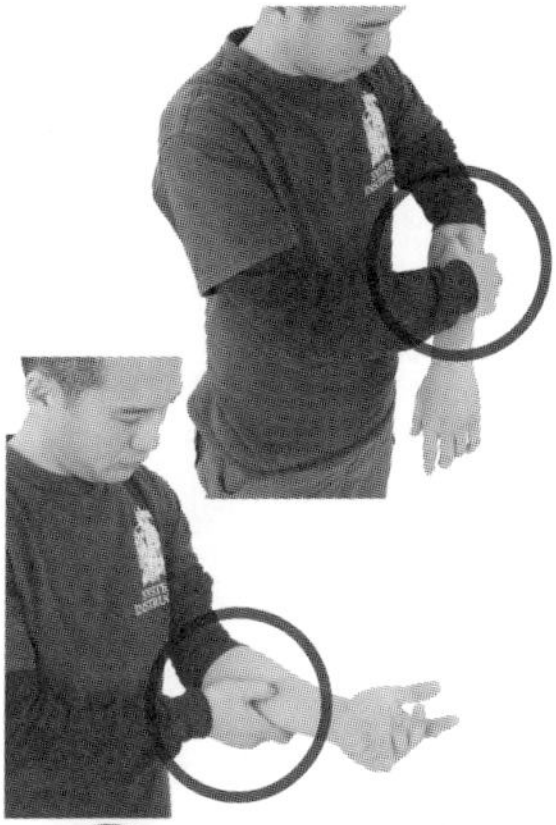

●システマ式スパーリング

試合のないシステマですが、時折動きを試す意味でゆっくりとスパーリングを行うことがあります。勝敗を意識することなく、これまでに学んだテクニックやブリージング、身体の使い方などの改善点を洗い出すようなつもりで行ってみて下さい。プッシュ＆ムーブの発展版として、お互いにパンチやキックを交互に繰り出し、キャッチボールをするようにしても良いでしょう。

また、お互いに立ったままだけではなく、中腰になったりしゃがんだり、グラウンドに持ち込んでみたりなど、常に変化を加えながら行ってみて下さい。

打ち合いに熱中することなく、相手の意識がどこに向いているか、こちらの動きに対してどのように反応するかなど、相手の無意識的な動きにも意識を向け、観察するのも大事です。こうした観察の延長に、相手に触れることなくコントロールする「ノンコンタクトワーク」があるのです。


【スパーリング1】

❶〜❸３人以上がランダムに相手に対してストライクを入れます。時には２対１や３対１になっても構いません。最初はゆっくり行うと良いでしょう。打ち合いに熱中しないで、相手と自分に意識を向けることが大事です。

❶

❷

❸

【スパーリング２】

多人数のスパーリングでは色々なことが試せます。相手のストライクを第三者に返すのもその一つです。
❶～❹２対１で自分に向かってきた相手に対して、Ａは先に動いたＢのストライクを捉えて、Ｃに返します。

感覚としてはストライクをキャッチして返すのではなく、ストライクの勢いを殺さずに、方向を変える感じです。最初から「こうしよう」と狙って行うのではなく、ここまで紹介してきたエクササイズのなかで自然に生まれてきた動きの一つです。

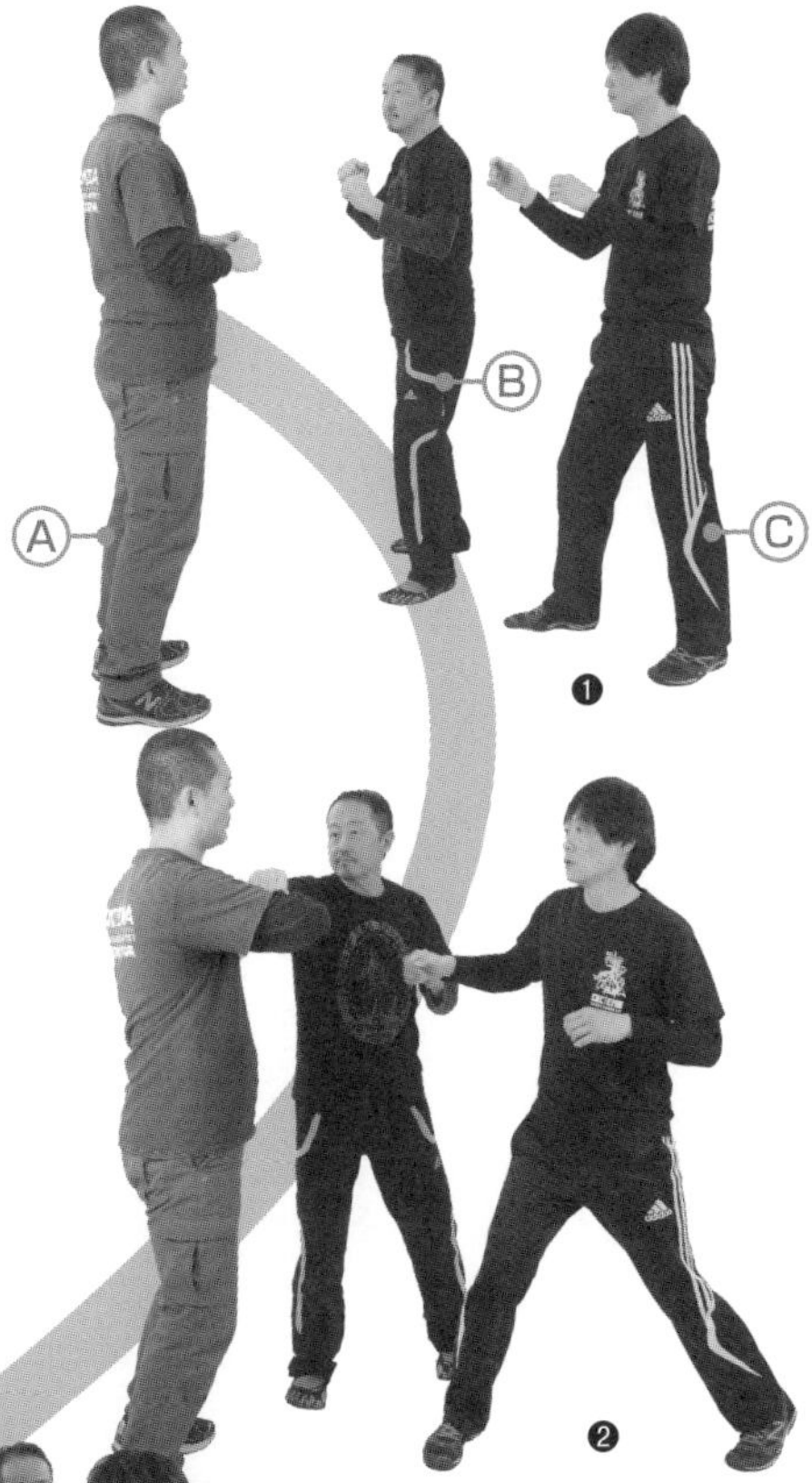

●システマがスパーリングを重視しない理由

スパーリングや自由組手、乱取り、試合等々。鍛え抜いた技を全力で競い合うことは、格闘技や武道につきものです。しかしシステマに試合はなく、特にフルスピードでのスパーリングはほとんど行われません。一体、これはなぜなのでしょうか?

ある時モスクワで、あるヨーロッパのインストラクターがミカエルにこう相談をしました。

「自分はシステマをやって、拳でのファイティングに自信を持っていました。でも、ある時クラスにやって来たプロボクサーに、まったく通用しなかったのです。自分には何が足りないのでしょう?」

それを聞いたミカエルはこう尋ねました。

「君は、システマではなくボクシングで立ち向かおうとしたね?」

彼は、ハッとした顔でミカエルを見ます。

「君は相手がプロボクサーだからと、ボクシングで対抗してしまった。相手はプロなんだから、同じフィールドに立ったら敵うわけがないだろう。君は、君のシステマをやるべきだった」

彼は別にボクシングの試合に出たわけではありません。ですからミカエルの言う通り、ボクシングにつき合う必要などなかったのです。しかしつき合ってしまった。そこには「自分の実力を見せつけたい、というエゴがあったんじゃないか？」とミカエルは指摘します。彼は「その通りです」と、頷きました。

システマに試合がなく、スパーリングも重視されない理由の一つがここにあります。眼前の敵に全力をぶつけようとした時、当然意識はその対象に集中します。しかしこれは同時に、意識が対象に拘束されることを意味します。つまり本来の自由さが失われ、あるべき選択肢をごっそり放棄してしまうことになります。それを繰り返し、選択肢を狭める習慣がついてしまうと、動きの可能性を大きく殺いでしまうことになるのです。

おそらく本来彼は多くの選択肢を持っていたはずです。寝転んでグラウンドワークに持ち込んだりなど戦術的なものはもちろん、ボクサーだからといって特別扱いすることもありませんし、通常の体験参加者と同じように接したり、あるいは新たな友達になることもできたはずです。これらをすべて放棄して「ボクシングで立ち向かう」というきわめて不利な選択をしてしまいました。そこに「自分の実力なら、その程度の不利は問題ない」という僅かな思い上がりが潜んでいたことを、ミカエルは指摘したように思えます。

●システマで自分の「型」を作る

ミカエルは「自分の『型』を作りなさい」と教えています。それは状況に惑わされることなく、常に自分らしい動きをし続けることの重要性を説いたもの。相手が素手だから、武器を持っているから、多人数だからと外的な条件でコロコロと方法を変えてしまうのは、自分を見失い、弱くしてしまう行為です。

では、自分らしい動きとは何なのでしょうか？
そもそも動きの源となる「自分」とは何なのか？
そしてその先には何があるのか？
それを身体を通じて知っていくのがシステマのトレーニングです。

私たちは生まれて以来、蓄積してきた力みによって自分自身を封じ込めてしまっています。それを少しずつ解消し、本来の自分を発揮していくことは、人生を歩む大きな力となるのです。ストライクとは、その作業を進めるツールの一つです。たとえ凄まじいストライクを手にしたとしても、それによって自分を見失うようでは意味がありません。本来の自分という、より大きくパワフルな存在を閉じ込め、存在としてかえって弱くなってしまうことでしょう。本書ではストライクに関連した多数のエクササイズを紹介しましたが、これらはすべて、突き詰めれば「自分を知るため」のものです。自分を知れば知るほど、身体も、心も、そしてストライクも強くなっていくのです。

システマのストライクが読者の皆さんにとって単なる打撃のノウハウとして終わることなく、人生をより豊かなものにする助けとなれば筆者として幸甚です。

蛇足ながらここでご紹介した彼はその後もモスクワに通い、数年後には実力だけでなく顔つきまで別人のようになってしまいました。おそらくミカエルのアドバイスで得るものがあったのでしょう。今や、ミカエルからも信頼される優れたインストラクターの一人となっています。

野外で行われるマスアタック（集団戦）。システマではこうしたトレーニングを通じて、それぞれが「自分の動き」を見つけていく。

マスターズ・ヴォイス

「ショートワークとは何か？」

by ミカエル・リャブコ&ヴラディミア・ヴァシリエフ

システマを学ぶ人は、自身の身体と精神の緊張、正しい姿勢、動的な呼吸のパターン、力に満ちた拳の開発、自由な動き、戦術的な多様性、またはシステマが提供する他の鍵を学ぶことによって、このスキルを得ることができます。

ミカエル・リャブコ

ショートワークには最小の動きと最高の精度、パワーの両方が含まれています。ショートワークは、波打ったり、長かったり、かさばったり、そわそわしたり、冗長だったりする運動の対極にあるものです。代わりに簡潔で静かな動きで、ピンポイントな精度と強大な威力を持ち、ターゲットとの接触は瞬間的なものです。ショートワークはたいてい端からは微妙なものに見えますが、アタッカーにとってはまったく予期できない攻撃となります。ショートワークにおける身体的な労力は最小限であるべきです。その技術レベルに達するためには多くの努力が必要です。

ヴラディミア・ヴァシリエフ

より詳しく言うなら、ショートワークとは相手の緊張とあなたのリラックスの結果です。対立において、攻撃してくる相手が緊張していれば、どこに緊張があるかを見つける必要があり、そうでなければ相手の必要な場所に緊張を作り出せば良いのです。この時、自分のストライクや動きは相手の緊張に当たって跳ね返ります。これによって、一つの動きで複数のストライクを繰り出すことができるのです。例えば、パンチを打った時に腕が接触した場所で止まらなければ、自分に向かって戻らずそのまま動き続けて、さらに他の様々な方向にストライクを打つことができます。ショートワークを学ぶことによる大きな恩恵は、複数の敵に対する防御をあなたにもたらすことです。それは多機能的な動き、防御、攻撃、敵の方向転換や静止を可能とするのです。

敵がより緊張していれば、あなたのショートワークは速度を増すでしょう。しかしそれはパンチが早く軽くなるという意味ではありません。ショートワークにおけるパンチは重く、強力なのです。適切なショートワークは、あらゆる角度において正確です。例えば身体の他の部分の位置や緊張と無関係に、腕の一部だけを緊張させたり動かしたりすることができます。

ショートワークに対し、敵が防御するのは非常に困難です。それは緊張した身体に破壊的な影響をもたらします。ショートワークに対処する唯一の方法は、緊張をなくすことなのです。学ぶうえでとても興味深く、そしてあらゆる対立においてとても効果的であり、またショートワークは上達を示す確かなサインとなりえます。

（共にトロント本部 WEB site「Training Tips」より）

ストライクを打つミカエル。

おわりに

動物行動学者コンラート・ローレンツは、著書『攻撃―悪の自然誌（みすず書房）』で鹿の角について記述しました。角の用途は言わずもがな、争うための武器です。その大きさで威嚇したり、ぶつけあって戦ったりする時に用いられます。しかし意外なことに、捕食者に対して用いられることはありません。肉食獣に襲われた際、鹿は自慢の角ではなく前足の蹄を使い、強力な脚力によるキックで撃退するのです。

つまり鹿の角は、外敵から身を護るためのものではありません。メスの奪い合いなど同種のオスとの戦いに勝つためにだけ進化したのです。こうした「種内淘汰」は、しばしば奇妙な振る舞いをします。鹿の角が大きく発達しすぎて動きが大幅に制限されるように、しばしば環境への適応力を奪い、種の自滅すら招いてしまうのです。こうした淘汰の「最も愚劣な産物」の例として、ローレンツの師オスカール・ハインロートが挙げるのが、「文明人の仕事のテンポ」です。身体を壊し、心を疲弊させながらもせかせかと働くビジネスパーソンたちのあり方は種内淘汰そのもの。ビジネスだけでなく成績の競い合いから戦争に至るまで、人間は動物以上に種内淘汰に取り憑かれているように思えてなりません。

しかしその一方で人間は、動物とは異なる知性を持っています。その力をもってすれば、私たちが生まれ持つ動物的な本能を客観的な視点で見つめ、制御しようとすることくらいはできるはずなのです。システマとは混乱と争いの向こう側にある調和と平和に近づくための体系と言えます。それを観念的な理念や、机上の空論で終わらせることなく、実感の伴う体験として理解していくことのできる希有なシステムだと思うのです。なかでも本書のテーマである「ストライク」は、その象徴的な存在なのではないでしょうか。

もし他の格闘技や武道を学ばれる方が、本書を読まれて気分を害されたとしたら、心よりお詫びします。そうしたことのないよう十分配慮したつもりですが、それでもなかには「自分たちのやり方が否定されている」という印象を受けられた方がいらっしゃるかもしれません。確かにシステマのアプローチは独特なため、他の技術体系と矛盾する点が多々あることでしょう。しかし筆者はもちろん、創始者のミカエルもまたあらゆる武道や格闘技に敬意を払い、友好的な交流を望むものです。そしてお互いに学び合い、より高みへと至るために助け合うことができればと願っています。

もう一つお詫びしたいのは、筆者の力不足についてです。マスターの教えをなるべくダイレクトに伝えるべく、私見は最低限度に止めているつもりですが、書籍という伝達手段の性質上、どうしても筆者の見解というバイアスがかかってしまいます。「ストライク」はシステマのほんの一部分とは言え、その領域に限定してもマスターが教える内容はあまりにも深く、広大です。それを理解し、紹介するにはシステマを学ぶ者としても著述家としても、かなりの力不足は否めません。本書を読んで疑問をもたれた方はぜひ実際にシステマのトレーニングを体験することをお勧めします。一般のインストラクターのクラスも良いですが、できればミカエルやヴラディミアといったマスターと呼ばれるトップクラスのインストラクターのセミナーが良いでしょう。幸いにしていずれのマスターたちもしばしば来日し、東京や大阪で指導をしてくれています。

末筆ながら最後までお読み頂いた読者の皆さんに謝意を表します。ならびに執筆に際してお世話になった方々への謝辞を記しておきたいと思います。

確かな語学力とシステマへの理解で通訳としてサポートして下さった嶋英彦氏とシステマ大阪の大西亮一氏。露日翻訳家として日頃多大な助力を賜っている福田知代氏。セミナー主催者として多忙ななか、コンスタンチンにインタビューする機会を作ってくれたシステマ香港のジャニック氏。執筆場所を提供してくれるエスプレッソファクトリーの鳴海裕氏。厳しいスケジュールにも関わらず対応してくれたデザイナーの萱谷アキヨシ氏（株式会社ＸＰ）。武友にして様々な面でサポートしてくれた編集の下村敦夫氏。常にシステマの学びと執筆に適した環境を提供してくれる家族。これまでトレーニングをともにしたすべてのインストラクターとシステマ学習者たち。卓抜した実力と人格でシステマを伝え、インタビューにも快く応じてくれたヴァレンティン・タラノフ氏、コンスタンチン・コマロフ氏、ヴラディミア・ヴァシリエフ氏、セルゲイ・オジョレリフ氏、ダニエル・リャブコ氏らマスターたち。そして創始者ミカエル・リャブコ氏。皆さんの助力に心から感謝します。

２０１４年　春　北川貴英

北川貴英（Takahide Kitagawa）
2008年、ミカエル・リャブコより日本人二人目の公認システマインストラクターとして認可。各地のカルチャーセンターなどを中心に年間400コマ以上を担当し、セキュリティ関係者から専業主婦、幼児から高齢者に至るまで幅広い層にシステマトレーニングを提供している。テレビ、ラジオ、雑誌などを通じてシステマを紹介するほかシステマ関連書籍の著述や翻訳なども行っている。
【著書】
『システマ入門』（ＢＡＢジャパン）
『最強の呼吸法』、『最強のリラックス』（マガジンハウス）
『逆境に強い心のつくり方―システマ超入門―』（PHP文庫）
『人はなぜ突然怒りだすのか？』（イースト新書）
『システマ・ボディワーク』（BABジャパン）
『ストレスに負けない最高の呼吸術』（エムオンエンタテイメント）
『システマ・フットワーク』（日貿出版社）

【監修】
『Dr. クロワッサン 呼吸を変えるとカラダの不調が治る』（マガジンハウス）

【連載】
『病院安全教育』（日総研）
Web Magazine コ２【kotsu】「システマ随想」（http://www.ko2.tokyo/）

【ＤＶＤ】
「システマ入門 Vol.1,2（ＢＡＢジャパン）」
「システマブリージング超入門（ＢＡＢジャパン）」

Web site「システマ東京」 http://www.systematokyo.com/

撮影協力：天田憲明（システマ銀座）、伊藤烈（システマ府中）、嶋英彦（システマ六本木）、山田和彦、牛尾幹太、林康裕、間宮俊賢

ロシアン武術が教える、非破壊の打撃術
システマ・ストライク
●定価はカバーに表示してあります

2014 年 4 月 15 日　初版発行
2021 年 8 月 4 日　5 刷発行

著　者　北川《きたがわ》 貴英《たかひで》
発行者　川内 長成
発行所　株式会社日貿出版社
東京都文京区本郷 5-2-2　〒 113-0033
電話　(03) 5805-3303（代表）
FAX　(03) 5805-3307
振替　00180-3-18495

印刷　株式会社ワコープラネット
写真撮影　糸井友康

ISBN978-4-8170-6007-5
http://www.nichibou.co.jp/